Multimediale Technologien

Christoph Lattemann
Thomas Köhler
(Hrsg.)

Multimediale Technologien

Multimedia im E-Business und in der Bildung

PETER LANG
Frankfurt am Main · Berlin · Bern · Bruxelles · New York · Oxford · Wien

Bibliografische Information Der Deutschen Bibliothek
Die Deutsche Bibliothek verzeichnet diese Publikation in der Deutschen Nationalbibliografie; detaillierte bibliografische Daten sind im Internet über <http://dnb.ddb.de> abrufbar.

ISBN 3-631-54961-X

www.peterlang.de

Multimediale Technologien

Multimedia in E-Business und Bildung

Herausgegeben von Christoph Lattemann & Thomas Köhler

Vorwort der Herausgeber

Neue Medien und Multimedia finden augenblicklich große Beachtung in fast allen Bereichen unseres Lebens. Im November 2003 erschien das „Aktionsprogramm Informationsgesellschaft 2006 – Ein Masterplan für Deutschlands Weg in die Informationsgesellschaft" und stellte Ziele der Deutschen Bundesregierung für die kommenden Jahre vor. Eines der wichtigsten Ziele ist, bis Ende 2005 50% aller Online-Vorhaben des Bundes, der Länder und der Kommunen umzusetzen. Dies betrifft 440 Dienstleistungen des Bundes, die bis 2005 online fähig sein sollen, zudem die gesamte Vergabe von Beschaffungsaufträgen.

Im Bildungssektor wird die weitere Verbreitung neuer Medien in Schulen, beruflichen Bildungseinrichtungen und Hochschulen bis 2006 angestrebt, Konzepte für die Computernutzung in Ganztagsschulen werden bis 2006 erarbeitet. Im Gesundheitssektor ist seit 2004 der elektronische Handel mit Medikamenten und die Ausgabe elektronischer Rezepte möglich, bis 2006 wird die Gesundheitskarte eingeführt, eine Telematikinfrastruktur und einrichtungsübergreifende medizinische Datenbanken sollen aufgebaut werden. Hier zeigt sich die Dynamik und Bedeutung des Bereichs neuer, innovativer Medien.

Vor allem die Auswirkungen der Medienkonvergenz betreffen viele Sektoren der Multimediaindustrie. Hierzu gehört zum Beispiel das Zusammenwachsen von Internet und Fernsehen, das sich in der zunehmenden Interaktivität von TV und Internet widerspiegelt. Interaktive Streaming-Verfahren und didaktische Konzepte für die Vertonung des Internet gehören gleichsam dazu. In diesem Kontext gehen von der Medienbranche entscheidende Impulse für Forschung, Wirtschaft und Politik aus. Die Informations- und Kommunikationstechnologien bilden die Zukunftsbranche, in der eine gute Vernetzung innerhalb der Branche, vor allem zwischen Wirtschaft und Wissenschaft einen zentralen Standortvorteil für wirtschaftlich schwache Regionen bildet.

Dies zeigt sich am Beispiel der Medienindustrie in der Region Berlin/Potsdam. Ausschlaggebend sind hier die gute Infrastruktur mit ihren vielen Forschungs- und Lehreinrichtungen und den hochqualifizierten Fachleuten. Hier hat das kreative Potenzial vieler klein- und mittelständischer Unternehmen im Bereich Multimedia dazu geführt, dass gerade die Region Berlin/Potsdam einen Wegweiser aufzeigt, die Herausforderungen der Globalisierung und Elektronisierung als Chance zu begreifen und erfolgreich umzusetzen. In der Verbindung der traditionellen Medienwirtschaft und der digitalen Wirtschaft zeigt sich, wie aus Kreativität Innovation und aus Innovation Wachstum und Arbeitskräfte geschaffen werden.

Die Potsdamer Multimedia Konferenz, auf der diese Beiträge präsentiert worden sind, ist nur eine von vielen gemeinsamen Aktionen, die eine aktive Zusammenarbeit fördern und innovative Ideen zu marktreifen Produkten werden läßt. Unter der Leitung der Universität Potsdam haben die Vertreter der lokalen Forschungseinrichtungen - hierzu gehören das Hasso Plattner Institut, die Hochschule für Film und Fernsehen „Konrad Wolf", die FH Potsdam, die BTU Cottbus – mit herausragenden Praxisvertreter – wie die IHK Potsdam, O2, Assure Consulting, Media.net, Medienboard und der Märkische Allgemeine – die Beiträge für diesen Sammelbandes aus mehr als 50 Einreichungen ausgewählt.

Die Beiträge dieses Sammelbandes zeigen mit ihrer gleichermaßen wissenschaftlichen Fundierung und Anwendungsorientierung eindrucksvoll, dass es mit der PMM-Tagung gelungen ist, einen Grundstein für einen regelmäßigen Austausch zwischen Theorie, Praxis und Politik zu generieren. Dabei behandelt der Sammelband die drei Themenfelder „eLearning", Mobile Business, konvergierende Medien sowie multimediale Anwendungen mit dem Fokus auf Audioverarbeitung und neue visuelle und interaktive Konzepte im Internet.

Die PMM Tagung wurde durch Engagement und Unterstützung einer Vielzahl von Personen und Institutionen ermöglicht. Wir danken in erster Linie den Autoren der Beiträge und dem Programmkomitee und Förderern (Henrik Bortels - Märkische Allgemeine, Prof. Jürgen Döllner - Hasso Plattner Institut, Prof. Klaus Dufke - Fachhochschule Potsdam, Prof. Klaus Fellbaum - Uni Cottbus, Nicolaus von Gersdorff - Assure Consulting GmbH, Dr. Lutz Henrich - Uni Potsdam/Audio Visuelles Zentrum, Bernd Holter - O2 (Germany) GmbH & Co. OHG, Dr. Stephan Linsner - media.net berlinbrandenburg e. V., Carsten Schöning - IHK-Potsdam, Inga von Staden - Medienboard, Prof. Ulrich Weinberg - Hochschule für Film und Fernsehen), die das anspruchsvolle Programm der Tagung erarbeitet und gestaltet haben. Ebenso danken wir dem Technologie- und Innovationsnetz Brandenburg e.V. (T.I.NET.), welches die Finanzierung des vorliegenden Bandes maßgeblich ermöglicht hat. Und nicht zuletzt gilt unser Dank unseren Mitarbeitern Sören Kupke, Stefan Stieglitz, Claudia Börner und Doreen Markert für ihren engagierten und zuverlässigen Einsatz bei Vorbereitung und Durchführung der Konferenz sowie Susanne Hamann für die redaktionelle Bearbeitung des Manuskriptes.

Potsdam, im November 2005

Christoph Lattemann Thomas Köhler

Inhaltsverzeichnis

Kapitel 1: eLearning

Gliederung des Kapitels

Das Internet stellt für sich genommen keine Lehr- oder Lernmethode dar, vielmehr ist es eine technische Plattform für den Zugriff auf unterschiedliche Lernangebote, auch und gerade in orts- und zeitunabhängiger Weise. Damit ergeben sich vollständig neue Rahmungen für das Lehren und Lernen, die den Gesetzmäßigkeiten der computervermittelten Kommunikation unterliegen (CMC; vgl. Köhler, 2003). Um zu bestimmen, welche instrumentellen Möglichkeiten wir haben und welche Konsequenzen sich für unser Handeln als Lehrende ableiten lassen ist neben dieser grundlegenden konzeptionellen Beschreibung mediierter Lehr-Lern-Prozesse sinnvollerweise eine nähere Beschreibung wesentlicher Merkmale des eLearning vorzunehmen, was im Folgenden geschehen soll.

Der Begriff des eLearning wird ausgesprochen vielfältig eingesetzt. Folgt man den im Internet und in der aktuellen Literatur am häufigsten zu finden Begriffsbildungen, so ist eLearning:

- computerunterstütztes / webbasiertes / elektronisch unterstütztes / IT-gestütztes Lernen;
- eine Vielzahl von Lehr- und Lernformen, die Informatik und Telekommunikationstechniken, insbesondere das Internet, wesentlich zu ihrer Unterstützung nutzen;
- die Nutzung neuer Multimediatechnologien insbesondere des Internets zur Verbesserung der Qualität des Lernens;
- alle Formen des Lernens und Lehrens in der Aus- und Weiterbildung, bei denen digitale Materialien und IuK-Technologien verwendet werden;
- die Verwendung von Informations- und Kommunikationstechnologien, um Lernen zu unterstützen und/oder zu verbessern;
- die Übertragung von Lerninhalten durch elektronische Medien und umfasst Training, Bildung, Information und Kommunikation, welche durch das Internet ermöglicht werden;
- eine neue Kultur des Lernens und des Lehrens, die durch das Zusammenspiel der Teilsysteme Lerner, Learning-Provider (Bildungsplaner, Autoren, Lehrer, Dozenten, Tutoren), Technologien (Autorenwerkzeuge und Lernplattformen) und die Inhalte und Lernumgebungen zustande kommt.

In Anlehnung an diese ausreichend weiten Begriffsbildungen schlägt Ihbe (2005) einen Arbeitsbegriff vor, der jegliches Lernen und darauf bezogenes Lehren sowohl in der Aus- als auch in der Weiter- und in der Selbstbildung („Lebenslanges Lernen“) einschließt, das digitale und/oder IuK-Komponenten für das Gestalten, Organisieren und Durchführen der Prozessabläufe benutzt:

„eLearning sind alle Arten und Formen des Lernens und Lehrens in der Aus-, Weiter- und Selbstbildung, die beim Gestalten, Organisieren und Realisieren der Prozessabläufe digitale Materialien und/oder IuK-Technologien verwenden".

Das folgende erste Kapitel des Sammelbandes folgt dieser weiten Interpretation und enthält unterschiedlich fokussierte Beiträge zum Themenfeld eLearning. Dazu gehören diesmal Arbeiten, die sich mit kulturellen Differenzen der Nutzung den Konsequenzen für das (didaktische) Mediendesign auseinandersetzten (Morgan), eine allgemeine Modellierung didaktischer Anforderungsprofile an solche Systeme (Dahlmann et al.), Fragen der Lehrmethodik und spezifischer Lehrerrollen (Hafer; Benoit et al.) wie auch des Designs virtueller Communities (Deiml-Seibt & Müller). Lattemann & Stieglitz setzen sich mit der Bedeutung des eLearning für den Erwerb von Schlüsselqualifikationen im Rahmen des Bologna-Prozesses auseinander. Eine stärker institutionelle Sicht auf Servicestrukturen des eLearning verfolgt der Beitrag von Göcks am Beispiel des Hochschul-Verbundes für Multimedia und eLearning in Brandenburg.

Cultural Considerations for International Markets

Konrad Morgan

University of Bergen
5020 Bergen, Norway
Konrad.Morgan@intermedia.uib.no

Abstract: The authors propose a methodology that provides support to instructional designers faced with the challenge of designing for diverse cultures. Using a review of the literature they argue that the cultural, social and ethnic background of an individual influences many aspects of their behavior and their likely responses to environmental stimuli. It is important for the designer to realize that these responses include the individual's reactions to computer-based interactions and therefore cultural differences affect the success of any interactive learning environment. Depending on the ethnic origin of the individual these reactions may be in complete contrast to those one might expect if they are based on typical western ethnic expectations. Since many of the designers of existing interactive learning environments are from stereotypical western cultures it is important that any new systems should respect and if possible involve cross-cultural differences. With an increasingly international market for digital learning systems it is vital that designers are aware of the factors that may determine the success or failure of their products in such a global market. Examples are provided from case studies using the authors' methodology showing how simple changes to learning concepts; interface components or interaction methods can make major changes to the impact and the effectiveness of the learning system to potential users in diverse cultures. The paper concludes by describing possible ways to develop instructional software for diverse cultures and future directions for workers in this vital and expanding field.

1 Why are Culturally Sensitive Designs Needed?

Over the past 13 years ([Morg92], [Morg94], [Morg98], [MoMo99a], [MoMo99b], [Morg00], [MoMo00], [MoMo03]) we have addressed the issue of how cultural differences affect the impact of ICT on different user populations.

We have shown that the cultural background of a user not only impacts the effectiveness of their use of computer systems [Morg94] but that use of a culturally sensitive design improves the rated satisfaction [MoMo98] and performance of information systems ([MoMo00], [MoMo03]). We have shown this effect in a variety of computer systems but none have a greater impact than in training and education. Such educational systems are developed with the specific purpose to broaden the users experience, knowledge and competence. If a cultural clash occurs between that of the user and the culture that has been implicitly designed and built into the system then the user feels alienated very rapidly. Typically these problems result in users feeling isolated from the system and they often then decide to drop from classes that force them to experience using that system.

Ironically very few educational technologists or designers are aware that they are designing for a specific culture when they implement a digital learning environment. Even many educational technology theorists have implicit western cultural perspectives built into their models of how users interact using new communication and education technology. This in turn affects how an entire generation of educational technology designers view productive interaction methods or what they assume is the basis for all successful learning.

Often even the users of learning systems are unaware that the reason for their dissatisfaction with a system may be due to the mismatch between the culture that has been imbedded within the system they are using and their own experiences and background. The user assumes the problem lies with their ability or intelligence and simply withdraws from the class that uses that system. The educator often also assumes a student withdrawal from a class is due to individual preference and the problem of digital culture clash remains hidden.

1.1 Cross Cultural Differences in the Use of Technology and Digital Learning Systems

Studies such as those of Woolnough [Woo+97] provide us with a view of the different perceptions that exist among students with regard to science and science-based education across a range of countries and cultures. Research into cross-cultural differences in attitudes towards high technology across different countries in Europe [Gan+97] found significant differences in the patterns of average wealth, and education of each target population and also correlations between product characteristics and the cultural characteristics of the nations. In their comparison of nearly 2,500 people from across 10 countries Rosen & Weil [RoWe95] reported finding significant cultural dependent models of computer anxiety.

1.2 Simulation and Systems Dynamics Learning Environments

Within the literature of Systems Dynamics Eden [Eden94] noted the importance of creating a cognitive map which corresponds to the target users understanding of the problem being modelled. One effective method of determining cultural and ethnic differences has been reported by Pedersen [Pede95], who discussed the introduction of cross-cultural design teams and debriefing sessions to determine some of the cross-cultural needs of their target user population.

1.3 Promoting Cross Cultural Understanding

Fowler's [Fowl94] review of diversity training suggests that simulations can be useful for training practical skills that can then be applied to any cross-cultural simulation design. Bond and Park [Park91] investigated cross-cultural differences within an interactive learning environment. Atsumi [Ats+89] reported how cross-cultural factors can influence behaviour in collaborative learning and problem solving situations.

1.4 Learning and Cross Cultural Design Considerations

Piaget's Cognitive Stage Theory, Freud & Erikson's Psychoanalytical Theory, Social Learning Theory, Information Processing Theory, Ethnological Theory, Gibson's Perceptual Development Theory, Vygotsky's Theory and the work of the Contextualists all provide various explanations for the ways in which individuals learn when using digital environments. The common theme within these theories is that they propose that learning prior to the experience of using interactive learning environments influences the way in which the various online activities impact on the learning process. These prior influences include the cultural differences that we all acquire from our environment and personal history. Our research suggests that any truly successful international interactive learning environment must include these cultural differences within their design.

Many factors are proposed to explain why these cultural variations emerge. However there are thought to be at least four major components, and these are biological, psychological, philosophical and educational respectively [GaEv91].

1.5 Growing Recognition of Cultural Issues in Educational Technology

Fortunately over the past few years there has been growing recognition of the importance of culture in information systems design [Day96] and more recently educational technology ([Simo00], [Mari02], [Sand02]). Some of these researchers ([Simo00], [Sand02]) have even proposed a basic design framework to help designers respect the cultural difference of their users. In other work we have presented our methodology ([MoMo98a], [MoMo00], [MoMo03]) but in this paper we will report on a development of our work resulting from series of case studies in 2001 and 2002 where we tested our methodology in the Middle East and South Pacific Islands.

1.6 Bridging the Cultural Divide

As user populations become more diverse it is increasingly difficult to find universally understood symbols for activities and actions. We therefore recommend that the designer should produce a library of possible shapes and icons to best fit the understanding of a user from a culture that is not familiar with that technology or activity. In the following section we will describe the methodology that we have developed in a series of field trials (2001-2002) in various under represented cultures, specifically in the Middle East and the South Pacific, where we explored the impact of various alternative levels of involvement in the design process of digital systems from representatives from Non-Western cultures. In a series of case studies we varied the involvement from single representatives from the target user group who consulted with the designers at the early stage of the design process, through to small consulting groups who met with the designers regularly throughout the design process to provide feedback and finally to the training of groups of target users to produce the conceptual designs for the systems themselves.

The results from these series of case studies suggest that even quite minimal input from representatives from the target culture at the very early stage has a dramatic effect on the acceptance and effectiveness of digital systems into a target culture. In the following section we will briefly present a methodology that we have found to be extremely effective in producing digital systems with a high level of cultural sensitivity.

2 A Methodology for Culturally Centred Design

2.1 Basic Components of the Digital Environment

Every digital environment has key components or structures that permit the user to control and interpret the current state of the system. Our work has shown that ensuring that these key components or structures follow the cultural norms of the target culture results in higher levels of acceptance and understanding within user populations from the target culture.

The first step, after having identified the target culture(s) or ethnic group(s) for the simulation, is to find appropriate representations for these key components.

2.1.1 Starting States

The entry to the digital system should reflect the typical form of an entrance in the target culture and it should also support any features (such as community notice boards) that the target culture associates with entrances.

2.1.2 Communication Methods

Most cultures have specific types of communication for different purposes ranging from the most informal of information passing mechanisms that might be associated with an arrangement of shells to complex or formal messages of flying a flag or mascot at half mast. It is important that, as a minimum, the designer should identify how a culture differentiates between very important and formal communication and the more normal peer to peer information transfer.

2.1.3 Processes

The designer should identify how a culture shows that something is busy or operating. The traditional hour glass may be well recognised in many Western digital systems but might simply look like an interesting toy to cultures that use tides or moon phases as their traditional and absolute markers of time.

2.1.4 Data Items

Numbers and facts are not always recorded in written forms. It is a challenge to work with cultures that have no established history of written transactions. However it is possible and often pictures of a meeting can be enough for some cultures to recognise all the facts associated with an agreement in the same way that a written record would be used in Western societies. Where cultures have to mix then use of pictures and sounds can be used as iconic links to full written records of an event.

2.1.5 Locomotion or Direction

In cultures where boats are the primary method of transport icons such as trains, stop lights and fuel gauges are completely misunderstood. The designer should therefore find appropriate metaphors for these types of movement, or directions. In one system we found the path of the moon over the sky was the most effective method to show the passage of time and this replaced the more traditional clock or calendar.

2.1.6 User Controls

In non-mechanised cultures the symbols of user control are quite different and some imagination may be required. In the authors work with non-mechanised societies tools from farming or controlling animals have been successfully used as metaphors for computer system controls. In some desert communities we found graphical representation of water levels in vessels was a most effective interface metaphor for controlling the sound and other features for a learning system.

2.1.7 Terminating Conditions and Learning Goals

In many simulations and games there are a series of possible terminating conditions in which the user may find themselves. Care must be taken in how these terminating conditions are represented. What are perfectly acceptable metaphors for some western users can be highly distressing or insulting to other cultures. It is also standard practice within many gaming and simulation systems to include some clear goal or target which can be used as a measure of the success within the task or sub-task being performed. It is important to check that these goal symbols are attractive and meaningful to people from your target user population.

2.1.8 Symbols and Sounds

Great care should be taken with the use of symbols in icons and as parts of the digital system. Some symbols, which appear quite innocent to a western eye, can be of great religious significance. An example is a drawing of an eye that can be disturbing to many cultures as a symbol of evil. Also, in many cultures animals can be regarded with religious reverence. It is therefore important that the designer try and determine which animals or objects have significance and if necessary to avoid the use of such objects within any digital system. And although the use of sound within a system can add life and interest, many innocent sounds may have a meaning other than the one you intend to someone from another culture. For example, the cries of some animals can be an indication of evil for some cultures.

2.1.9 Language

The designer should make himself or herself aware of the natural directional flow which language takes in the users culture. The western written flow from left to right and top to bottom may not be that which your user will assume. The choice of language or languages utilised within the system will also determine the user population who can benefit from the interactive learning environment.

Caution should be applied to direct translations of words and to the meanings of the sounds of words used within a system. Also, in many cultures a female voice giving instructions would not be as effective as a male voice, since females have a much lower social status in those cultures.

2.1.10 Behaviour Stereotyping

One of the most frequently cited criticisms [Capl86] with regard to the computer-based portrayal of people is behaviour stereotyping. Careful design of the interface and by systematically interchanging the figures performing the activities within the simulation can reduce offensive material. At the same time, care should also be taken in portraying the dress codes of some religions or other groups

2.1.11 Timing of Events in a Simulation

Many religious and ethnic groups place an emphasis on activities that can take place on a certain day, date or time. By portraying inappropriate activities taking place in a simulation environment on such occasions you may cause offence and lose much of the potential impact of your simulation.

2.1.12 Death and Superstition

It is important to realise that in many societies death is also closely associated with sets of symbols or events that are thought to either predict death or act in some way to assist the process. Closely linked with the topic of omens of death are the various superstitions that each culture develops around its daily activities and objects. Some of these are minor in nature but some have a strong influence on the daily behaviour of individuals from those cultures.

2.1.13 War and Violence

It is important for the designer to recognise that the views of war which form the designers' perspective are likely to have been formed by films and mass media coverage of the subject. Any simulation that tries to portray these topics is likely to cause offence to those users of the interactive learning environment who have actually experienced such situations.

2.1.14 Politics and Religion

Both are extremely sensitive topics and most wars and acts of mass violence have been excused or performed under the direction of them. Great care must be taken with both topics since they are directly linked to the belief system of the users and can cause great offence and even direct action.

2.1.15 Numbers and Colours

In many cultures numbers and colours have a semi-mystical or magical significance, for example, the number 13 is often considered to be unlucky and the colour white is considered a colour of death in some far eastern countries.

2.1.16 Gestures

In some cultures a nod can be taken as a sign of a negative response and physical contact or even the simulation of physical contact can be taboo for many ethnic groups. In some cultures passing or touching items with the left hand can be highly offensive. There are some basic standards that are available for the designer to try and keep an interactive environment within internationally accepted standards of decency and violence, similar to those used by film censors.

2.2 Cultural Mapping

Using the major headings (we have described above) for each of the basic components that form the digital environment the designer must create a description for the symbols or methods that are to be used for that part of the simulation. Both designer and typical user representative will then need to go through the list of basic components looking for possible cultural incompatibilities between proposed representations of simulation components and those symbols which are readily recognised by individuals from the target cultural group.

2.3 Additional Environmental Factors

In addition to the basic components of the simulation the designer should also look at the environmental aspects of the simulation. The difference between the environmental factor analysis and cultural mapping is that the designer is looking to see if the user reacts negatively to the proposed symbols and environmental components.

3 Summary

In this paper we have given an overview of the impact of cultural and ethnic differences on the effectiveness of digital systems with a special emphasis on digital learning environments. We have outlined those topics and considerations that are likely to cause problems in a cross-cultural situation and have provided an outline of an effective method that we have developed over 2 years of detailed case studies in very Non-Western cultures to ensure that digital systems designs respect the cultural backgrounds of their target user populations.

Every digital environment has key components or structures that permit the user to control and interpret the current state of the system. We believe based on our current understanding from our fieldwork that it is possible to construct libraries of these basic components for each different culture and thereby provide users with the basic tools to enable them to design for other cultures. Once such libraries are established design teams will be able to access them when they are called upon to develop a system for that target culture. It might also be possible to integrate these cultural symbols into a runtime system that would then enable one single system to provide multiple different interfaces to best suit the cultures represented among their users at that time.

Finally we hope that designers will adopt our recommendations and find them useful to improve the cultural sensitivity of their own system.

References

[Ats+89] Atsumi, T., et al.: Groups, leadership and social influence. In: Forgas, J. P. et al. (eds). Recent advances in social psychology: An international perspective. Amsterdam, Netherlands: North-Holland 1989.

[BoPa91] Bond, D., Park, J.: An empirical test of Rawls's theory of justice: A second approach, in Korea and the United States. Simulation and Gaming, 1991, 22(4), pp. 443-462.

[Capl86] Caplan, P. J.: Sex Roles and Sex Differences: Introduction. Special Issue: Sex Roles and Sex Differences and Androgyny. International Journal of Womens Studies, 1986, 8 (5), pp. 441-448

[Davi93] Davis, F.: User Acceptance of Information Technology: System Characteristics, User Perceptions and Behavioral Impacts. In: International Journal of Man-Machine Studies 38, pp.475-487, 1993.

[Day93] Day D.L.: Cultural Bases of Interface Acceptance: Foundations. In: People and Computers XI. Proceedings, HCI'96 (20-23.08.1996, Imperial College, London).

[Eden94] Eden, C.: Cognitive mapping and problem structuring for system dynamics model building. System Dynamics Review, 1994, 10(2-3), pp. 257-276.

[Erbe02] Erberto S.: Culturally sensitive e-Learning http://www.ecoingegneria.it/studiosandon/culturally_sensitive_eLearning.htm accessed Dec 21st 2004.

[Fowl94] Fowler, S.: Two decades of using simulation games for cross-cultural training. Simulation and Gaming, 1994, 25(4), pp. 464-476.

[GaEv91] Garling, E.: Environment, Cognition and Action : An Integrated Approach Oxford University Press, New York, US, 1991.

[Gan+97] Ganesh, J., et al.: Learning effect in multinational diffusion of consumer durables: An exploratory investigation. Journal of the Academy of Marketing Science, 1997, 25(3), pp. 214-228.

[Hann88] Hanneman, R.: Computer-assisted theory building: Modeling dynamic social systems. Newbury Park, CA, USA: Sage Publications, Inc., 1988.

[MaDu] Marinetti A., Dunn P.: The challenge of cultural adaptation: a question of approach. In: Training Journal, Nov. 2002.

[MoMo03]Morgan, K, Morgan, M.: Cultural Considerations For Computer Interface Design" Proceedings of the Western Decision Science Institute 2003, 21-25 April 2003 Kauai Marriott, Hawaii. Vol 2, pp. 234-240.

[MoMo99a] Morgan, K., Morgan, M.: Religion and the Internet: the cultural impact of information technology on culture and religious beliefs. Presentation, VI European Congress of Psychology, Rome, Italy July 4-9th 1999.

[MoMo99b] Morgan, K., Morgan, M.: The challenge of the Internet to the heritage of europe's native minority groups. Presentation, VI European Congress of Psychology, Rome, Italy July 4-9th 1999.

[Mor+00] Morgan, K., Morgan, M, Hall, J.: Personal and interpersonal development in high technology teaching and learning environments. British Journal of Educational Technology. 31,1 pp.71-79.

[Morg00] Morgan, K.: Cross Cultural Considerations for Simulation Based Learning Environments" Special issue Simulation and Gaming on Systems Dynamics, Simulaton and Gaming, Vol 31. No. 4. Dec 2000, pp.491-508.

[Morg92] Morgan, K.: Human-Computer Interface Design Issues and Considerations with Safety Critical Systems. Presentation at the 13th World Congress on Occupational Safety, and Health. New Delhi, India 4-8 April 1992.

[Morg94] Morgan, K.: Expanding Design Spaces and Diverse User Populations in Human Technology Interaction, Key-Note Address to the Swedish Human Computer Interaction Society Annual Conference. Stockholm. May 9th-10th 1994

[Morg98] Morgan, K.: Ethnic Diversity in Computer Based Interactions, Paper presentation 2nd Internatioanl Conference Crossroads in Cultural studies, Tampere, Finland, June 27th 1998.

[Pede95] Pedersen, P.: Multipoly: A board game. Simulation and Gaming, 1995, 26(1), pp. 109-112.

[RoWe95] Rosen, L., Weil, M.: Computer anxiety: A cross-cultural comparison of university students in ten countries. Computers in Human Behavior, 1995, 11(1), pp. 45-64.

[Simo99] Simons G.F.: Intercultural aspects of online training using games. A keynote speech presented at the ISAGA Conference, Tartu, Estonia, July 6, 2000.

[Woo+97] Woolnough, B., et al.: Factors affecting student choice of career in science and engineering: Parallel studies in Australia, Canada, China, England, Japan and Portugal. Research in Science and Technological Education, 1997, 15(1), pp. 105-121.

Die Entwicklung interaktiver Gruppenmethoden für Online-Lernen - Grundsätzliche Überlegungen und zwei prototypische Anwendungen

Jörg Hafer

Educational Design
Friedrichstr. 235
10969 Berlin
joerg.hafer@educational-design.com

Abstract: Die Entwicklung von eLearning erfordert ein Verständnis der Technologieentwicklung im pädagogischen Kontext. Am Beispiel der Collaborative Tools wird deutlich: Es handelt sich hierbei um eine Erweiterung des Nutzungskontexts bereits bekannter Technologien. Daraus leiten wir die These ab: Pädagogische Medien entwickeln sich gemäß einer evolutionären Entwicklungslogik. Daraus kann ein anderes Verständnis für die Entwicklungs- und Verbreitungsmechanismen von eLearning Technologie entstehen. Bei der Entwicklung zweier kooperativer Methoden haben wir uns von Fragestellungen nach Kontextfähigkeit, der Unterstützung unmittelbarer (nonverbaler) Kooperation und dem didaktischem Potential neuer Medien leiten lassen. Das Ergebnis dieser Arbeit sind zwei kollaborative nonverbale Methoden, die generische Funktionsweisen prototypisch umsetzen.

1 Einleitung

Der Begriff Collaborative Tools umschreibt eine Gruppe von Technologien, mit denen die sich eine neuartige Nutzung des Internets für Bildungs- und Wissensvermittlungsprozesse verbindet. Das dieser Begriff sich in einer relativ kurzen Zeit zu einem prominenten Schlagwort in der Diskussion um das Lernen mit neuen Medien entwickelt hat, mag unter anderem daran liegen, dass er auf einen gefühlten Nachholbedarf für eine technisch-didaktische Erneuerung des Lernens mit neuen Medien trifft.

Die Technologie des eLearning hat sich in den letzten 20 Jahren dynamisch entwickelt, oft in widersprüchlichen Bahnen und gegenläufigen Bewegungen und die weitere Entwicklung ist undeutlich. Mehr als bei anderen Technologieentwicklungen, ist beim eLearning die enge Verknüpfung von technischen und sozialen Bedingungen ihrer Anwendung augenfällig. Anregungen zur Beschreibung eines solchen Techniktyps, einschließlich der „sozialen Organisation ‚um eine Technik herum" [Wein89, 178f], kann uns deswegen vor allem die Techniksoziologie liefern: „Dabei wird als wesentlicher Bestandteil des generellen Modus neuer Technikentwicklung nicht die Vielzahl und Vielfalt der einzelnen Geräte und Einsatzmöglichkeiten technischer Apparate und Prinzipien, sondern deren infrastruktureller Zusammenhang entscheidend. Eine neue technische Anlage, konkrete einzelne Technologien werden immer weniger dinglich konkret aus sich selbst heraus, sondern zunehmend nur interessant als Bestandteil eines zu speziellen Zwecken wirkenden Technosystems." [Hoch86, 77].

2 Rückblick auf die Entwicklung: Was zeichnet eine Technologie als eLearning-Technologie aus?

Phase 1: Instructional Design (USA) und die technologische Wende in der Didaktik (Deutschland) - Parallele Entwicklung von Technologie und Didaktik

Vor 35 Jahren veröffentlichte Karl-Heinz Flechsig den Aufsatz „Die technologische Wendung in der Didaktik" in der er über die Simulation des Lehrers durch ein Gerät spekulierte und feststellte: „Den am weitesten gehenden Versuch, das Verhalten eines guten Lehrers zu simulieren, stellt schließlich die Informationsdarbietung und Beurteilung von Schülerantworten durch komplizierte Lehrapparate beziehungsweise Elektronenrechner dar." [Flec70, 247, Hervorhebungen vom Autor]. In der angelsächsischen didaktischen Theorie wurde der Fokus in der gleichen Dekade auf systemtheoretische Ansätze der Didaktik gerichtet. Gagné, Briggs und andere entwickelte das Konzept des Instructional Designs und, weitergehend, der Instructional Systems. Dazu stellen sie fest „Designing an instructional system utilizes a kind knowledge called educational technology. This term has sometimes been associated with computers and other media hardware used for instruction." [GaBr74, 210, Hervorhebungen vom Autor]. Gagné und Briggs verweisen jedoch im Verlauf ihres Texts auch darauf, dass sie den Begriff der Educational Technology weiter verstanden wissen wollen, nämlich im Sinne des process of planning.

Interessant ist nun an diesen beiden Positionen, dass sie bereits wenige Jahre nach der erstmaligen Montage von Microcomputern durch DEC auftraten. Der Microprozessor selber hatte damals noch nicht das Licht der Welt erblickt. Zu dieser Zeit wirkten die Entwicklung einer systemtheoretisch inspirierten Didaktik (Zweckrationale Konstruktion der Lehrtechniken [Flech70]) und die Entwicklungen der IT in einer gemeinsamen Richtung:

Die Anwendung von Bildungstechnologie als zweckrationales Handlungsschema und die Universalmaschine Computer trafen sich in der Vorstellung des Algorithmus als universale Beschreibungssprache menschlicher Handlungen. Es stellte sich hier nicht die Frage nach eLearning, denn die Entwicklung der Informationstechnologie und die Vision von der Bildung als einer Sozialtechnologie der Informationsvermittlung griffen nahtlos ineinander.

Phase 2: Die Ausweitung des Gebrauchs der neuen Medien, eLearning und die Entwicklung spezieller eLearning Technologien

Eine zweite Phase der Technologieentwicklung, etwa seit den 80er Jahren des letzten Jahrhunderts, war gekennzeichnet durch die Spezialisierung von Software und vor allem das Aufkommen des Begriffs eLearning. Damit einher ging auch die Etablierung einer spezialisierten Gruppe von Akteuren, die Lerntechnologie entwickelten, Lernarrangements aufbauten und eLearning-Anwendungen entwickelten.

Programme wie Toolbook und Authorware wurden speziell für die Produktion von Computer Based Training entwickelt und eingesetzt. Mit der Verbreitung des Internet schließlich wurde das Bedürfnis nach Verwaltung und Distribution der Lerninhalte in Netzwerken geweckt und es entwickelten sich Learning Management Systeme sowie Learning Content Management Systeme als hybride Formen aus Autorenwerkzeugen und Content Management Systemen. Beide Systeme dienen der Veröffentlichung der Inhalte, LMS auch der Verwaltung der Nutzer.

Mit der Entwicklung dieser Systeme schien zunächst die Tür zu einer eLearning-Culture weit aufgestoßen: Eine ganze Reihe von Großprojekten verstärkten die positiven Erwartungen, eLearning erhielt Einzug in Großunternehmen, in die Universitäten und in geringerem Maße in Schule und beruflicher Bildung. Es wurden erhebliche Ressourcen und Gelder investiert die Entwicklung des e-Learning voranzutreiben. In dem gleichen Maße wuchs auch eine erste Generation von Akteuren in Wirtschaft und Institutionen heran, im Zuge der Entwicklung des E-Business entwickelte sich die eLearning Industrie als Sonderfall der Informationstechnik.

Daraus erwuchs jedoch auch ein folgenreiches Missverständnis, denn die Entwicklung einer spezialisierten IT-Branche und die die Entwicklung des eLearning schlechthin fiel in der Wahrnehmung zusammen. Kurz gesagt, es verbreitete sich die Auffassung, das eLearning insbesondere in der Anwendung einer Technologie bestehe. Interoperabilität, Webfähigkeit, Rich Media sind in erste Linie strategische Entscheidungen aufgrund betriebswirtschaftlicher und technologischer Analysen der eLearning Anbieter. Das Erscheinungsbild, das eLearning heute bietet, ist maßgeblich durch diese Entscheidungsträger geprägt.

Das sich eLearning jedoch nicht nur nach strategische Entscheidungen richtet, zeigt sich jedoch darin, dass der Entwicklung dieser Technologien durch die Bildungspraktiker und -praktikerinnen oder aus dem Bereich der allgemeinen IT-Entwicklung zur Weiterentwicklung gedrängt wird: Zum einen sind die Praktiker nicht davon abzuhalten jegliche verfügbare Technologien umstandslos und experimentierfreudig in ihre Praxis einzubinden, weiter zu entwickeln und zu präsentieren. Ein Blick auf die inzwischen beeindruckende Liste von Projekten und Foren, auf die z.B. der deutsche Bildungsserver verweist, bestätigt dies.

Wenn wir heute von der Praxis des eLearning sprechen, können wir feststellen, dass sich hier eine diverse und lebendige Landschaft der Technologienutzung zeigt. Nur zum geringen Teil ist diese Praxis der Technologienutzung mit dem eLearning Begriff zu belegen, wie er sich in eLearning Technologien manifestiert. Auf der andern Seite ist die Entwicklung dadurch gekennzeichnet, dass sie sich von der Anwendung von eLearning weg bewegt. Stattdessen zeigt sich, dass der Trend in die Richtung weist virtuelle Bildungslandschaften zu kreieren. Möglich wurde diese Entwicklung durch die Verfügbarkeit von nutzerfreundlicher Software und dem Ausbau der technischen Infrastruktur, die nicht nur das Abonnement von Internetdiensten ermöglicht, sondern die Einrichtung und den Betrieb eigener Serverumgebungen. Die Entwicklung weist in die Richtung des Aufbaus ganzer Wissensnetzwerke.

Auf der Strecke geblieben scheint jedoch dabei die Weiterentwicklung der e-Learning Methodik und Didaktik. Multiple Choice, Drag `n` Drop und Fill-in-the-Blank herrschen hier seit nunmehr 20 Jahren unangefochten. Insgesamt scheint sich in der Herausbildung von einerseits den eLearning Spezialisten und andererseits des technologieoffenen Bildungspraktikers eine Kluft aufgetan zu haben.

Phase 3: Lernen in der Wissensgesellschaft - Durchdringung und Differenzierung von Lernkultur und Technologieentwicklung

In den letzten beiden Dekaden kündigt sich ein Paradigmawechsel in der Lernkultur an. Dieser ist zwar auch durch die Informationstechnologie angetrieben, zielt jedoch auf den kulturellen und sozialen Wandel, der in den entwickelten Industriestaaten diagnostiziert wird: Globalisierung, Informatisierung und Individualisierung bilden den neuen Handlungsrahmen in dem sich die Institutionen und Akteure der Bildung bewegen müssen. Lebenslanges, selbstgesteuertes Lernen und die Entwicklung der individuellen Kompetenzen im Rahmen einer individuellen Bildungsbiographie sind Orientierungsgrößen der aktuellen Bildungsdebatte [vgl. z.B. Bbb2003, 222].

Vor diesem Hintergrund treten die Widersprüche und Hemmnisse bei der weiteren Entwicklung des eLearning offener zu Tage: Die verfügbare technische Infrastruktur ist auf die Präsentation und Übung von Inhalten, Durchführung standardisierter Tests und Organisation von Lernaktivitäten zugeschnitten. Der inhaltlich-pädagogische Spielraum ist eng an die tradierten Begriffe und Verfahren der Wissensvermittlung (Anknüpfen an Bekanntem, Präsentation des Neuen, Vertiefung, Übung, Kontrolle und Transfer) gebunden.

Ein ganzheitliches Konzept des Lernens mit neuen Medien ist trotz der Durchdringung aller Lebensbereiche mit Informationstechnologie nicht in Sicht, obwohl unsere Lernkultur „wie gut oder schlecht sie [...] auch aussehen mag, [...] in entwickelten Gesellschaften ohne Computer kaum vorstellbar [ist]. Lernkulturen entwickeln sich im Tätigsein von Menschen, Kompetenzen werden von Menschen in der Tätigkeit erworben. Die Analysen müssen also weit über das organisierte Lernen im Kurs oder am Arbeitsplatz hinausgehen und alle Bereiche menschlichen Lebens einschließen - der Computer selbst, oder seine vielfältigen Ausprägungsformen, hat schon heute sehr viele Gebiete menschlichen Tätigseins erreicht.“ [Mati03, 5]

Gleichsam als Antwort auf das Auseinanderdriften pädagogischer Zielsetzungen und technologischer Entwicklung wurde das eLearning wieder in die tradierten Lehr-Lernszenarien heimgeholt: Im Blended Learning Konzept wird der Versuch gestartet die beiden didaktischen Welten wieder zusammen zu führen. Da wo dies sich allerdings auf einen bloßen „Mix“ beschränkt, ist jedoch auch dies zum Scheitern verurteilt. Im Zusammenhang mit der Forderung nach ganzheitlichen Konzepten des eLearning wird festgestellt „Die derzeit tatsächlich angebotenen Blended-Learning-Lösungen sind von ganzheitlichen Arrangements im Sinne der ‚vierten Welle’ noch weit entfernt und beschränken sich zumeist auf hybride Szenarien für explizite Lernprozesse.“ [Hölb05, 10]

Für die Schulpädagogik wird derweil diagnostiziert, dass die vorherrschende buchkulturelle Didaktik kaum in der Lage sein kann, die didaktischen Potentiale, des multimedialen Lernen zu begreifen und lernförderlich zu nutzen, solange es sich nicht vom typographischem Bildungsparadigma zu lösen vermag. Im Hinblick auf die Rezeption des Fernsehens als pädagogisches Medium stellt Böhme hierzu fest: „Verschließt sich die Schulpädagogik auch weiterhin davor, das Fernsehen als Lernmedium zu rekonstruieren, wird sie auch die Potenzialität von eLearning nicht verstehen.“ [Böhm05, 39] Stellt man diese Aussage neben die Bemerkung von Issing, dass eine elaborierte Multimediadidaktik noch nicht zu erkennen sei [Issi94], scheint die Entwicklung der letzten 10 Jahre nicht gerade ermutigend.

Was bleibt ist eine relative Ernüchterung über das eLearning. Deutlich ist jedoch auch, dass sich diese Ernüchterung keineswegs auf den Möglichkeiten und Grenzen der IT gründet. Es scheinen mehr die vielfältigen, schwer greifbaren und offensichtlich noch schwerer steuerbaren Bedingungen, die die ganz praktische, wirksame und gehaltvolle Einbindung von IT in die Lernkultur und deren Institutionen steuert. Offensichtlich ist diese kein Problem mangelnder technologischer Möglichkeiten. Die Eröffnung neuer technologischer Möglichkeiten kann sogar kontraproduktiv wirken, solange es keinen fruchtbaren Dialog mit der Praxis der Bildung gibt: „We implemented LMS methods that imposed bureaucratic control, diminished learner empowerment, and delivered static information. […] It is time to stop letting the LMS vendors tell us how to design learning. It is time to stop the tail from wagging the dog." [Hotr05].

3 Schlußfolgerungen: Die Entwicklung des eLearning folgt einem evolutionärem Entwicklungsmodell

Die Entwicklung der Praxis des Lernens mit neuen Medien und die Entwicklung von eLearning Technologie haben sich seit ihren Anfängen in unterschiedlichen Entwicklungssträngen ausdifferenziert. Trotz einer zunehmenden Durchdringung der Lernkultur durch neue Medien scheinen sich die Technologieentwicklung und Praxis gegenüber zu stehen:

- Das Agenda-Setting für die Entwicklung der eLearning Technologie ist weitgehend zentral auf der Seite der Anbieter angesiedelt. Themen wie Mobile Learning, Rapid eLearning entstammen weitgehend strategischen Überlegungen der eLearning Branche. Das Aufkommen der Collaborative Tools im Kontext des eLearning mag hier das jüngste Beispiel sein.

- eLearning in der alltäglichen Lernkultur scheint sich jedoch in Form einer dezentralen Breitenbewegung zu entwickeln, die einer pragmatischen Einbindung neuer Medien in bestehende Lernarrangements entspricht und sich vor allem an der jeweiligen Verfügbarkeit und Passung von Medientechnologien in bestehende Lehr-Lernarrangements orientiert.

Dieser Widerspruch zwischen zentraler Planung und dezentraler Entwicklung ist übrigens der Entwicklung der Pädagogik bzw. pädagogischer Technologien (im Sinne der Educational Technology) insgesamt eigentümlich. Die Beispiele für die Widerständigkeit von Lernkultur und Bildungsinstitutionen gegenüber zentralen, bildungsreformerischen Anstrengungen sind Legion. Weiterhin scheint die heranwachsende Multimediadidaktik von einem größer werdenden Spannungsverhältnis von Theorie und Praxis gekennzeichnet: „Die Medienpädagogik hinkt der technisch-ökonomischen Entwicklung hinterher, kann sie nicht einholen, sondern vergrößert ihren Abstand zu den medialen Phänomen.“ [Scho96, 199]

Wie kann dies erklärt werden? Meines Erachtens bedarf es dazu einer erweiterten Sichtweise auf die Entwicklung der Didaktik, und im weiteren Sinne der Educational Technology, als ein soziales System der Planung und Umsetzung von Lehr-Lernarrangements, einschließlich ihrer medien-technologischen Infrastruktur. Wird die Entwicklung der Bildungstechnologie als Entwicklung eines sozial-technischen Systems interpretiert, werden die Widersprüche und Misserfolge erklärlich. Dann wird eben auch deutlich, dass die Entscheidung ob und wie eine Technologie erfolgreich ist, nur zu einem geringen Teil von der technologischen Qualität im engeren Sinne abhängig und durch Marketing steuerbar ist, sondern das Wechselspiel von sozialem und ökonomischem Kontext und den technologischem Qualitäten über den Erfolg oder Mißerfolg entscheidet.

Dieser Sichtweise entspricht ein Modus der Theoriebildung, der sich nicht auf das Vorhandensein objektiver Eigenschaften der Systeme und Prinzipien beruft und im Sinne einer vermuteten besten Lösung argumentiert, sondern der die jeweilige Bewährung des gewählten Systems im Sinne von Überlebensfähigkeit (Viabilität) in den Mittelpunkt stellt. Ernst von Glasersfeld hat diesen Modus der Erkenntnisgewinnung in seiner Theorie des Radikalen Konstruktivismus so formuliert: „Der Wert wissenschaftlichen Wissens hängt folglich nicht von seiner Wahrheit im philosophischen [pädagogischem, betriebswirtschaftlichem] Sinne ab, sondern von seiner Viabilität.“ und „Der entscheidende Aspekt unserer Theorie des Wissens liegt darin, das die Idee der Übereinstimmung mit der Wirklichkeit durch die Idee des Passens ersetzt wird. Wissen ist dann gut, wenn es zu den einschränkenden Bedingungen der Realität passt und nicht mit ihnen kollidiert.“ [Glas98, 193 und 253]. Diese Denkweise führt zu einem an dem Modell der Evolution angelehnten Entwicklungsmodus von didaktisch-technologischen Systemen.

Evolutionär im Sinne von Überlebensfähigkeit bedeutet für die Entwicklung von Bildungstechnologie;

- es wird die Technologie überleben, die sich optimal in ihre zunächst gegebenen Umwelt anpasst,
- er wird die Technologie überleben, die sich mit den anderen Technologien zu Synergien - das heißt sich gegenseitig stützenden Verbindungen zusammen findet,

- es wird die Technologie überleben, die sich verändernden Umweltbedingungen am besten anpassen kann (Flexibilität),
- es wird schließlich die Technologie überleben, die sich in einer begrenzten Zeit am besten zu verbreiten vermag - d.h. in unserem Zusammenhang, die eine kritische Masse an Akteuren im Bildungs- und Trainingsbereich erreicht.

Aus diesem Blickwinkel betrachtet können jüngste Entwicklungen der eLearning Technologie re-interpretiert werden, nämlich die Entwicklung des sog. Rapid eLearning und die breite Rezeption von Wikis und Blogs in der pädagogischen Diskussion.

- Rapid-eLearning ist das Aufgreifen einer der erfolgreichsten Autoren-Tools der letzten Jahre: Gemeint sind so genannten Präsentationssoftwares, allen voran natürlich PowerPoint. Die Slide-Show hat als Medium in Konferenzen und Hörsälen, zunehmend auch im Unterricht den „Folienvortrag“ und die Tafel abgelöst. Auf die faktische Verbreitung und Beliebtheit dieser Technologie und nicht auf der pädagogischen Qualität (die getrennt zu diskutieren wäre) fußt dieser Entwicklungsstrang.
- Wikis und Blogs fanden ihren Eingang in die aktuelle Diskussion zunächst einmal gar nicht dadurch, dass ihnen eine pädagogisch-didaktische Qualität zugeschrieben wurde. Eher scheint die Diskussion sich um die Frage zu drehen, wie können wir sie - jetzt da wir sie einmal haben - sinnvoll mit didaktischen Problemstellungen verbinden? Der Hype ist daher kein pädagogischer, sondern ein der massiven medialen Aufmerksamkeit geschuldeter. Die unmittelbare Faszination jedoch, die von diesen Werkzeugen ausgeht, kommt daher, dass sie das Internet mit relativ einfachen Mitteln zu einem eigenen Gestaltungsraum werden lassen.

In beiden Entwicklungen finden wir eher die oben genannten Elemente der evolutionären Entwicklungslogik, denn eine zentrale Steuerungslogik. Bei beiden Entwicklungen haben die Strategen des eLearning das Problem, dass sie weder bei der Entwicklung des Trends selber beteiligt waren, noch (aus dem gleichen Grund) etwas gegen das Verschwinden desselben Trends tun können werden. Diese relative Machtlosigkeit fußt jedoch zu einem guten Teil auf dem falschen Eindruck, dass die Technologie die eigentliche Erneuerung darstellt. Einem evolutionären Entwicklungsbegriff von eLearning Technologie kann helfen, die Qualitäten und Bedingungen ihrer Entwicklung besser zu begreifen und, wo möglich, gezielt zu unterstützen. Dazu notwendig ist, für Prinzipien der Mutation, Versuch und Irrtum und dem Prinzip der Viabilität Entsprechungen zu finden. Insbesondere der soziale Kontext - und das meint für das eLearning ein im weitesten Sinne pädagogischen Kontext - ist die *natürliche Umwelt* des eLearning.

4 Was sind *Collaborative Tools* im eLearning?

Collaborative Tools ist zunächst ein Sammelbegriff für Technologien, die synchrone und asynchrone Kommunikation unterstützen. Hotrum setzt Collaborative Tools mit Tools for Content Interaction gleich [Hotr 2005]. Werkzeuge, die unter diesem Begriff zusammengefasst werden, können im Wesentlichen in vier Gruppen unterteilt werden, unterschieden nach der Modalität und Kodierung der Kommunikation:

modale und kodespezifische Qualitäten	Gruppe der Collaborative Tools
textbasierter, asynchroner strukturierter Austausch	Foren, Discussion Boards, Wikis, Chat
visuelles, synchrones "Senden" von Inhalten	Desktop Sharing, Whiteboard, CoBrowsing
audio(visuelle), synchrone, personale Kommunikation	Video Conferencing, IP Telefonie
synchrone, aktionsbasierte Manipulation von Anwendungen	Application Sharing

Tabelle 1 Tools for Content Interaction [Weid97, 68ff]

Zusammengefasst werden diese Tools in unterschiedlichen Zusammenstellungen zu komplexen Arrangements wie: *Shared Workspace*, *Virtueller Klassenzimmer* oder auch *eUniversity*.

Sind damit zunächst die technologischen Qualitäten beschrieben, so ist zu fragen, in welchem pädagogischen Kontext diese Technologien Bildungspraxis werden können. Es zeigt sich hier interessanterweise, dass die in Frage kommenden Settings sich relativ nahtlos in bestehende Organisationsformen des Lernens einfügen können, zum Beispiel:

- tutoriell begleiteter Unterricht,
- Lernen in der sozialen Interaktion,
- Lernen in geschlossenen personalen Zusammenhängen (Klassen, Groups),
- Lernen in einem zeitlich strukturierten Rahmen (Zwang zur Synchronität und Einhaltung verabredeter Zeiten).

Diese Kontextfähigkeit der Collaborative Tools ist ein Anzeichen dafür, dass es sich hierbei um ein technologisches Potential handelt, das sich in einer realen, didaktischen Umwelt behaupten kann.

Um diese Technologien möglichst breit nutzen zu können haben wir uns deswegen auf weitere Faktoren konzentriert, die der Verbreiterung nützlich sein können. Folgende Anforderungen an die Entwicklung von kollaborativen Methoden halten wir für besonders ergiebig im Hinblick auf konkrete Anwendungssituationen:

- Sie sollten nicht text- oder sprachfixiert sein, um (schrift-)sprachlicher Exklusion vorzubeugen,
- Sie sollten synchrone Interaktionen von mehreren Beteiligten ermöglichen und darstellbar machen,
- Sie sollten den virtuellen Raum (den Browser) als Interaktionsfläche direkt nutzen können und auf zentrale Technologien (z.B. MultiUserServer) verzichten.
- Sie sollen modular in verschiedenen Lernumgebungen (LMS, LCMS) einsetzbar sein (Kapselung).

Das Ergebnis dieser Arbeit sind zwei kollaborative non-verbale Methoden, die die oben genannten Anforderungen erfüllen. Einerseits sollen sie dazu dienen, die generischen Funktionsweisen solcher neuartigen Methoden zu entwickeln und zu studieren. Andererseits dienen diese Prototypen dazu, Erfahrungen in konkreten Anwendungen zu sammeln. Die Herausforderung ist nun, diese Technologieentwicklung an einen Punkt zu führen, an dem aus der praktischen Integration in pädagogischen Kontexten etwas Neues entstehen kann.

Literaturverzeichnis

[Bbb03] Bundesministerium für Bildung und Forschung (Hrsg.): Berufsbildungsbericht 2003. Berlin, 2003.

[Böhm05] Böhme, J.: E-Learning und der buchkulturelle Widerstand gegen eine Entschulung der Gesellschaft. In: Zeitschrift für Pädagogik (2005), H. 1, S. 30-44

[Flec70] Flechsig, K.-H.: Die technologische Wendung in der Didaktik. In: Dohmen, G.; Maurer F. und Popp, W. (Hrsg.) Unterrichtsforschung und diaktische Theorie. München 1970. S. 243-262

[GaBr74] Gagne, R. M., & Briggs, L. J.: Principles of Instructional Design. New York 1974.

[Glas98] Glasersfeld, E. von: Radikaler Konstruktivismus. Frankfurt a.M. 1998.

[Hoch86] Hoch, J.: Arbeit und Technik: Einführung in die Techniksoziologie, Stuttgart u.a. 1986

[Hölb05] Hölbing, G:: Blended Learning - Anstoß für innovative Unternehmenskonzepte? In: QUEM-Bulletin 1/2005, S. 8-10

[Hotr05] Hotrum, M.: Breaking Down the LMS Walls. In: International Review of Research in Open and Distance Learning, (44) 2005 zitiert nach: http://www.irrodl.org/content/v6.1/technote44.html

[Issing94] Issing, L.: Von der Mediendidaktik zur Multimediadidaktik. In: Unterrichtswissenschaft (22) 3, 1994 S. 267-284

[Mati03] Matiaske, R.: Freiheit des Lerners gestalten. In: QUEM-Report, Schriften zur beruflichen Weiterbildung, Heft 80, Berlin 2003

[Scho96] Schorb, B.: Multi-Meda-Pädagogik?! In: Medien + Erziehung, (40) 4. S. 199-200.

[Sesi93] Sesink, W.: Menschliche und künstliche Intelligenz. Stuttgart 1993

[Weid97] Weidenmann, B.: Multicodierung und Multimodalität im Lernprozeß. In: Issing, L.J. & Klimsa, P. (Hrsg.): Information und Lernen mit Multimedia. Weinheim, 1997, S. 65-88

[Wein89] Weingart, P.: Technik als Sozialer Prozess. Frankfurt 1989.

eLearning in Mathematik und Naturwissenschaften

Nina Dahlmann, Dr. Sabina Jeschke, Dr. Tilman Rassy,
Dr. Thomas Richter, Prof. Dr. Ruedi Seiler, Uwe Sinha

Institut für Mathematik
Technische Universität Berlin
Straße des 17. Juni 136
10623 Berlin
dahlmann|sabina|Rassy|
thor|seiler|sinha@math.tu-berlin.de

Abstract: Ausgehend von den TU-eLearning-Initiativen *MUMIE, VIDEOEASEL, BELEARNING* und *GENESIS* klassifizieren wir eLearning-Systeme in verschiedene Kategorien und stellen diese anhand einiger konkreter Beispiele aus der Lehrpraxis der TU Berlin vor. Wir beschreiben unser didaktisches Anforderungsprofil an solche Systeme beispielhaft für die Kategorie der Virtuellen Labore, diskutieren die daraus resultierenden Anforderungen an Softwaredesign und -architektur und demonstrieren ein typisches Experiment innerhalb eines solchen Labors aus unserem Lehrbetrieb. Abschließend geben wir einen Überblick über die Aktivitäten und Projekte des eLearning-Zentrums MULF (Multimediazentrum für Lehre und Forschung) der TU Berlin.

1 Einleitung

Der Arbeitsalltag von Wissenschaftlern und Ingenieuren befindet sich im Umbruch: Dadurch, dass numerische Softwarepakete und Computer-Algebra-Systeme bislang aufwendige Routinerechnungen übernehmen, wird es für den arbeitenden Ingenieur oder Wissenschaftler zunehmend wichtig, sich rasch neue Konzepte und Methoden aneignen zu können. Andererseits wuchs in der Geschichte der Wissenschaft Wissen selten so rasch wie heutzutage. Aus diesem Grunde erscheint das traditionell praktizierte Lernen auf Vorrat – also die Ansammlung von Wissen als definiertes Lernziel – wenig zeitgemäß. Stattdessen müssen adäquate Lern- und Lehrmethoden entwickelt werden, die darauf abzielen, die Lernenden zu selbstmotiviertem und selbstkontrolliertem lebenslangen Lernen anzuleiten.

Traditionelle Lehrmethoden erfüllen diese Anforderung nur zum Teil: Obwohl Vorlesungen selbstverständlich notwendiges Basiswissen vermitteln, fördern sie selbsttätige Beschäftigung mit dem Lehrinhalt nur unzureichend. Klassische Praktika, wie sie typischerweise zur Unterstützung von Physik- oder Ingenieursvorlesungen eingesetzt werden, sind personalintensiv, was bedingt durch die finanziellen Gegebenheiten der heutigen – insbesondere der Berliner – Hochschullandschaft eine weitere Einschränkung darstellt.

Wir zielen nicht darauf ab, die erwähnten klassischen Lehrmethoden zu ersetzen. Stattdessen wollen wir aufzeigen, wie durch den Einsatz der Neuen Medien ein Wendepunkt in der Ausbildungslandschaft erreicht werden kann. Wir präsentieren vier Einsatzgebiete der Neuen Medien, hier in der Mathematikausbildung: die Darstellung und Verwaltung mathematischer Inhalte, intelligente Lexika, die semiautomatisch aus natursprachlichen Texten Verknüpfungen von mathematischen Inhalten ermitteln können, Hausaufgaben-Sammlungen, die je nach Anforderung der Lernenden komplexere Aufgaben in einzelne Teilaufgaben aufbrechen und separat üben lassen können sowie Virtuelle Labore, die der Metapher eines Laborpraktikums folgend, einen virtuellen Experimentierraum für Studenten bereitstellen.

2 Klassifikation von eLearning

Wir präsentieren im Folgenden eine Klassifikation von eLearning in vier Kategorien.

Der Content-Bereich präsentiert und verwaltet die Inhalte eines Kurses, wie er typischerweise in einer Vorlesung präsentiert wird, und erlaubt nicht-lineare Navigation innerhalb dieser Daten. Der Übungsbereich bildet eine Umgebung zur Erstellung und Verkettung von Übungsaufgaben zu einem Themengebiet und bietet eine Oberfläche zur Durchführung und Verwaltung von Hausaufgaben; der Semantic-Retrieval-Bereich analysiert semiautomatisch natursprachliche Texte und erstellt hieraus Wissensnetze, die von Studierenden und Dozenten zur intelligenten Abfrage von Wissenszusammenhängen und zur Navigation innerhalb der Inhalte genutzt werden kann. Die Möglichkeit, Inhalte durch semantische Abfrage zu durchsuchen, stellt also auch ein intelligentes Lexikon für ein eLearning-System bereit. Die Virtuellen Labore schließlich stellen eine Umgebung für selbst-kontrolliertes Lernen dar, in dem durch die Zusammenfügung von bereitgestellten Gerätschaften, ähnlich einem physikalischen Labor, Experimente erstellt und durchgeführt werden können.

Wie bereits angedeutet, ist keines dieser Gebiete als isoliert stehendes Software-Programm zu begreifen: So können etwa die im Übungsbereich verknüpften Übungsaufgaben mittels von im Laborbereich bereitgestellten Experimenten durchgeführt werden, die ihrerseits zur Vertiefung auf Vorlesungsinhalte im Content-Bereich verweisen.

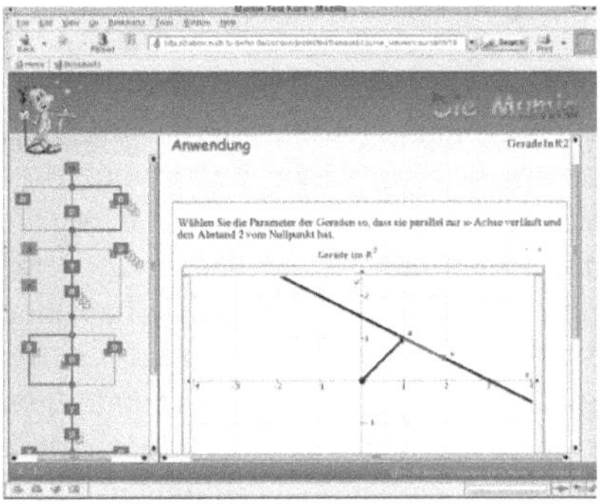

Abbildung 1 Kurs über Lineare Algebra in der MUMIE-Plattform[1]

3 Content-Bereich

Der Content-Bereich ist eine elektronische Repräsentation des Inhaltes einer Vorlesung oder eines Kurses. Dazu wird der Inhalt in minimale Inhaltsbausteine, hier Wissensatome genannt, zerlegt, wobei diese Zergliederung einer Ontologie2 des entsprechenden Fachgebietes folgt. Ein Wissensatom ist also die kleinste darstellbare Inhaltseinheit, die noch sinnvoll und unabhängig formuliert werden kann.

Im Falle des an der TU Berlin abgedeckten Themenbereiches der Mathematik ist ein Wissensatom somit eine bestimmte Definition (ggf. mehrere äquivalente) für ein bestimmtes mathematisches Objekt, ein mathematischer Satz, ein konkreter Beweis für einen Sachverhalt, ein konkretes mögliches Beispiel, welches einen mathematischen Sachverhalt veranschaulicht, eine Motivation für die Definition

---

[1] Im linken Frame der Kurs und die Wissensatome dieses Kurses nebst empfohlener Arbeitsrichtung als *Roter Faden*. Im rechten Frame eine typische Übungsaufgabe zur Vertiefung der Materie, hier zur Konstruktion einer Geraden über die Geradengleichung mit bestimmen Eigenschaften.

[2] Die hier verwendete Ontologie sollte nicht mit der internen Fachontologie der Mathematik verwechselt werden (etwa: Aufbau der Mathematik aus Klassen, Mengen, Definition von Tupeln, Abbildungen usw.). Wir folgen stattdessen einer Ontologie, die die Darstellung und Präsentation von Inhalten gliedert, wie sie in der Fachliteratur und in Vorlesungen verwendet wird.

eines mathematischen Objektes oder ein Algorithmus zur Durchführung einer Berechnung. Insbesondere kann – und sollte – der Content-Bereich mehrere äquivalente Atome zum selben mathematischen Inhalt liefern, da verschiedene Benutzergruppen (Mathematiker, Ingenieure, etc.) verschiedene Ansprüche an die Ausformulierung des Inhaltes und den konzeptionellen Aufbau einer Vorlesung haben.

Die Atome des Content-Bereichs werden durch interaktive Applets (Abbildung 1) ergänzt und zu Kursen verknüpft. Die Feingranularität und Unabhängigkeit der Atome erlaubt nun einerseits den Dozenten, bereits bestehende Inhaltselemente effizient für die Erstellung neuer Kurse wiederzuverwenden, und andererseits den Studenten, nichtlinear durch den Inhalt einer Vorlesung zu navigieren, um etwa die Vorlesung zu wiederholen oder sich auf eine Prüfung vorzubereiten. Wir bemerken an dieser Stelle erneut, dass es wichtig ist, verschiedene äquivalente Atome anzubieten, um unterschiedliche Lernertypen adressieren zu können und um Kurse an verschiedene Zielgruppen anpassen zu können.

Der Inhalt eines Kurses wird vom Content-Bereich als Netzwerk dargestellt, so wie es auf der linken Seite der Abb. 1 zu erkennen ist. Auf diese Weise wird die Navigation innerhalb des Kurses ermöglicht, und es werden gleichzeitig die inhaltlichen Zusammenhänge veranschaulicht. Der in der Abb. 1 erkennbare Rote Faden stellt hierbei die vom Dozent verfolgte und empfohlene Navigationsreihenfolge zur Durcharbeitung des Themas dar; alternative Pfade bleiben für Studenten dabei weiterhin verfügbar.

Im augenblicklichen Entwicklungsstadium, hauptsächlich konzipiert von S. Jeschke und R. Seiler, besteht das Mumie-Projekt [Mumie] aus einer Datenbank, die die Wissensatome verwaltet, einem Application-Server, der den Inhalt als XHTML-Seiten ausliefert und einem Course-Creator-Werkzeug, mit dessen Hilfe die Verkettung von Atomen zu Kursen erleichtert wird.

4 Semantic Retrieval Bereich

Während der Content-Bereich voraussetzt, dass der zu vermittelnde Inhalt bereits als Netzwerk von Wissensatomen vorliegt, ist das Aufgabengebiet des Semantic-Retrieval-Bereichs die Erstellung genau solcher Netzwerke aus natursprachlichen mathematischen Texten, wie etwa aus Skripten oder Fachbüchern. Weil wir es für unwahrscheinlich halten, dass sich der Schritt des Textverstehens von natursprachlichen Texten vollständig automatisieren lässt, vertreten wir hier einen halbautomatischen Ansatz, der zusätzliche Eingaben vom Benutzer verlangt [Nath05].

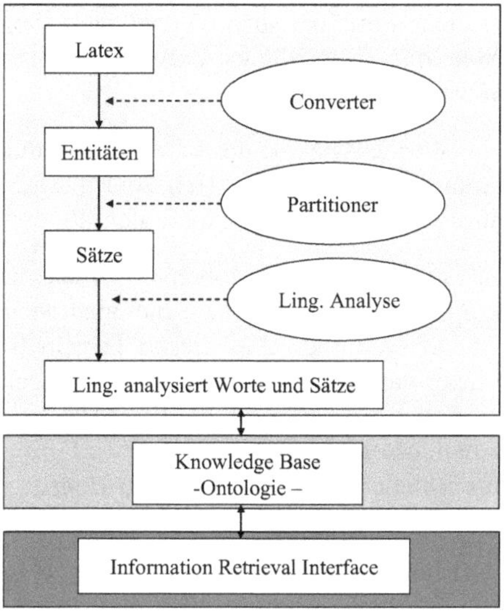

Abbildung 2 Architektur des Semantic-Retrieval Tools.
Der Informationsfluss erfolgt von oben nach unten durch die gezeigten Module

Die zu erzeugenden Wissensnetze repräsentieren sowohl Verknüpfungen zwischen Ausdrücken als auch Abhängigkeiten von mathematischen Aussagen. Entsprechend könnte eine geeignete Benutzeroberfläche – leider existiert diese Software noch nicht – diese Verknüpfungen visualisieren und wäre somit eine willkommene Hilfestellung für das Erledigen von Hausaufgaben oder zur Prüfungsvorbereitung. Ebenso könnten Dozenten mit Hilfe einer derartigen Software aus bereits bestehendem Material einfacher eine elektronische Version einer Vorlesung zu erstellen.

Das augenblicklich verfügbare Programm mArachna, entwickelt von N. Natho im Rahmen ihrer Promotion [Nath05], implementiert einen derartigen semiautomatischen Parser für natursprachliche Texte. Ausgehend von der Satz-Syntax werden Verknüpfungen und Abhängigkeiten von Worten innerhalb von Sätzen analysiert, so dass letztendlich Graphen von Objekten und Klassifikationen von Abhängigkeiten zwischen diesen Objekten entstehen.

Abb. 2 zeigt die Architektur dieses Werkzeugs. Ein Konverter analysiert den mathematischen Inhalt, der in LaTeX-Form vorliegt, und identifiziert hierin bereits Theoreme, Definitionen und weitere mathematische Entitäten. Da LaTeX von den Autoren bereits eine Auszeichnung derartiger Strukturen verlangt, oder zumindest gut unterstützt, wird dieser Vorgang bereits stark vereinfacht.

Der Partitioner bricht diese Entitäten auf und analysiert ihre Binnenstruktur mit Hilfe eines Pattern-Matching Algorithmus, der bereits eine einfache morphologische Analyse der Sätze erbringt.

Eine vollständige linguistische Analyse der Sätze auf Grundlage von Chomskys Transformationsgrammatik erfolgt im nächsten Schritt. Hierbei werden Sätze in Phrasen zerlegt und ihre syntaktische Funktion innerhalb der Sätze ermittelt.

Die semantische Analyse entdeckt Relationen zwischen diesen Phrasen, gruppiert sie in Objekte und erstellt Tripel aus Objektpaaren und Relationen, d.h. weist den Phrasen eine Semantik zu. Aus diesen Tripeln wird ein Wissensnetz erstellt, über das ein Information-Retrieval System Abfragen von Benutzern beantworten kann. Die Knoten innerhalb dieses Wissensnetzes bestehen dabei aus Ausdrücken, hier mathematischen Begriffen wie etwa Gruppe oder Determinante, und die Kanten aus Relationen zwischen diesen Begriffen, etwa ob ein Ausdruck eine Spezialisierung eines anderen ist.

5 Übungsbereich

Der Übungsbereich bietet Studierenden die Möglichkeit, anhand von gut strukturierten Übungsaufgaben die in der Vorlesung diskutierte Materie weiter zu vertiefen. Die entscheidenden Aspekte sind hier, wie schon im Inhaltsbereich, die Granularität der Aufgaben und deren Eingliederung in ein Aufgabennetzwerk.

Wie schon oben besprochen, darf der Übungsbereich nicht unabhängig von weiteren Kategorien des eLearnings gesehen werden. Der Übungsbereich muss also etwa Links in den Content-Bereich hinein anbieten, damit Studenten notwendiges Basiswissen aus der Vorlesung nachschlagen können. Ebenso möchten wir betonen, dass es notwendig ist, mehr als eine Strategie zur Lösung einer Aufgabe anzubieten.

Der Übungsbereich wurde in der jetzigen Form von S. Jeschke und R. Seiler [Mumie] konzipiert; er besteht zu einem Großteil aus Java-Applets, die innerhalb der Applet-Factory [Enß+05, Math05] entwickelt wurden. Er deckt ebenso wie der Content-Bereich zurzeit den Kurs der linearen Algebra für Ingenieure ab.

6 Virtuelle Labore

Virtuelle Labore verwenden die Metapher eines wissenschaftlichen Labors, d.h. eine Umgebung zur Erstellung und Durchführung von Experimenten. Mit den Einrichtungen, d.h. virtuellen Gerätschaften eines Virtuellen Labors werden mathematische Modelle untersucht oder Modelle aus anderen Naturwissenschaften simuliert und vermessen. Entsprechend einem realen Labor definiert ein Virtuelles Labor kein Lernziel aus sich heraus; diese Aufgabe bleibt weiterhin dem Dozenten oder Übungsleiter überlassen, der geeignete Experimente entwirft und im Rahmen von Hausaufgaben, d.h. innerhalb des Übungsbereiches, durchführen lässt.

Entsprechend vielfältig sind auch die Einsatzgebiete von Virtuellen Laboren: Sie reichen von der Unterstützung von Frontalunterricht durch Demonstrationsexperimente, Durchführung von Praktika in Kleingruppen bis hin zum Einsatz innerhalb der Forschung. Aus diesem Grunde muss ein Virtuelles Labor den Anforderungen einer Vielzahl von Benutzergruppen genügen.

6.1 Didaktische Anforderungen an Virtuelle Labore

Wichtigstes Ziel eines Laborpraktikums innerhalb der Ausbildung ist die Vermittlung von Handlungskompetenz. Anstatt fertig maßgeschneiderte Problemlösungen anzubieten, werden statt dessen Geräte, hier immer durch Algorithmen repräsentiert, bereitgestellt, die eine selbstständige Entwicklung und Erprobung von Problemlösungsstrategien ermöglichen.

Die Unterstützung unterschiedlicher Lernstile ist eines der herausragendsten Potentiale beim Einsatz multimedialer Technologien in der Lehre. Allerdings nutzen längst nicht alle eLTR-Technologien dieses Potential tatsächlich. Die starren, linearen, kaum interaktiven Kurse der ersten Generation der eLearning-Technologien [Jes+04] erlauben keine individuelle Erarbeitung des Stoffes. Gerade diese Anforderungen jedoch müssen bei der Entwicklung Virtueller Labore – mehr noch als bei an allen anderen eLearning-Umgebungen – im Vordergrund stehen.

Labore sollten idealerweise an verschiedene Einsatzszenarien adaptierbar sein. Dies betrifft einerseits den Einsatz in verschiedenen Studienrichtungen, die Schwerpunkte jeweils fachspezifisch anders setzen, und andererseits die Möglichkeit, Labore sowohl zu Demonstrations-, Übungs- und Prüfungszwecken einsetzen zu können:

Demonstrationsszenario: Dieses Einsatzgebiet dient zur Vorführung von mathematischen oder physikalischen Phänomenen innerhalb einer Vorlesung oder eines Webauftrittes. Das Augenmerk liegt bei der Einfachheit der Bedienung und der Verfügbarkeit eines großen Fundus an Experimenten, um attraktive Einführungen in einen Themenkreis zu gestalten.

Praktika und Tutorien: Ein Haupteinsatzgebiet für Virtuelle Labore als eLearning-Software der zweiten Generation [JeKe04, Jes+04] besteht in der Durchführung selbstständiger Übungen, Projekte und Praktika. Eine gute Benutzerführung ist nun entscheidend, um kurze Einarbeitungszeiten in die Laboroberfläche zu gewährleisten. Halbfertige Aufbauten können, je nach der Komplexität der zu vermittelnden Materie, die Zugangsbarrieren abbauen und Anregungen für weitere Experimente schaffen.

Selbststudium, Hausaufgaben, Klausurvorbereitung: In diesem Einsatzgebiet wird vom Studierenden ein vollständig eigenverantwortliches Arbeiten eingefordert. Es ist insbesondere in diesem Einsatzgebiet wünschenswert, dass das Labor mehrbenutzerfähig ist, um so etwa Kooperationen innerhalb einer Hausaufgaben-Arbeitsgruppe auch außerhalb des Campus zu ermöglichen.

Bedingt durch die steigende Komplexität der Probleme sind wissenschaftliche Leistungen im wachsenden Maße Resultate von Teamarbeit, so dass die Unterstützung von Kooperationsszenarien auch außerhalb dieses Einsatzgebietes sinnvoll ist.

Einsatz in der Forschung: Hier werden in weitaus größerem Maße Flexibilität und vor allem die Integration und Vernetzung des Labors mit bestehender Infrastruktur gefordert. Eine gute Benutzerführung ist zwar stets hilfreich und wünschenswert, von der hier angenommenen Benutzergruppe dürfen jedoch gute Vorkenntnisse und ggf. auch eine gewisse Einarbeitungsphase eingefordert werden. Von entscheidender Bedeutung sind hier Komplexität und fachliche Qualität der Algorithmen, die die Frage der Eignung des Labors zur Modellierung relevanter Problemklassen bestimmen.

Die Anbindung an bestehende Infrastruktur ist auch in anderen Einsatzgebieten sinnvoll, etwa um Studenten im Umgang mit fachspezifischen Standardkomponenten zu trainieren.

6.2 Auswirkungen auf das Software-Design

Die Bedürfnisse verschiedener Nutzergruppen unterscheiden sich zu sehr, als dass eine monolithische Software hier eine adäquate Lösung darstellen könnte. Wir gliedern darum ein Virtuelles Labor in einen oder mehrere Rechenkerne, die die zu untersuchenden Algorithmen implementieren oder die benötigten Simulationen für die zu untersuchenden Phänomene bereitstellen. Diese Rechenbausteine besitzen selbst keine graphischen Benutzerinterfaces, sondern verfügen lediglich über eine – gut zu dokumentierende – Programmschnittstelle, über die sie gesteuert und Messresultate abgefragt werden können.

Auf der gegenüberliegenden Ebene am Benutzer (siehe Abbildung 3) visualisieren eine oder mehrere Benutzerinterfaces die Messresultate der Labore. Dabei werden die diversen Benutzergruppen durch entsprechend angepasste GUIs adressiert. Für jede Benutzergruppe sollte ein geeigneter Kompromiss zwischen Komplexität/Vollständigkeit und Bedienbarkeit gefunden werden.

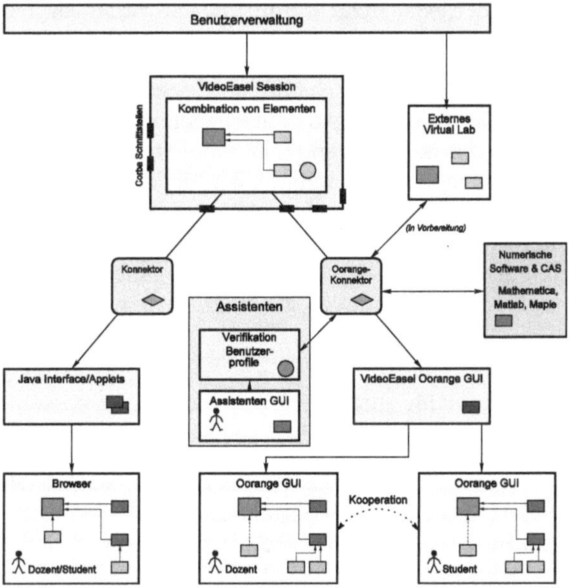

Abbildung 3 Software-Architektur für Virtuelle Labore, hier VIDEOEASEL.[3]

Um nun sowohl einzelne Rechenbausteine mit weiteren externen Rechenbausteinen zu komplexen Experimenten verschalten zu können als auch verschiedenartige Benutzeroberflächen ansprechen zu können, findet sich zwischen den Schichten Rechenkern und Oberfläche eine so genannte Konnektorenebene. Dies ist eine Middleware, die sowohl die Schnittstellen zwischen den Schichten als auch die Abstraktionen, d.h. die Modellbildungen innerhalb der jeweiligen Simulationsbausteine aufeinander abstimmt.

[3] Der Rechenkern (mittig oben), gesteuert von Konnektoren (runde Kästen) über CORBA-Schnittstellen (kleine schwarze Kästen). Die Konnektoren sind mit diversen Oberflächen verknüpft (Kästen unten). Auf der rechten Seite externe Komponenten, z.B. ein Computer-Algebra-System. Assistenten beobachten das Benutzerverhalten und steuern den Kern und die Oberflächen über die Konnektoren. Eine Benutzerverwaltung (langes Rechteck oben) steuert den Zugang zu laufenden Experimenten.

Neben der Verknüpfung von Rechenbausteinen zu Laboraufbauten lassen sich an dieser Ebene ebenso Computer-Algebra-Systeme wie etwa Maple anschließen, um eine Messwertaufnahme von hier aus zu steuern und die Daten automatisch auswerten zu lassen. Konnektoren übernehmen hier wiederum die Umsetzung der Protokolle der existierenden Softwareausstattung an die Schnittstellen der Laborkerne und der Oberflächen.

Durch die oben eingeführte Schichtenstruktur lassen sich nun auch leicht kooperative und Remote-Lernszenarien unterstützen: Sind die Schnittstellen zwischen Laborkern und Oberfläche netzwerkfähig, wie etwa im Falle von CORBA [Scal05], so können Rechenbaustein und Oberfläche räumlich getrennt werden. Durch geeignete Definition dieser Schnittstellen, wie sie in VIDEOEASEL vorzufinden sind, können auch mehrere Studenten gleichzeitig am selben Experiment teilnehmen und müssen sich dazu nicht einmal am gleichen Ort befinden. Unserer Meinung nach setzt kooperatives eLearning netzwerkfähige Applikationen voraus [HaKe01].

6.3 Ein virtuelles Labor für statistische Mechanik

Eine prototypische Implementierung des obigen Softwaredesigns wurde im DFG-Forschungszentrum Matheon der Berliner Universitäten realisiert [Rich05, Jes+05a]. VideoEasel ist hierbei ein Virtuelles Labor für statistische Mechanik, wie sie an der TU Berlin im zweiten Semester des Kurses Mathematische Physik gelehrt wird.

Der Laborkern von VideoEasel simuliert hierbei die mikroskopische Dynamik von klassischen Modellsystemen der statistischen Mechanik über so genannte zelluläre Automaten [ToMa87]. Ein zellulärer Automat ist hierbei eine Abbildung auf einem (typischerweise zweidimensionalen) Gitter, welches durch farbige Zellen visualisiert wird. Diese Abbildung T berechnet aus der Gitterfärbung zum Zeitpunkt t eine Färbung zum Zeitpunkt t+1, wobei der Zustand einer Gitterzelle ausschließlich vom Zustand der Zelle selbst und ihrer Nachbarn abhängt. Die hierüber modellierbaren Systeme umfassen etwa das klassische Ising-Modell [Isin25] und Gitter-Gase ebenso wie Algorithmen zur Bildentrauschung [GeGe84].

Zelluläre Automaten sind insofern ein ideales Modell für unsere Zwecke, als dass sie einerseits eine reichhaltige Phänomenologie mit praxisrelevanten Anwendungen bieten, wobei andererseits zur Beschreibung der Algorithmen selbst nur elementare Mathematik benötigt wird. Die Zugangsbarriere zur Modellwelt der zellulären Automaten ist somit recht gering.

VIDEOEASEL besteht aus einer dreilagigen Schicht von Programm-Modulen: dem Automatenkern, einer Konnektoren-Ebene und verschiedenen Benutzeroberflächen, von denen eine in Abb. 3 dargestellt ist. Die Schnittstelle zwischen Kern und Konnektor ist mittels CORBA [Scal05] realisiert, die zwischen Konnektor und Oberfläche basiert auf Java-Beans.

Entsprechend den didaktischen Anforderungen aus Abschnitt 6.1 unterstützt VIDEOEASEL kooperative Lernszenarien, bei denen mehrere Benutzer ein Experiment zugleich steuern und vermessen können.

Die mikroskopische Dynamik eines Modellsystems wird in einer C-artigen Programmiersprache erstellt, welche zur Laufzeit kompiliert und in den Kern gelinkt wird; eine große Auswahl vordefinierter Modellsysteme befindet sich bereits auf dem Server, wobei aber die komplexeren Schnittstellen dem Benutzer erlauben, die zugrunde liegenden Algorithmen selbstständig zu variieren.

Ebenso wie die Experimente selbst können durch Algorithmen beschriebene Messgeräte an den Laborkern angeschlossen werden. Entsprechend unserer Designphilosophie können hierbei Messgeräte und zu vermessende Experimente beliebig miteinander verknüpft werden, sofern die vom Messalgorithmus referenzierten Größen innerhalb des Experimentes vorzufinden sind.

6.4 Eine VIDEOEASEL-Sitzung

Um einen tieferen Einblick in die Arbeit mit einem Virtuellen Labor zu ermöglichen, soll nun im Folgenden eine typische VIDEOEASEL Sitzung am Beispiel des Ising-Modells beschrieben werden. Das Ising-Model [Isin25] ist hierbei ein gut untersuchtes System aus der Statistischen Mechanik, welches das Verhalten von Ferromagneten modelliert [Jes+05b]. Der zelluläre Automat operiert hier auf einem Gitter, dessen Elemente Spins genannt werden. Jeder Spin kann dabei einer von zwei möglichen Zuständen sein, die auch als Spin up und Spin down bezeichnet werden. Sie sind im Abbildung 4 rechts als hellgraue bzw. schwarze Pixel dargestellt.

Öffnet der Benutzer die Oorange-Oberfläche [Oora05], so muss dort zunächst entweder ein Experimental-Aufbau erstellt oder ein bereits vorgefertigter Aufbau geladen werden. Ersteres erfordert tiefere Einsichten in die Architektur des Labors und soll hier darum nicht beschrieben werden.

Lädt man stattdessen den bereitgestellten Ising-Aufbau, so wird auf der linken Seite der Benutzeroberfläche ein Netzwerk der beteiligten Bausteine des Labors aufgebaut (siehe Abb. 4 links). Durch Anklicken der entsprechenden Knoten des Netzwerkes lässt sich auf der rechten Seite der Oberfläche eine Visualisierung des Knoteninhaltes anzeigen. Der zelluläre Automat selbst wird ebenso durch einen Knoten dargestellt, seine Visualisierung ist der zugrunde liegende Programmcode, der sich dort auch ändern lässt. Nach dem Starten des Automaten entstehen bei geeigneter Wahl der Parameter Weißsche Bezirke in der Spinkonfiguration, wie sie in Abb. 4 zu sehen sind. Bei genügend langer Wartezeit verschmelzen diese und demonstrieren damit das Phänomen der spontanen Magnetisierung. Zusätzlich zu den Automaten selbst stellt das Labor auch Messinstrumente zur Verfügung, die an ein Laborsystem angeschlossen werden können.

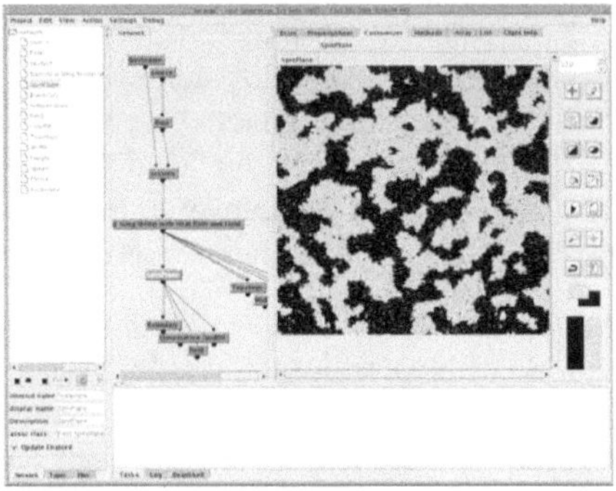

Abbildung 4 Das Ising-Modell in der Oorange-Oberfläche. Links das Netzwerk, welches das Experiment definiert. Rechts die Visualisierung der Spins.

Die hiermit untersuchbaren Phänomene umfassen etwa die erwähnte spontane Magnetisierung, die Hystereseschleife von Ferromagneten oder den Zusammenhang zwischen freier Energie und Magnetisierung.

Die Messresultate der angeschlossenen Instrumente sind, wie auch die Zellkonfiguration selbst, über die CORBA-Schnittstelle des Labors abrufbar und können auf diese Weise numerisch ausgewertet werden; ebenso können auf diese Weise Experimente automatisiert durchgeführt werden.

6.5 Evaluation Virtueller Labore in der Praxis

Im Rahmen des Kurses Mathematische Physik II an der TU Berlin wurde das oben besprochene Virtuelle Labor VIDEOEASEL bereits getestet und im Übungsbetrieb eingesetzt [Jes+05b]. Studienobjekt war hier, genau wie in diesem Artikel beschrieben, das Ising-Modell. Entsprechend dem Vorgehen der Vorlesung wurden Hausaufgaben erstellt, in denen Studenten gebeten wurden, mit Hilfe des Labors die kritische Temperatur, die Hysteresekurve, den Einfluss der Randbedingung und die freie Energie sowie Magnetisierung zu vermessen. Ferner war Inhalt der Hausaufgabe, die erhaltenen Kurven zu diskutieren und mit dem Inhalt der Vorlesung zu vergleichen. Beweise wurden in der Aufgabenstellung nicht explizit eingefordert.

Im Anschluss an diese Teilaufgabe merkte die Mehrzahl der Arbeitsgruppe an, dass aufgrund der Graphen zu vermuten sei, dass ein differentieller Zusammenhang zwischen Magnetisierung und freier Energie bestehe, und schlossen die Aufgabe – obwohl nicht verlangt – mit einem kurzen Beweis dieses Zusammenhangs ab.

Eine anonyme schriftliche Befragung der Studenten im Anschluss an die Übungseinheiten ergab, dass die Mehrzahl der Studenten die Arbeit am Labor als sehr motivierend und lehrreich einstufte, da sich die in der Vorlesung vermittelten Konzepte in den Messungen wieder finden.

7 eLearning-Aktivitäten an der TU Berlin

Die eLearning-Initiativen der TU Berlin starteten mit dem vom BMBF geförderten Projekt MUMIE [Mumi05], über das die Mathematik-Vorlesungen für Ingenieure im Grundstudium modernisiert und durch die Neuen Medien ergänzt werden sollten. Die MUMIE zielte vom ersten Tag darauf ab, die Studierenden in mehr als einer Hinsicht in ihrem Studium zu unterstützen: Sie sollte nicht nur den Inhalt der Vorlesungen für Hausaufgaben und Klausurvorbereitung elektronisch verfügbar machen, sondern auch die Hausaufgaben und Übungen zum Vorlesungsmaterial zum Selbststudium bereitstellen. Dies war die Geburtsstunde des Content- und des Übungsbereiches.

Nicht viel später entstand die Idee, dieses Konzept durch ein Lexikon zu ergänzen, durch welches der Inhalt beider Bereiche leichter zugänglich gemacht werden würde. Aus diesem Konzept heraus entstand die Idee, eine Knowledge Base [Haun02, BeKe00, Gör+00] für die Mathematik zu erstellen und diese auch mit Daten aus bestehenden Vorlesungen zu füllen. Aufgrund der Ressourcenknappheit der TU Berlin hofften wir, diesen Vorgang zu einem guten Teil zu automatisieren.

Hieraus ging letztendlich der Retrieval-Bereich, d.h. mArachna hervor, der in Kapitel 4 genauer beschrieben wurde. Im augenblicklichen Entwicklungsstand ist mArachna noch nicht vollständig in die MUMIE integriert, kann aber bereits natursprachliche Texte, wie sie in Mathematikvorlesungen anzutreffen sind, halbautomatisch verarbeiten. Eine Oberfläche zum Zugriff auf die interne Datenbank von mArachna wird zurzeit entwickelt.

Der Bereich der Virtuellen Labore ist das jüngste Mitglied der MUMIE-Familie. Obwohl die Idee, zelluläre Automaten zur Simulation von Modellen der statistischen Mechanik einzusetzen, nicht neu ist [ToMa87], trug sich der Autor (Richter) bereits seit einigen Jahren mit der Idee, hieraus eine eLearning-Software zu erstellen. Die Gelegenheit hierfür ergab sich schließlich am MATHEON der Berliner Universitäten, welches schließlich zu dem in Abschnitt 6.3 beschriebenen Virtuellen Labor VIDEOEASEL führte.

Die Forschungsschwerpunkte der eLearning-Gruppe der Fakultät reichen von pädagogischen bis hin zu technischen Aspekten des elektronischen Lernens, die zum Erreichen dieser Ziele behandelt werden müssen. Die pädagogischen Ziele beinhalten die Entwicklung intelligenter Übungsszenarien, explorativer Lernumgebungen und Modelle zur Benutzeradaptivität. Konzepte für verteilte Lehr- und Lernmodelle im Sinne von eBologna [EU03] sind hier inbegriffen.

Alle oben genannten Forschungsaspekte bedürfen des Hintergrundwissens einer Vielzahl weiterer Fachgebiete, die ebenso untersucht werden; wir behandeln Probleme semantischer Codierung und der Analyse mathematisch-natursprachlicher Texte ebenso wie die Entwicklung fachspezifischer Ontologien, den Entwurf wissensbasierter Systeme oder die elektronische Validierung von Hausarbeiten in der Mathematik. Ebenso wird zum Aufbau von integrierten e-Learning-Umgebungen Basistechnologie aus der Informatik benötigt, wie etwa verteilte Systeme zur Realisierung von kooperativen Lernumgebungen, Internet-Portaltechnologien zur Verwaltung und Präsentation von mathematischen Inhalten und vieles mehr.

8 Zusammenfassung und Ausblick

Unser Ziel besteht darin, sowohl wissenschaftlich vielseitige und anspruchsvolle Software zu erstellen als auch eine Vielzahl von möglichen Anwendungsgebieten abzudecken. Es ist davon auszugehen, dass die Komplexität der Benutzeroberflächen in Zukunft ansteigen wird. Diese Entwicklung gerät leicht in Widerspruch mit unseren didaktischen Ansprüchen, da sich dann ein Benutzer übermäßig auf die Bedienung der Programme statt auf den eigentlich zu vermittelnden Inhalt konzentrieren muss. Aus diesem Grund muss sich eLearning-Software von komplexen Werkzeugen hin zu intelligenten Systemen entwickeln [Scot01, Pang01], die über ein gewisses Maß an Autonomie verfügen. Die Software muss also – etwa mittels Methoden der künstlichen Intelligenz – lernen, ihre Benutzer so gut wie möglich bei der Bedienung zu unterstützen. Erste Entwicklungsschritte, unsere Plattform mittels intelligenter Assistenten in diese Richtung weiterzuentwickeln [Kasc05], haben im Bereich der Virtuellen Labore stattgefunden und werden auch im Content- und Übungsbereich vorangetrieben. Wir wollen zusammenfassend bemerken, dass wir nicht darauf abzielen, Vorlesungen oder Laborpraktika in ihrer heutigen Form durch elektronische Medien zu ersetzen; wir verfolgen stattdessen einem Blended Learning Ansatz: Die Neuen Medien dienen der Bereicherung des Unterrichts durch Lehrmethoden, die zuvor nicht möglich waren. Wir wählen bewusst die Mathematik als unser Arbeitsfeld, da sie sich vor allen anderen Wissenschaften durch ihre formale und präzise Sprache und ihre gut ausgearbeitete Strukturierung auszeichnet. Die Mathematik kommt uns hierdurch bei der Entwicklung von Lehrwerkzeugen auf halbem Wege entgegen.

Wir glauben, auf diese Weise Erfahrungen sammeln zu können, die sich nach und nach auf weitere Gebiete übertragen lassen.

Literaturverzeichnis

[BeKe00] Beierle, C., Kern-Isberner, G.: Methoden wissensbasierter Systeme. Vieweg, Braunschweig, Wiesbaden, 2000.

[Enß+05] Enß, V., Hohlschneider, M., Jeschke, S., Paehler, T., Seiler, R.: MathletFactory: A Component Framework and Authoring Environment for Applets in Interactive e-Learning Platforms on Mathematics. to appear September 2005 in Lecture Notes in Informatics (LNI), Bonner Köllen Verlag. 2005.

[EU2003] EU.: The Bologna Declaration - Joint declaration of the European Ministers of Education, 1999. http://www.bologna-berlin2003.de/pdf/bologna_declaration.pdf

[GeGe84] Geman, S., Geman, D.: Stochastic relaxation, Gibbs distributions, and the bayesian restorati on of images. IEEE Transactions on Pattern Analysis and Machine Intelligence, 6(6), 1984, S. 721-741.

[Gör+00] Görz, G., Rollinger, C.-R., and Schneeberger, J., (Hrsg.): Handbuch der Künstliche Intelligenz. Oldenbourg, München, Wien, 2000.

[HaKe01] Hampel, R. Keil-Slawik, T.: sTeam - Designing an Integrative Infrastructure for Web-Based Computer Supported Cooperative Learning. Proceedings of the 10th International World Wide Web Conference, May 1-5, 2001, pages 76-85, Hong Kong.

[Haun02] Haun, M.: Handbuch Wissensmanagement. Springer, Berlin, Heidelberg, 2002.

[Isin25] Ising, E.: Zur Theorie des Ferromagnetismus. Zeitschrift für Physik, 31, S. 253ff, 1925

[JeKe04] Jeschke, S., Keil-Slawik, R.: Next Gen. in eLearning Technology - Elektrifizierung des Nürnberger Trichters und die Alternativen. Informationsgesellschaft. Alcatel SEL Stiftung, 2004.

[Jes+04] Jeschke, S., Kohlhase, M., Seiler, R.: eLearning-, eTeaching- & eResearch-Technologien - Chancen und Potentiale für die Mathematik. DMV-Nachrichten, 2004.

[Jes+05a] Jeschke, T. Richter, R. Seiler, S. (to appear June 2005). VideoEasel: Architecture of Virtual Laboratories on Mathematics and Natural Sciences. Proceedings of the

3rd International Conference on Multimedia and ICTs in Education, 2005, Careres/Spain.

[Jes⁺05b] Jeschke, S., Richter, T., Scheel, H., Seiler, R., and Thomsen, C.: Das experiment und die eltr-technologien: Magnetismus in Virtuellen Laboren und Remote-Experimenten. Lecture Notes in Informatics, 2005.

[Kasc05] Kaschek, R. (Hrsg.): Intelligent Assistant Systems/Concepts, Technologies and Applications. Idea, Hershey, PA 17033, USA, 2005.

[Math05] The Mumie Mathlet Factory. http://mumie.iram.rwth-aachen.de/appletfactory, Abruf: 09/2005/.

[MuLF05] MuLF. Multimedia Centre for eLearning, eTeaching & eResearch at the Berlin University of Technology. http://www.mulf.tu-berlin.de. Abruf: 09/2005/.

[Mumi05] Mumie community. Mumie. http://www.mumie.net. Abruf: 09/2005/.

[Nath05] Natho, N.: mArachna: Eine semantische Analyse der mathematischen Sprache für ein computergestütztes Information Retrieval. PhD thesis, TU Berlin, Berlin, 2005.

[Oora05] Oorange: The Oorange development environment. http://www.oorange.de. Abruf: 09/2005/.

[Pang01] Pangaro, P.: THOUGHTSTICKER 1986: A Personal History of Conversation Theory in Software, and its Progenitor, Gordon Pask. Kybernetes, 30(5/6):790-806, 2001.

[Rich05] Richter, T. VideoEasel. http://www.math.tu-berlin.de/~thor/videoeasel. Abruf: 09/2005/.

[Scal05] Scallan, T.: A corba primer. http://www.omg.org. Abruf: 09/2005.

[Scot01] Scott, B.: Conversational Theory: A constructivist, Dialogical Approach to Educational Technology. Cybernetics & Human Knowning, 5(4), 2001.

[ToMa87] Toffoli, T., Margolus, N.: Cellular Automata Machi. MIT Press Cambridge, 1987.

incom - Synergien im Community-Design

Tina Deiml-Seibt, Prof. Dr. Boris Müller

Fachbereich Design / Interface Interaction Design
FH Potsdam
Pappelallee 8-9
14406 Potsdam
deiml@fh-potsdam.de,
boris.mueller@fh-potsdam.de

Abstract: Lehre, Lernen, oder allgemein jede Art von wissenschaftlicher, kognitiver Arbeit erfordert Kooperation auf unterschiedlichen Ebenen. Die Zusammenarbeit, oder weiter gefasst, das Zusammenwirken von diversen Aspekten, entspricht der Funktion komplexer Systeme. Ineinander greifende Methoden aus dem Bereich des System-, Interaction- und Interface-Designs können diese kooperativen Prozesse entscheidend beeinflussen und effektiv unterstützen. Im Folgenden soll untersucht werden, wie verteilte Designansätze die Kooperations-Plattform als exploratives Wissenswerkzeug synergetisch unter-stützen. Der entscheidende Faktor dabei ist die Einbeziehung des Anwenders in die Entwicklung. Dies soll am konkreten Beispiel von incom, einer sich in Entwicklung befindenden Community-Plattform des Fachbereichs Design der FH Potsdam, erörtert und dargestellt werden.

1 Einleitung

Kooperative Systeme versuchen oft unsere realen Lebensbedingungen und zwischenmenschlichen Interaktionen in den digitalen Raum zu transferieren. So nehmen Informationen aus der sozialen, verhaltensorientierten und affektiven Interaktion entscheidenden Einfluss auf die Gestaltung dieser Räume.

Da gerade die verteilte Einflussnahme verschiedener Informationsaspekte die kognitiven Prozesse imitiert, ist die Knowledge-Community (Community im Kontext der Wissensarbeit) ein fruchtbares, synergetisches Praxis-Modell des kooperativen Netzwerkens im Lehr- und Lernzusammenhang.

2 Hintergrund

Die Kommunikationsplattform incom [Inco04] entstand als Entwurfsprojekt in einer Lehrveranstaltung über webbasierte Kommunikationsanwendungen. Die Konzeption der incom-Plattform basiert auf den besonderen Bedingungen im Designstudium. Da existierende Software diesen Anforderungen nicht gerecht wird, folgte der Entschluss zu einer Eigenentwicklung, welche die späteren Nutzer des Systems in Konzeption und Entwicklung mit einbezieht.

Incom ist speziell auf die Bedingungen des Design-Studiums zugeschnitten. Im Mittelpunkt des Studiums stehen Projektarbeit, kleine Arbeitsgruppen, kritische Reflexion und Diskussion der Entwürfe. Diese Lehr- und Arbeitsformen werden in incom aufgegriffen. Incom basiert auf einem Community-Modell und auf erfolgreichen Web-Konzepten, wie Blogs oder Wikis. Studenten und Lehrende sind im System gleichberechtigt und bilden kleine Arbeitsgruppen, die sich in Workspaces gruppieren. Diese entsprechen den angebotenen Lehrveranstaltungen oder bündeln sich um ergänzende Themenkomplexe. Incom begleitet also die Lehre am Fachbereich Design, indem die realen Lehrbedingungen im digitalen Raum fortgesetzt werden.

Mit der Entwicklung einer Kommunikationsplattform für den Fachbereich Design verfolgen wir verschiedene sich ergänzende Ziele.

- Die Unterstützung der Lehre.
- Den Aufbau einer diskursiven Online–Ressource zum Thema Design.
- Forschung und Evaluation von Methoden zur Gestaltung komplexer, dynamischer Systeme im Kompetenzspektrum des Interface/Interaction-Designs.

Zurzeit ist die incom-Plattform in folgende Bereiche gegliedert:

- Startseite: Diese Seite gibt einen schnellen Blick auf die Aktivitäten der Community. Hier kann auf besonders relevante Beiträge aufmerksam gemacht werden.
- Kommunikation: Hier können für die Community relevante allgemeine Themen diskutiert und vorgestellt werden.
- Personen: Dieser Bereich gibt einen Überblick auf die Mitglieder der Community. Eine Reihe von Filtern ermöglichen es, Nutzergruppen sichtbar zu machen.

- Projekte: Abgeschlossene Designprojekte aus dem Fachbereich werden hier der Öffentlichkeit vorgestellt.
- Workspaces: Dieser Bereich stellt das eigentliche Kernstück von incom dar. Jeder Workspace bildet eine Lehrveranstaltung ab. Mit Hilfe des Workspaces können die Mitglieder einer Lehrveranstaltung miteinander kommunizieren und den Ablauf der Veranstaltung organisieren.

Im Wintersemester 2004/05 wurde der bis dahin fertig gestellte Workspace-Bereich einem kleinen Kreis von Nutzern (155 User - davon 7 Lehrende) zur Verfügung gestellt um in engem Kontakt mit den Anwendern Konzeption und Entwicklung anzupassen. Zum Sommersemester 2005 bestand die Plattform aus den Bereichen Workspaces, Personen, Projekte und Kommunikation und wurde nun für den gesamten Fachbereich Design zugänglich gemacht. Der Erfolg von webbasierten Anwendungen ist am Grad ihrer Nutzung messbar.

Zwei Drittel der Lehrveranstaltungen am Fachbereich Design hatten im Sommersemester 2005 ein virtuelles Abbild auf der incom Plattform. 28 von 36 Lehrende, 404 von 494 Designstudenten sind incom Mitglieder. 79 Gäste sind auf der incom Plattform registriert. Im Sommersemester wurden 2009 Beiträge gepostet, 343 Links gesammelt, 961 Dateien zur Verfügung gestellt, und 31 Projekte dokumentiert.

Die Ursachen für den Erfolg der Anwendung möchten wir aus verschiedenen Blickwinkeln untersuchen und anhand einiger Merkmale des Systems herausarbeiten.

3 Community-Design

Community-Design beschreibt ein mehrdimensionales Framework von Konzepten, die sich aus kooperativen Projekten heraus entwickelt haben. Community-Modelle, wie das der Open Source-Bewegung, beschreiben erfolgreiche Methoden im Umgang mit dynamischen, kooperativen und prozessorientierten Entwicklungen:

- Modularität – viele Teile bilden ein Ganzes
- Frühe Publikation von noch nicht abgeschlossenen (offenen) Erkenntnissen, oder Teilerkenntnissen
- Das Einbeziehen der Nutzer als Mitentwickler

Daraus resultierende Anwendungen sind:

- leicht zu bedienen,
- stabil, weil einzelne Teile schon früher Prüfung standhalten mussten,
- aktuell, weil sie sich in ständiger Entwicklung befinden.

Die verteilte Einflussnahme fördert ein nutzerzentriertes und partizipatives Design. Die Benutzung des sich in Entwicklung befindenden Systems ist ausschlaggebend. Darum bauen diese Anwendungen auf effektives Teilnehmen.

Die primär unhierarchische Vernetzung wird durch Nutzeraktivität gesteuert. Eric Raymond [Raym79] benutzte 1979 die Metapher von der Kathedrale und dem Basar, um Komplexität ohne zentralistischen Ansatz zu veranschaulichen. Der Bottom-Up Approach im Community-Modell fördert Qualität und Schnelligkeit durch parallele Synergie. Relevante Strukturen sind beweglich und aktuell. So gebildete Hierarchien sind in der Lage sich den veränderlichen Anforderungen anzupassen.

Incom bedient sich dieser Methoden und der Konzeption der daraus resultierenden Technologien. Einfache Bedienbarkeit, modulare Organisation, schneller Zugriff und gleichberechtigte Strukturen fördern die Benutzung und somit die Mit-Entwicklung. Dies gilt für die Evolution der Software sowie deren Anwendung im Lehr- und Lernbereich.

Incom verfolgt den Transfer des Open Source-Gedankens in den Wissenssektor. Dies geschieht durch uneingeschränkten, fächerübergreifenden Zugang zu dem in den verschiedenen Lehrveranstaltungen generierten Wissen. Individuelle, kognitive Wege, jenseits von Zeit- oder Ortsbeschränkungen sind möglich. Ein Bewusstsein für Themen, Projekte und Diskussion in fachbedingter Nachbarschaft wird forciert.

4 Social Space / Social Navigation

Social Navigation als Ansatz im Interaction Designs verfolgt das Ziel, den Benutzern Orientierungshilfe zu geben und durch benutzungsspezifische Zusatzinformation, Vertrauen zu Inhalten und Autoren zu schaffen. Der Begriff, erstmals beschrieben 1994 von Dourish und Chalmers [DoCh94], diente der Informationsverteilung auf räumliche, semantische und soziale Relationen. Die Beobachtung und Visualisierung der Aktivitäten Anderer verfolgt neben dem Ziel der pragmatischen Entscheidungshilfe, auch ein Bewusstsein für den sozialen Raum, in dem die verteilte Zusammenarbeit stattfindet.

Angefangen bei allgemeinen Arbeitsprozessen, wie z.B. der Netzwerkkonfiguration, Projektdokumentation etc., bietet Social Space / Social Navigation als soziale Information Orientierungshilfe für die eigene Arbeit. Der Zugang zu spezifischen Problemlösungen fördert den eigenen Arbeitsprozess, entweder durch Teilnahme an der Gruppenentscheidung, oder durch bewusstes Beschreiten eigener Wege.

Das Bild des Flanierens auf einer Straße mit mehreren Cafes, veranschaulicht die Idee von sozialem Navigieren. Im Vorübergehen sind verschiedene Informationen wahrnehmbar, welche die eigene Entscheidung beeinflussen.

- Die An- oder Abwesenheit von Gästen gibt Auskunft über die Beliebtheit des Orts, und damit möglicherweise über dessen Qualität.
- Weitergedacht kann die Beobachtung, wer die Gäste sind, die einen Ort frequentieren, auch zur Orientierung dienen, ob dieser Ort den individuellen Anforderungen gerecht wird.

Für das incom Workspace Interface lieferten diese Erkenntnisse wichtige Vorlagen. Mitglieder der Community, Anzahl und individuelle Informationen, sind auf den ersten Blick erkennbar. Beliebte Workspaces zeichnen sich durch die hohe Anzahl der Mitglieder aus. Die Teilnehmer sind mit ihrem Profil verlinkt, aus dem individuelle Informationen über die letzten Handlungen (Beiträge / Projekte) sowie ihr aktueller Aktivitätszustand im Verhältnis zu den anderen Teilnehmern ablesbar sind.

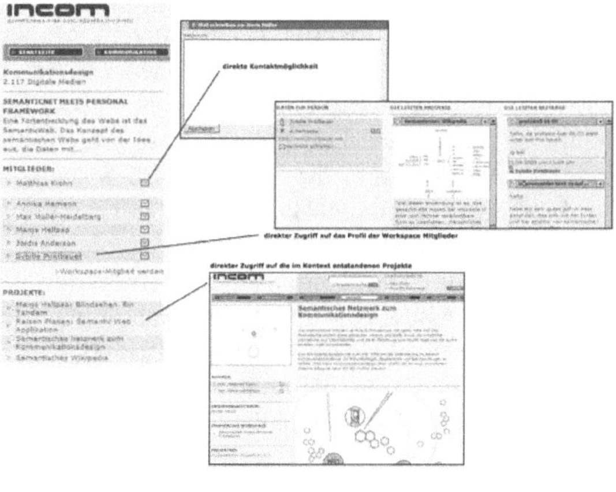

Abbildung 1 Social Navigation im Interface des incom Workspaces

Thomas Erickson, von der IBM-Social Computing Group, schuf den Begriff Translucence [Eric02] für diese Art von Verfügbarmachen von Information. Als bildliche Erläuterung benutzt Erickson eine Glastür, welche Prozesse dahinter sichtbar macht und somit das Verhalten davor beeinflusst.

Incom greift diese Idee auf, um soziale, verhaltensorientierte Zusatzinformation einzubringen. Diese hilft den Nutzern ihr Verhalten innerhalb der Community anzupassen.

Affekt und Emotion sind Aspekte des sozialen Raums und auch im Digitalen ein ernstzunehmender Aspekt der Teilnahme. Jede aktive Handlung, das heißt, jede Art von Beitrag sammelt Aktivitätspunkte für den Autor, und für den Workspace, dem dieser Beitrag gilt. In der Übersicht der Workspaces wird die Aktivitätsskala angezeigt, und Workspaces sind auch nach Aktivität sortierbar.

Im Social Navigation Design unterscheidet man zwischen direkter und indirekter sozialer Information [Dieb01]. Indirekte soziale Informationen sind in diesem Zusammenhang die statistischen, anonymen Einflüsse durch das Verhalten der Community als Ganzes, wie z.B. die Beurteilung von Themengruppen durch reine Quantität der Teilnehmer am Diskurs. Direkter Einfluss zeichnet sich durch den direkten Kontakt aus. Dieser kann durch Identifikation und Präsenz von Mitgliedern aufgebaut werden.

5 Identitätsmanagement

Ein wichtiger Ausschnitt aus dem Forschungsschwerpunkt des Social Navigation Design ist der Umgang mit der Identität des Benutzers. Manche Communities bauen auf manuell eingegebene Zusatzinformationen (zu Interessen, Themen und Position), wie z.B. friendster oder OpenBC. Diese fordern aber erheblichen Aufwand und ständiges Verwalten. Ein anderer Ansatz modelliert die persönlichen Merkmale anhand der Spuren, die der User im System hinterlassen hat. Geschieht dies im Verborgenen mittels User-Tracking-Technologie liefert das so generierte Profil selten hilfreiche Zusatzinformation, besonders weil sie vom User nicht verifiziert wurde. Die vom System generierten Verhaltensspuren können, wenn sie dem User bewusst sind, seine Handlungen lenken; er beeinflusst somit direkt sein Profil ohne Verwaltungsaufwand. Öffentlich zugängliche, persönliche Profile generieren Identitätsmuster, die dem User und seine Beiträge einen Kontext liefern. Seine Position innerhalb der Community wird durch seine Handlungen verknüpft. Das persönliche Profil wirkt hier wie ein Filter, der durch Metainformationen den assoziativen Kontext zum Beitrag liefert.

Die Verbindung von Identitätsinformation und Inhalt wird in verschiedenen Online Systemen zur Vertrauensbildung eingesetzt. So wird zum Beispiel der Verfasser einer Rezension bzw. eines Beitrags danach beurteilt, wie oft er sich schon eingebracht hat, oder wie viele Nutzer diesen Beitrag nützlich fanden. Beispiele dazu finden sich bei slashdot [Slas05], Amazon oder Ebay. Reputationssysteme basieren auf einem Zusammenwirken des aktuellen, kontextuellen Beitrags, dem durch frühere Handlungen generierter Identitätsprofil, und der Beziehung zu - bzw. der Wertung von - anderen Usern.

Vertrauen in die Qualität eines Inhalts lässt sich durch Informationen über den Autor herstellen. Forsberg [Fors98] vertritt die These, dass sich Menschen in virtuellen Umgebungen unterschiedlich verhalten, je nachdem, wie sie dort identifiziert werden können. Einhergehend mit einer gesteigerten Identifizierbarkeit von Personen, werden die Verantwortlichkeiten deutlicher und die potenziellen Konsequenzen von Fehlverhalten größer.

Um Qualität und Vertrauen zu schaffen, setzt incom auf einen transparenten Umgang mit den Identitäten der Mitglieder. Incoms virtuelle Gruppen bilden meist real existierende Communities ab. Auch wird auf der Plattform nicht mit virtuell geschaffenen Web-Identitäten, sondern mit realen Namen kommuniziert.

6 Kollaborative Strukturen

Kollaborative Strukturen bieten Orientierung. Der Trampelpfad durch den Wald informiert über seine Benutzung und verspricht Qualität, sonst würde er nicht benutzt und wäre schnell wieder zugewachsen. Relevanzen die durch Benutzung entstehen, sind modellierbar und passen sich den aktuellen Tendenzen an. Benutzungsmuster bilden Gruppen, die durch unscharfen Abgleich, Platz für hybride und mehrdimensionale Zuordnungen bieten.

Dieses Verfahren ist dem des collaborative filtering verwandt. Amazon z.B. verwendet collaborative filtering als Empfehlungssystem. (Käufer dieses Buches interessierten sich auch für....).

Neben sozialer Information ist die semantische Verknüpfung ein mächtiges Werkzeug im Dienste des Information Retrievals (Informationswiedergewinnung). Um die allgemeinen Standards für Metadaten (Daten über Daten) für den spezifizierten, individuellen Gebrauch zu erweitern, entstanden in den letzten Jahren verschiedene Modelle, um Inhalte kontextuell anzubinden.

Im Wesentlichen wurden dabei zwei Wege beschritten:

- mit Expertenwissen zusammengestellte, hierarchische Schlagwortkataloge sollen die Inhalte strukturieren.

- Man verlässt sich auf die automatische Indizierung von Inhalten mittels besonderer Merkmale oder Häufigkeiten.

Beide Methoden haben offensichtliche Schwachstellen. Die festen Strukturen eines hierarchischen Schlagwortkatalogs sind aufwendig in Bereitstellung und Anwendung. Mangelnde Modellierbarkeit, und vor allem Skalierbarkeit, lassen keinen Platz für hybride Kategorien. Selbstorganisierende Indizierungen nehmen den Anwendern zwar die lästige, manuelle Kategorisierung ab, sind jedoch ohne menschliche Überprüfung oft irrelevant. Beide Methoden teilen ein entscheidendes Problem: Sie koppeln den eventuellen Benutzer der Information vom Organisationsprozess ab.

Ein aktueller Trend der Metadatierung ist der des individuellen Tagging oder auch der user-created metadata [Math04]. Benutzer zeichnen Inhalte mit eigenen Begriffen aus, um sie ihrer individuellen Assoziationsordnung einzureihen. Diese Begriffe sind horizontal, ungebunden, das heißt sie unterliegen keiner in sich verschachtelten Hierarchie.

Dieses organische Ordnungsprinzip entstammt dem gemeinsamen Organisieren, Verwalten, und zur Verfügung stellen von Daten in Communities wie Del.icio.us [Del05] oder Flickr [Flic05]. Das Prinzip der kooperativen Metadatierung, wird auch folksonomy genannt [Smit04]. Folksonomy ist eine Wortschöpfung aus der Kombination von folk und Taxonomie.

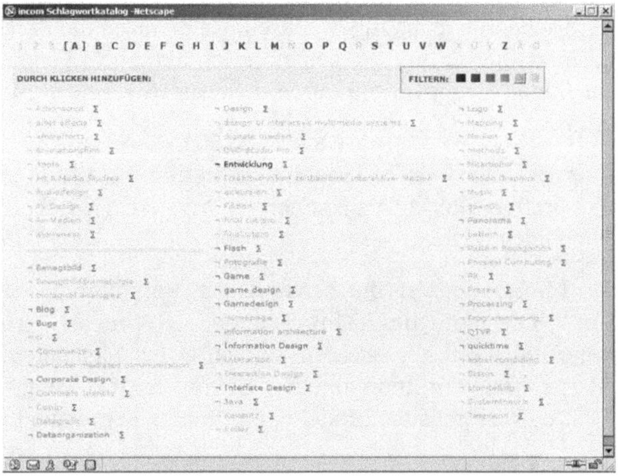

Abbildung 2 incom Schlagwortkatalog

Peter Merholz benutzt statt folksonomy den Begriff ethnoclassification, um den Begriff der Taxonomie, welcher Hierarchien und Kontrolle beinhaltet, zu vermeiden [Merh04]. Das Tagging entwickelt sich als extrem erfolgreiches Verfahren, weil es durch seine Konventionsfreiheit mehr Benutzer dazu bringt, Inhalte zu verschlagworten. Die konzeptionelle Verschiebung von klar definierten, hierarchischen Klassifikationsschemata hin zur assoziativen, ad-hoc Vergabe von Keywords, ist laut Stewart Butterfield nur 90% so wertvoll, wie herkömmliche Taxonomien, aber 10 mal einfacher zu handhaben [Butt04]. Durch Sammlung der meist verwendeten Begriffe kann ein Katalog entstehen, der die Sprache der User spricht. Schwächen, wie das durch unkontrolliertes Vokabular schnell anwachsende Begriffsfeld oder der mangelnde Synonymabgleich, kann mit Hilfe kollaborativer Strukturen abgeschwächt werden. Durch häufige Verwendung, entsteht eine Relevanzskala, in der die gemeinsam benutzte Sprache offensichtlicher wird, und individuelle Einzelpositionen aus dem Blickfeld rutschen.

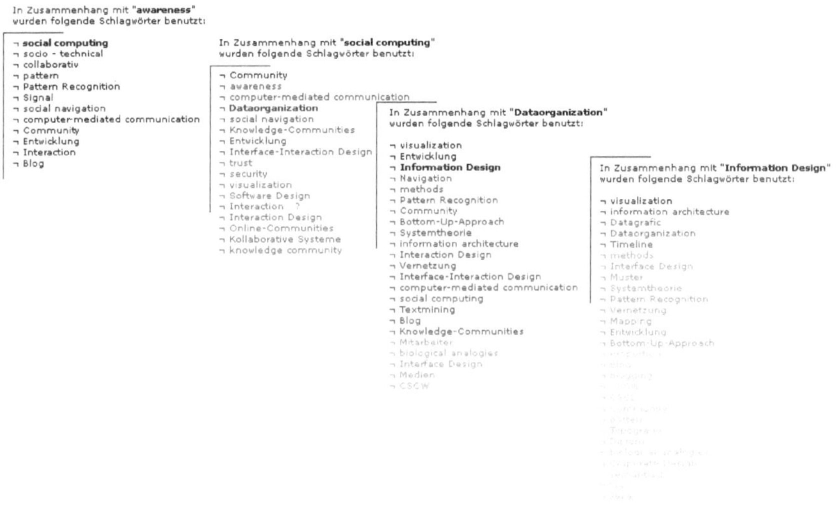

Abbildung 3 incom keyword families

(Beispiel: awareness-social computing-Dataorganisation-Information Design)

Der incom Schlagwortkatalog arbeitet im Sinne der kooperativen Klassifikation. User verschlagworten ihre Beiträge mit eigenen Begriffen, die sofort in einen

Katalog aufgenommen werden. Der Katalog bildet sich aus den speziellen Begriffen der Community und schafft so die fachlich angepasste Sprache. Das Interface des Schlagwortkatalogs bietet eine Filtermöglichkeit, nach häufiger Verwendung. Dieser Filter ermöglicht Wertungen in der Qualität und fungiert gleichzeitig als Spamfilter. Spam oder irrelevante Einträge, seien sie beabsichtigt oder nicht, sind ein gängiges Phänomen des offenen Wachstums. Mehrfaches Benutzen eines Begriffs lässt diesen als relevant erscheinen und macht ihn sichtbar. Ein weiteres Feature des Schlagwortkatalogs besteht in der Anzeige der keyword family. Diese gruppiert alle Keywords, die mit diesem Begriff gemeinsam verwendet wurden. Die keyword family ist ein durch Benutzung entstandenes dynamisches Cluster. Durch Wiederverwendung kann sich diese Gruppierung verstärken, oder durch selektiven Gebrauch weiter spezifizieren. Ein anderer, für den explorativen Umgang mit Inhalten nicht unwichtiger Faktor, ist das Finden von Unerwartetem. Solche Entdeckungen können speziell in unserem Kontext der Wissensarbeit kognitive Brücken schlagen.

Die offene, unreglementierte und nur durch Benutzung strukturierte Verwendung von Schlagwörtern, bietet der Community ein mächtiges Werkzeug zur Formulierung einer eigenen Sprache. Der Einzelne behält trotzdem die Möglichkeit innerhalb der Community individuelle Position zu beziehen.

7 Visualisierung

Unser Gehirn kann optische Information schneller und umfassender verarbeiten als textuelle Information. Deshalb sind Visualisierungen von Datenzusammenhängen eine nützliche Methode, komplexe Prozesse erfahrbar zu machen. Die Sichtbarkeit der systemischen Infrastruktur, der Verbindungen von Daten, Akteuren, Handlungen und Kontexten schafft ein Bewusstsein für die Prozesse innerhalb der Community.

Folgende Visualisierungsbeispiele arbeiten mit den Echtdaten der *incom* Plattform:

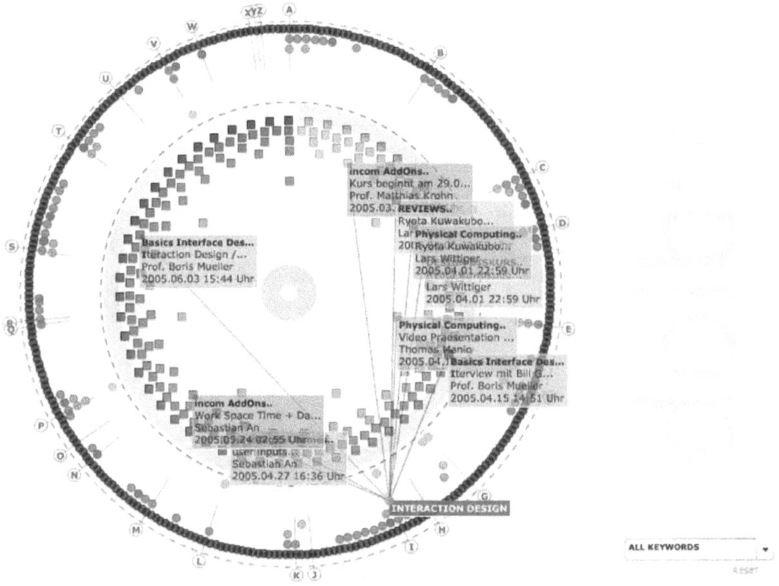

Abbildung 4 dolby - Visualisierung des incom Schlagwortkatalogs

Dolby [Dolb05] ist eine Visualisierung der wechselseitigen Verbindungen, zwischen Schlagwörtern und Beiträgen. Die interaktive Applikation zeigt, welche Beiträge mit einem Schlagwort verbunden wurden, und vice versa. Außerdem ist die Häufigkeit der Benutzung eines Schlagworts aus dem Interface ablesbar. Beiträge sind chronologisch auf einer Kreisform angeordnet. Daraus lässt sich das zeitliche Auftreten von stichwortgebundenen Diskursen verfolgen.

Incom collaboration pattern [Deim05] schafft eine weitere Ansicht der Community-Daten. Diese Visualisierung beschäftigt sich mit visuell codierten Signalen, die sich aus den Aktivitäten einer Person in Proportion zur Community als Ganzes ablesen lassen. Die abstrakten Muster positionieren den incom Nutzer am Rande oder im Zentrum der Community, zeigen wo und wie viel er beiträgt, und zu welchen Personen er in Beziehung steht. Die Verbindungen zu anderen Teilnehmern werden in die verschiedenen topologischen Bereiche der Aktivität aufgeteilt. Physische Kooperationen ergeben sich aus gemeinsamen Aktivitäten im Projekt- oder Workspacebereich. Mentale Kooperationen, d.h. die gemeinsame Verwendung von Schlagwörtern, machen Gleichgesinnte ausfindig und die kontextuelle Kooperation sichtbar.

Visualisierungen schaffen ein Bewusstsein für die Synergie der Verbindungen. Die Verbildlichung der Community Information greift in den Prozess der wechselseitigen Beeinflussung von Funktion und Nutzung der Software ein. Visualisierungen schaffen die Basis für Interfaces, die den kooperativen Prozess unterstützen.

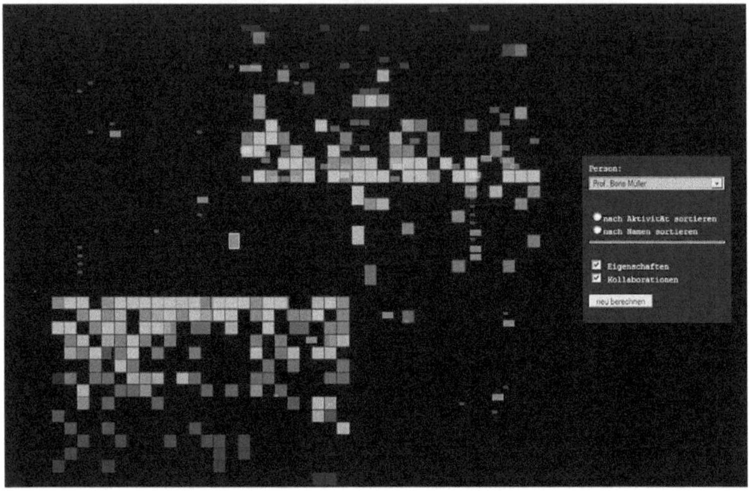

Abbildung 5 incom collaboration pattern

8 Zusammenfassung

Incom integriert verschiedene Designansätze, um die Intention der Plattform als exploratives Wissenswerkzeug synergetisch zu unterstützen. Der entscheidende und innovative Faktor dabei ist die Einbeziehung der Anwender in die Entwicklung von Software und Inhalt. Die Erforschung der sozialen Einflüsse auf die Evolution des Inhalts ist ein offener Prozess, für den der von Jon Udell kreierte Begriff des Collaborativ Knowledge Gardenings bezeichnend ist [Udel04]. Da sich das Design von komplexen, kooperativen Systemen hybriden Entwicklungen anpassen muss, wird nicht das fertige Produkt gestaltet, sondern der Prozess. Dieser definiert Strukturen und leitet durch einfache Regeln die Selbstorganisation. Die durch den Anwender mit gestaltete Community-Software, entspricht den Anforderungen der Gemeinschaft und ermöglicht qualitatives Wachstum, durch modellierbare Relevanzen.

9 Weiterentwicklung

Incom ist kein abgeschlossenes Projekt und wird den oben beschriebenen Weg weiter beschreiten. In diesem Stadium der Entwicklung ist es möglich, genauere Nutzungsanalysen durchzuführen und vor allem das Feedback der Anwender auf die Sichtbarkeit ihres Einflusses hin zu untersuchen.

Fragestellungen an das Interface, die sich aus den Erkenntnissen der Social Navigation ergeben, stehen im Fokus der Weiterentwicklung um deren direkten Einfluss auf die Nutzung stärker abzubilden.

Ein weiteres interessantes Vorhaben ist die Adaptierung der Strukturen aus dem Schlagwortkatalog in die Workspaces. Die Link- und Materialsammlungen im Workspace können z.B. auf ihre Verwendung reagieren und sich dementsprechend im Interface anordnen oder durch andere Signale über ihre momentane Relevanz informieren. Mitglieder eines Workspaces könnten auf den ersten Blick als Haupt- oder Nebenakteure wahrgenommen werden.

Neben der Entwicklung von neuen Features, die den nutzungszentrierten Ansatz weiter forcieren, ist es uns ein allgemeines Anliegen, die wachsenden Plattform konzeptionell zu begleiten, um daraus neue Forschungsthemen im Spektrum des Interface-Interaction- Designs zu formulieren.

Literatur

[Butt04] Butterfield, S.: Sylloge, http://www.sylloge.com/personal/2004/08/folksonomy-social-classification-great.html. August 4, 2004.

[Deim05] Deiml-Seibt, T.: Incom collaboration pattern - incom Visualisierung, incom.fh-potsdam.de/incom_kopie/code/visuals/pattern/matrix_collaborare_5.php, 2005.

[Del05] del.icio.us - social bookmark manager, http://del.icio.us. Abruf: 09/2005

[Dieb01] Dieberger, A.: "Social Navigation Research Agenda". CHI 2001.

[DoCh94] Dourish, P. and Chalmers, M.: Running Out of Space: Models of Information Navigation. HCI'94, 1994.

[Dolb05] Dolby - incom Visualisierung, Sebastian Heycke, http://www.polenjunges.de/dolby2/movie.html, 2005

[Eric02] Erickson, T. Kellogg, W. A.: Social Translucence: Designing Social Infrastructures that Make Collective Activity Visible, ACM 2002.

[Flic05] Flickr.com: Cooperatives System für die gemeinsame Benutzung von Fotos http://www.flickr.com, Abruf: 09/2005.

[Fors98] Forsberg, J.: Social Navigation - An Extended Definition. http://www.nada.kth.se/~forsberg/Documents, 1998, Abruf 09/2005.

[Inco05] http://www.incom.org, Abruf 09/2005.

[Math04] Mathes, A.: Folksonomies – Cooperative Classifikation and Communication Through Shared Metadata, Computer Mediated Communication - LIS590CMC. Dec, 2004.

[Merh04] Merholz, P.: Metadata for the masses. http://www.adaptivepath.com /publications/essays/ archives/, 2004. , Abruf 09/2005.

[Raym79] Raymond, E.: Die Kathedrale und der Basar. Linux Magazin, 1979.

[Slas05] Newsticker und Weblog der Open Source Technology Group, http://slashdot.org/.

[Smit04] Smith, G.: Atomiq - Folksonomy: social classification, http://atomiq.org/archives/ 2004/08/folksonomy_social_classification.html, Abruf 09/2005.

[Udel04] Udell, J.: Collaborativ knowledge gardening, http://www.infoworld.com /article/04/08/ 20/34OPstrategic_1.html, in: InfoWorld August 20, 2004.

eLearning Strategien für das universitäre Massenstudium - zukünftige Herausforderungen und Lösungswege

Prof. Christoph Lattemann[+], Stefan Stieglitz[++]

[+]Universität Kiel/Multimedia Campus, c.lattemann@mmc-kiel.com
[++]Universität Potsdam, stieglit@uni-potsdam.de

Abstract: Bei der zukünftigen Ausgestaltung von Bachelorstudiengängen wird von der Bologna-Deklaration implizit gefordert, vom bisher üblichen Stil des Frontalunterrichts abzukehren, um differenziertere (medien-)didaktische Konzepte oder e-Learning Strategien aufzugreifen. Dies gilt insbesondere für Massenstudiengänge wie Betriebswirtschaftslehre oder Rechtswissenschaften. Anders kann dem geforderten Anspruch auf Vermittlung von berufsbefähigenden Schlüsselqualifikationen nicht entsprochen werden.
Wie einige Untersuchungen zeigen, scheint im Einsatz von Blended Learning ein Lösungsansatz zu stecken, der die Reallokationen von Lehrkapazitäten von Massenveranstaltungen hin zu Kleingruppenarbeiten ermöglicht. Der geforderten Vermittlung von Schlüsselqualifikationen kann somit adäquat begegnet werden.
Dieser Beitrag analysiert anhand von Best-Practice-Beispielen, ob die Verfolgung von eLearning Strategien zu einer Reallokation von Lehrkapazitäten führen kann. Mittels einer eigens durchgeführten partial-empirischen Untersuchung wird analysiert, ob die derzeitigen Rahmenbedingungen in deutschen Massenstudiengängen den Einsatz von Blended Learning Modulen in der Bachelor-Ausbildung in breiter Umsetzung ermöglichen, um ein zeitgemäßes Studium - im Sinne der Bologna-Deklaration – umsetzen zu können.

1 Einleitung

Aus der zunehmenden technologischen Durchdringung in allen Bereichen des wirtschaftlichen und privaten Lebens erwachsen neue Aufträge an das Bildungswesen. Lernenden muss zum einen die notwendige Medienkompetenz vermittelt werden, welche eine Grundvoraussetzung für ein zukünftig selbst bestimmtes Leben und eine Teilhabe am Arbeitsmarkt darstellt. Die wirtschaftliche Dynamik erfordert weiterhin einen kontinuierlichen Wissensaufbau (lifelong-learning). Zum anderen verändern neue Informations- und Kommunikationstechnologien (IuK) den Bildungsprozess selbst. Diese Grundgedanken bilden unter anderem einen zentralen Pfeiler der europäischen Bologna-Deklaration [Rein05].

Durch die Bologna-Deklaration werden neue Forderungen und Maßstäbe an die universitäre Lehre gestellt. So soll unter anderem der Vermittlung von Schlüsselqualifikationen im Rahmen einer praxisnahen Ausbildung im Bachelor-Studium eine zentrale Rolle zukommen. Wie jedoch in Massenstudiengängen, wie der Betriebswirtschaftslehre oder der Rechtswissenschaften, bei denen häufig mehr als 300 Studierende in den Vorlesungssälen teilnehmen, eine betreuungsintensive Vermittlung von Schlüsselqualifikationen stattfinden kann, wird nicht aufgezeigt.

Lösungswege aus diesem Dilemma scheinen im Einsatz geeigneter mediendidaktischer Konzepte in der Lehre und im Aufbau breit angelegten E-Learning Strategien in den Lehreinrichtungen zu stecken [KlWa05].

Der vorliegende Beitrag setzt sich in diesem Kontext partial-empirisch mit der Fragestellung auseinander, welchen Beitrag elektronische Medien im universitären Massenstudium leisten können, um ein Studium im Sinne der Bologna-Deklaration zu ermöglichen.

Hierzu werden zunächst im Kapitel 2 Grundlagen zur Bologna-Deklaration umrissen, der Begriff „Schlüsselqualifikation" erläutert sowie relevante mediendidaktische Aspekte des Blended Learning dargestellt. Im Kapitel 3 werden hierauf aufbauend Best-Practice-Beispiele für E-Learning Strategien aufgezeigt. Im Kapitel 4 werden Ergebnisse einer eigenen Erhebung dargestellt, die die Möglichkeit und Bereitschaft von Dozenten und Studierenden zur Umsetzung von E-Learning Strategien thematisieren. Kapitel 5 schließt mit einem zusammenfassenden Fazit.

2 Schlüsselqualifikationen in der Bologna-Deklaration

2.1 Lehranforderungen aus der Bologna-Deklaration

Die Bologna-Deklaration hat mit ihren nachfolgenden Konferenzen in Prag, Berlin und Bergen in 2002/2003/2005 hauptsächlich zehn Aktionsfeldern für die Etablierung eines einheitlichen europäischen Hochschulraums definiert. Diese sind: (1) Einführung leicht verständlicher und vergleichbarer akademischer Abschlüsse, (2) Einführung eines aus zwei Hauptphasen bestehenden Studiensystem, (3) Etablierung eines Kreditpunktesystems, (4) Förderung der Mobilität, (5) Förderung der europäischen Zusammenarbeit bei der Qualitätssicherung, (6) Förderung der europäischen Dimension der Hochschulbildung, (7) Lifelong learning, (8) Förderung der Attraktivität des europäischen Hochschulraumes für

Menschen außerhalb Europas (9) Gewährleistung studentischer Teilhabe an bildungspolitischen Entscheidungen, (10) Betonung von Doktorandenprogrammen als dritte Phase im Studienmodell.

Aus diesen Forderungen ergibt sich implizit, dass ein berufsqualifizierendes Bachelor-Programm (Forderung 2 und 5), indem die Vermittlung von Schlüsselqualifikationen zu einem angemessenen Teil zum Tragen kommen muss, vom bisher üblichen Stil der Massenvorlesungen, auch in Fächern wie Betriebswirtschaftlehre und Rechtswissenschaften, in denen primär - durch die hohe Anzahl von Studierenden - nur fachbezogene Inhalte vermittelt werden können, abkehren muss. Schlüsselqualifikationen wie Softskills, Präsentationsschulungen etc. werden bei der traditionellen Lehrform des Frontalunterrichts regelmäßig vernachlässigt. Um den Anspruch der Vermittlung von berufsbefähigenden, fachbezogenen, methodischen und fachübergreifenden Schlüsselqualifikationen nachkommen zu können, müssen über ansprechende und geeignete didaktische Konzepte die Eigenaktivitäten der Studierenden gestärkt und über E-Learning Strategien geeignete Strukturen an den Lehreinrichtungen geschaffen werden.

2.2 Schlüsselqualifikationen

Schlüsselqualifikationen umfassen sowohl fachbezogene, methodische als auch fachübergreifende Kompetenzen [KMK03]. Der Kompetenzbegriff verweist auf Identität und Handlungsfähigkeit, gleichzeitig beinhaltet er einen Anwendungsbezug ("Kompetenz zu etwas") und schließt sowohl kognitive als auch nichtkognitive Dimensionen ein. Nach diesem Verständnis soll das *Trainieren* von fachbezogenen und disziplinübergreifenden Fertigkeiten und Kompetenzen den Studierenden ermöglichen, sich Handlungsfähigkeiten in möglichst vielen Bereichen und Wissensfeldern eigenständig zu erschließen.

Zur vorgenommenen Abgrenzung des Begriffs Schlüsselqualifikation erfolgt die Strukturierung in Anlehnung an Chur [Chur2005] anhand von zwei Dimensionen:

- Spezifität (fach-/ bereichsspezifisch vs. fach- / bereichsübergreifend)
- Weite (kognitiv vs. handlungs- / erfahrungsbezogen)

Unter einer pragmatischen Perspektive ergeben sich die in Tabelle 1 dargestellten groben Zuordnungen von Schlüsselqualifikationen.

In der klassischen Präsenzlehre in Massenstudiengängen mit mehr als hundert Studierenden können im Grunde ausschließlich fachbezogene Inhalte vermittelt werden. Alle anderen in Tabelle 1 aufgezeigten Schlüsselqualifikationen kommen zwangsläufig in der Lehre zu kurz. Verschiedenste eLearning-Strategien zeigen jedoch Potenziale auf, um diese Defizite in der Lehre zu überwinden, indem beispielsweise die direkten Lehrbelastungen der Dozenten in Massenpräsenzveranstaltungen durch eLearning Module reduziert werden, um hiermit Kapazitäten für die Vermittlung von Schlüsselqualifikationen in Kleingruppen (ergänzend oder als Ersatz) zu generieren [KlWa05].

	kognitiv	handlungs- /erfahrungsbezogen
fach-/ bereichs-spezifisch	Bildungsziele im fachbezogenen Kontext (z.B. Kenntnisse über Organisationskonstrukte, Arten des Projektmanagements)	Handlungs- und erfahrungsbezogene (Aus-) Bildungsziele (z.B. Erfahren und Erleben von Schwierigkeiten bei der Ressourcenplanung, bei Befragungstechniken, im Risikomanagement)
fach-/ bereichs-über-greifend	Bildungsziele im Kontext fach-, bereichsübergreifender Schlüsselkompetenzen (z.B. Kenntnisse in Methodenbewusstsein, Gesprächsführung, Teamarbeit, (finanz-) wirtschaftl. und rechtliche Aspekte, Umgang mit neuen Medien)	Schlüsselkompetenzen im engeren Sinn: stärker erfahrungs- und handlungsorientierte persönlichkeitsbezogene Dispositionen und Fähigkeiten im Umgang mit besonderen Herausforderungen der gegenwärtigen Alltags- und Berufswelt (z.B. kommunikative Fertigkeiten, Teamarbeit, Fähigkeiten zum kulturellen Austausch, Zeitmanagement, Rhetorik, kooperatives Lernen)

Tabelle 1: Abgrenzung von Schlüsselqualifikationen

2.3 eLearning in der Mediendidaktik

Der Begriff *eLearning* verdeutlicht den hohen Grad der Einbeziehung von IuK-Technologien in den Lehr- und Lernprozess. Dabei wird in der aktuellen Debatte zwischen E-Learning- und Blended Learning-Arrangements differenziert. Die parallele und sich ergänzende Verwendung von traditionellen und neuen Medien in der Lehre wird als Blended Learning bezeichnet. Nach Wermuth ist unter e-Learning „…eine neue Form des selbstgesteuerten Lernens zu verstehen, das mittels CD-ROM, Intranet oder über das Internet erfolgen kann. Es beinhaltet Computer Based Training (CBT), Web Based Training (WBT) sowie Fernstudium [Wehr01]. Der pädagogische Bezug wird bei diesen Formen des Lehrens und Lernens nicht über eine unmittelbare soziale Kommunikation, sondern primär über den technologisch vermittelten Austausch via eMail, Videokonferenzen etc. getragen [Eule97]. Neben einer technisch-praktischen Perspektive liegt dem eLearning-Begriff somit auch eine psychologisch-pädagogische Definition zu Grunde.

2.4 Lerneffektivität und Lerneffizienz

Einige Untersuchungen haben sich in der Vergangenheit mit der effizienz- und effektivitätssteigernden Wirkung von eLearning-Arrangements beschäftigt, die in ihrer Gesamtheit jedoch zu keinem einheitlichen Bild gelangen konnten [SeEu05].

Untersuchungen zur *Lerneffektivität* von Online- gegenüber Offline-Lernen haben gezeigt, dass Studenten in Fernunterricht aller Art gleiche Lernerfolge aufweisen wie Studenten im herkömmlichen Unterricht [Astl02]. Unter gewissen Bedingungen schnitten die Online-Studenten signifikant besser ab, als ihre Offline-Kommilitonen [Lock02]. Als wesentliche Einflussfaktoren wurde hier das Alter der Teilnehmer und die Auswahl der Themengebiete identifiziert [Carr00, Lock02]. Daneben setzt ein erfolgreiches Online-Studium eigenmotiviertes, lernbegieriges und gewissenhaftes Lernen sowie den alltäglichen Gebrauch von Computer und Internet voraus.

Unter *Lerneffizienz* versteht man das Verhältnis zwischen Lernergebnis und Lernzeit. Die Mehrzahl der Studien zur Untersuchung der Lerneffizienz im e-Learning kann keinen - oder nur in ausgewählten Umwelten - signifikanten Unterschied in der Lernwirksamkeit von traditioneller Lehre und eLearning nachweisen (vgl. [Lock02], [Dege03], [Carr00]). Wenige Studien weisen auf Effizienzvorteil von computerbasierten Kursen hin, die zum Teil mit besser aufbereiteten Lerninhalten und der damit verbundenen gesteigerten Rezeption des Stoffes erklärt werden. Auch kann die schnellere Verfügbarkeit von Information und Materialien zu Effizienzgewinnen führen [Astl02]. Abhängig von der didaktischen Aufbereitung, von den persönlichen Eigenschaften der Lernenden und vom Lehrinhalt scheint somit webbasiertes Lernen bei gleich bleibender Qualität der Lernergebnisse zu einer Reduktion der *Lern*zeit und - was für diesen Kontext noch entscheidender ist - zur Reduktion der *Lehr*zeit zu führen.

3 Lösungsansätze durch Blended und eLearning

Den obigen Ausführungen folgend, liegt eine Möglichkeit zur Reallokation der Lehrbelastung zwischen verschiedenen Lehrarrangements (Frontalunterricht vs.

Kleingruppenarbeit) in der Einführung und Ausweitung von mediendidaktischen Konzepten.

Diesbezüglich werden in der universitären Praxis bereits vielversprechende Ansätze verfolgt, die Möglichkeiten aufzeigen, wie über die Nutzung elektronischer Medien in der Lehre eine effiziente Kapazitätsallokation erreicht werden kann [Kun+04, SeEu05, KlWa05]. Voraussetzung ist, dass mediendidaktische Konzepte genau an den Punkten ansetzen, an denen eine Kapazitäts- und Qualitätswirksamkeit erzielt werden kann. Folgende Beispiele zeigen differenzierte Potenziale des eLearning auf verschiedenen Ebenen auf: die Verwendung gleicher Wissensinhalte (Content) für gleiche Zielgruppen (VIROR), gleicher Content für unterschiedliche Zielgruppen (Impuls EC) und Kooperationen zwischen Bildungseinrichtungen zur Erreichung anbieterseitiger Skaleneffekte (MHSG).

3.1 Projekt VIROR

Seit 1998 betreiben die Universitäten Freiburg, Heidelberg, Karlsruhe und Mannheim gemeinschaftlich das Projekt *VIROR (Virtuelle Hochschule Oberrhein)*. Ziel ist es, multimediale und netzgestützte Fernlehre-Elemente in die Lehre zu integrieren. Hierdurch soll das Lernangebot zu Gunsten der Studierenden der beteiligten Universitäten erweitert werden. Traditionelle Lehrveranstaltungen - die auf der persönlichen Anwesenheit der Studierenden und Lehrkräfte beruhen - sollen durch zeitlich und örtlich flexiblere Szenarien ersetzt und ergänzt werden. Derzeit beschränkt sich das Angebot auf die Fächer Informatik, Bioinformatik, Chemie, Politikwissenschaften, Psychologie und auf das Grundstudium in den Wirtschaftswissenschaften [Viro05]. Bei der Vermittlung des Stoffes wird auf spezifische eLearning-Möglichkeiten zurückgegriffen, so werden Animationen und Simulationen eingesetzt und Interaktivität mit den Lernenden angestrebt.

So bietet die Lerneinheit Joker des VIROR Projekts beispielsweise Lern- und Übungseinheiten zum Fach Kosten- und Erlösrechnung für alle an VIROR beteiligten Hochschulen. Untersuchungen weisen auf positive Lerneffekte hin, die durch den ergänzenden Einsatz (Blended Learning) von Joker entstehen. Horz relativiert mit seinen Untersuchungsergebnissen die Effizienz im Einsatz der multimedialen Lehreinheiten, indem er den Lernerfolg auf die Tutorentätigkeit zurückführt [Horz02]. Ein reines eLearning führt in diesem Fall nicht zu Effizienzgewinnen. Anscheinend zeigen sich erst durch die Kombination von Präsenzteilen mit eLearning-Elementen (Blended Learning) positive Lerneffekte. Eine Entlastung des Lehraufwands im direkten Frontalunterricht erscheint erst durch Blended Learning-Arrangements möglich.

3.2 Projekt Impuls EC

Im Rahmen des BMBF Programms „Neue Medien in der Bildung“ wurde in den Jahren 2001 bis 2004 das *Projekt Impuls*^{EC} *– Interdisziplinäres Programm für die multimediale Lehre und selbstorganisiertes Lernen:* Electronic Commerce – gefördert. Dieses Projekt wurde im Verbund mit den Universitäten Dresden, Karlsruhe, Leipzig, Osnabrück, Potsdam und Würzburg durchgeführt.

Es wurde ein modularer Lehrgang (Blended Learning-Konzept) für den Wissensbereich *Electronic Commerce* mit insgesamt ca. 5000 multimedialen Webseiten und einem Workload von ca. 1000 Stunden entwickelt und seit 2003 in die Lehrprogramme an den beteiligten Universitäten integriert.

Bereits während des Förderzeitraums wurden verschiedene Verwertungsmöglichkeiten realisiert. So kommen einige Module an verschiedenen Lehreinrichtungen als Ergänzung und teilweise als Ersatz zu mehreren Veranstaltungen zum Einsatz.

Die modulare Struktur der Contents ermöglicht die Anpassung an spezielle Rahmenbedingungen und an fremde Curricula. So wurden Contents auch in der universitären und betrieblichen Weiterbildung (Masterstudium/ Berufsschule) erfolgreich eingesetzt. Die Stoffvermittlung wird primär über ein Selbststudium generiert. Erfahrungen in der Weiterbildung (kostenpflichtiges Masterstudium oder betriebliche Weiterqualifikation) zeigen, dass Blended Learning-Module durchaus effizient eingesetzt werden können, um Lehrkapazitäten für eine intensive Vertiefung der Inhalte in Kleingruppen zu ermöglichen [LaSa05].

Dies deckt sich auch mit den Erkenntnissen verschiedener Studien ([Lock02], [Dege03], [Carr00]), die zeigen, dass der Einsatz von neuen Medien gerade bei eigenmotivierten und lernbegierigen Studierenden mit entsprechenden fachlichen und lerndidaktischen Vorerfahrungen (in der Regel bei Studierenden on Weiterbildungsstudiengängen zu finden) effektiv ist. Lehrkapazitäten können in diesem Umfeld für individuelle und für Kleingruppenbetreuung freigesetzt werden.

3.3 Projekt MHSG - Universitätskooperationen

Haussner et al. [Hau^{+}05] stellen dar, dass das bislang an Universitäten favorisierte Do-it-Yourself-Verfahren einzelner Lehrstuhlinhaber oder wissenschaftlicher Arbeitsgruppen in Zukunft an seine Grenzen stoßen wird. In diesem Sinne werden schon heute im Rahmen spezifischer eLearning-Strategien „anbieterseitige“ Skaleneffekte bei der multimedialen Aufbereitung von Wissensinhalten erzielt und institutionenübergreifende Infrastrukturen zur Verfügung gestellt. Dies ist zum Beispiel der Fall bei der Kooperation der drei Berliner Universitäten: der *Multimedia Hochschulservice Berlin GmbH (MHSG)*. Der MHSG unterstützt die Berliner Hochschulen bei der Erstellung und Nutzung von multimedialen Lehrinhalten. Ziel der MHSG ist die Verbesserung der Qualität der Hochschullehre bei gleichzeitiger Steigerung der Effizienz durch den Einsatz neuer multimedialer Technologien [MHSG03].

Die entstehenden Lernprodukte können zum einen direkt in der Lehre der Hochschulen und Institute zum Einsatz kommen, werden aber auch für andere Lehreinrichtungen zur Verfügung gestellt. Durch Unterstützung der beteiligten Institute können fachlich hochwertige Inhalte produziert werden. Aufgrund der Markt- und Medienkompetenz der MHSG entstehen daraus Lernprodukte, die sich auch am Markt behaupten können. Ähnliche Konzepte finden sich bei der Virtuellen Hochschule Bayern, dem Bildungsportal Thüringen oder dem 2004 gegründeten Hochschulverbund für Multimedia und eLearning in Brandenburg (HVMB). Durch diese Form der Kollaboration kann der einzelne Dozent in seiner Lehrstoffaufbereitung entlastet werden. Die „gesparte" Zeit könnte somit für die Betreuung von Kleingruppen oder Einzelpersonen genutzt werden.

3.4 Implikationen aus den Beispielen

Wie gezeigt wurde, sind bereits erfolgversprechende eLearning-Strategien entwickelt worden, die Potenzial bieten, um Kleingruppenarbeiten auch bei großen Gruppengrößen mit Hilfe informationstechnischer Mittel zu ermöglichen. In den meisten Fällen handelt es sich dabei um interuniversitäre Kooperationen, die zum Ziel haben, eLearning Angebote mit spezifischen Lerninhalten zu generieren.

Aktuelle Studien des Instituts für Informationsmanagement in Bremen [Kub⁺04], des Swiss Centres for Innovations in Learning (SCIL) [SeEu05] sowie der Hochschul-Informations-System GmbH [KlWa05] haben in diesem Kontext Best Practice-Beispiele an Universitäten analysiert. Die untersuchten Universitäten vereint, dass Sie über E-Learning-Strategien verfügen und E-Learning als strategische Herausforderung begreifen [Rein05]. Aus diesen Untersuchungen lassen sich erste Nachweise über die Akzeptanz, Nachhaltigkeit und Einsatzmöglichkeiten von eLearning-Instrumenten an deutschen Universitäten extrahieren. Die Ergebnisse können aber nicht auf alle Universitäten übertragen werden, da sie als Best-Practice-Beispiele jeweils Leuchtturm-Charakter einnehmen. Denn in der Regel werden an deutschen Universitäten kaum eLearning- Aktivitäten strategisch nachhaltig verfolgt. Um eine Einschätzung der Umsetzungsmöglichkeiten von E-Learning-Strategien auch an solchen Universitäten zu erhalten, wurde eine eigene Umfrage von den Autoren aufgesetzt. In diesem Sinne untersucht die im Folgenden dargestellte Studie explorativ, in wie weit Studierende und Lehrende bereit sind, im Sinne des Wollens und Könnens, multimediale Lehr- und Lernkonzepte im alltäglichen universitären Umfeld einzusetzen, um den Ideen der Bologna-Deklarationen zu begegnen. Es soll somit die Frage geklärt werden, ob generell die strukturellen Reformen für die mediendidaktische Entwicklung im Bereich eLearning an deutschen Hochschulen schon heute vorhanden sind.

4 Empirische Erhebung

4.1 Untersuchungsmethodik

An der im Folgenden vorgestellten empirischen Untersuchung nahmen zwischen 11/2004 – 3/2005 mehr als 420 Studierende und zwölf Lehrstühle aus den Wirtschafts- und Rechtswissenschaften teil. An den Lehrstühlen wurde der Einsatz von eLearning Modulen und Erwartungen an Lernplattformen mit Hilfe von teilstandardisierten Interviews mit den IT-Verantwortlichen der Lehrstühle und den Professoren erfasst. Bekanntheit, Akzeptanz und die Vertrautheit von didaktischen Konzepten im Blended Learning seitens der Studierenden wurden mittels einer internetbasierten Befragung erhoben. Die Befragung umfasste 25 Fragestellungen mit Antwortmöglichkeiten auf Basis unterschiedlicher Messniveaus (Nominal-, Ordinal-Skala).

4.2 Erhebung an den Lehrstühlen

Die Umfrage zeigt, dass trotz einer von der Hochschulleitung empfohlenen Nutzung eines einheitlichen Lern-Management-Systems (LMS) an den zwölf Lehrstühlen sechs verschiedene LMS zum Einsatz kommen, ohne einen gemeinsamen „single-sign-on" zu implementieren. Die Befragung der Studenten hat gezeigt, dass gerade dies eines der wichtigsten Hemmnisse zur Nutzung der LMS darstellt.

Der Funktionsumfang, der mittels Standardsystemen, Eigenentwicklungen oder Homepages dargestellt wird, variiert sehr stark zwischen den Lehrstühlen. Sieben Professuren nutzen IT-Lösungen primär zum Sammeln von Kontaktdaten der Studierenden, vorzugsweise von eMail-Adressen. Nur an fünf Lehrstühlen wird mit festen Benutzerprofilen der Studierenden gearbeitet. Lediglich drei Lehrstühle bieten komplette Lernmodule an, die der Wissensvermittlung dienen. Mehrheitlich ist der (volle) Funktionsumfang des zur Verfügung stehenden Standard-LMS an den Lehrstühlen nicht bekannt und kann somit nicht zum Einsatz kommen.

Als Ziel der eLearning-Nutzung wird von allen Lehrstühlen, unabhängig von der Nutzungsintensität der Systeme, eine lehrstuhlinterne Arbeitsentlastung sowie ein Servicezuwachs für die Studenten angegeben. Die angestrebte Entlastung wird fast ausschließlich im organisatorischen Bereich gesehen, so insbesondere in der Kommunikation mit den Studenten (z.B. über Ankündigungen auf der Homepage oder das Versenden von eMails). Als Servicegewinn für die Studenten sehen alle Befragten das Bereitstellen von Veranstaltungsmaterialien.

Alle Lehrstühle, die das universitätsintern empfohlene LMS nutzten, bzw. ein eigenes System (mit Funktionen, die über eine einfache Homepage und eMail hinausgehen) betreiben, setzen einen Mitarbeiter für die eLearning Aktivitäten ein. Acht Lehrstühle richteten hierzu eigens eine (Teilzeit-) Mitarbeiter Stelle ein, die meist durch Studentische Hilfskräfte besetzt sind.

Universitätszentrale Angebote für mediendidaktische und technologische Schulungen wurden von allen Lehrstühlen als wünschenswert angesehen, waren zum Zeitpunkt der Analyse aber nicht vorhanden.

Da der Erfahrungsaustausch zwischen den Lehrstühlen im eLearning-Einsatz höchstens ad hoc stattfindet, die Contententwicklung komplett dezentral an den Lehrstühlen vorgenommen wird und die Arbeit von regelmäßig wechselnden Studentischen Hilfskräften vorgenommen wird, können kaum Lernkurveneffekte z.B. bei der Administration der Plattformen oder Skaleneffekte in der Produktion von Contents stattfinden. Die Nutzung der LMS-Funktionalitäten bleibt auf ein Minimum reduziert. Aus der Untersuchung geht aber auch hervor, dass durchaus Potenzial besteht, durch Ressourcen-Pooling positive Nebeneffekte wie Know-how-Transfer, Skaleneffekte sowie Lernkurveneffekte zu generieren.

4.3 Erhebung bei Studierenden

Bei der Befragung der Studierenden zu eLearning-Angeboten wurden primär das Nutzungsverhalten und der Zweck der Nutzung und Nutzungshemmnisse aus Sicht der Studierenden abgefragt.

94% der befragten Studierenden gaben an, das von der Universität zentral zur Verfügung gestellte und favorisierte LMS zu kennen, 52% bezeichneten ihre Kenntnisse mit diesem System als „eher umfassend“ oder „sehr umfassend“. 16,5% gaben an, das LMS im laufenden Semester „sehr häufig“ zu verwenden. Andere Systeme waren den Befragten größtenteils unbekannt. Diese Ergebnisse decken sich mit anderen Analysen (z. B. [Kle⁺05]).

Die Frage nach dem Einsatzzweck der LMS bestätigte die bereits bei der Lehrstuhlbefragung erbrachten Ergebnisse: Multimediale Lehreinheiten werden nur in einem sehr eingeschränkten Umfang für die Wissensvermittlung eingesetzt (Abbildung 1).

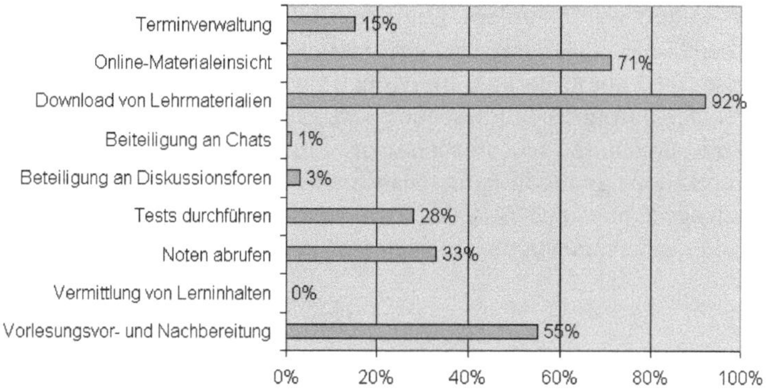

Abbildung 1 Nutzungsformen von LMS (Mehrfachnennungen möglich)

91% der Befragten gaben an, dass sie eLearning-Module von Zuhause nutzen, nur 28% greifen auf die Poolräume der Fakultäten zurück. Gleichzeitig bemängelten 46% der befragten Studenten, dass die universitären Poolräume zu schlecht ausgestattet seien, um das Internetangebot der Lehrstühle zu nutzen. Diese Ergebnisse werden durch die Reimann-Studie bestätigt, bei den 90 % der Studenten angaben, dass Sie von Zuhause Zugriff auf das Internet haben [Reim05]. Das Problem eines Digital Divides [Bund02] ist somit bei Studenten nicht erkennbar.

Als Gründe für eine geringe oder Nicht-Nutzung von eLearning-Modulen gaben die Studierenden Mängel im Angebot an Content (62%), in der Ausstattung der Poolräume (46%), in der Beratung und Schulung (37%) und in der Abweichungen vom tatsächlichen zu erwarteten Inhalte (33%) an. Weiterhin wurden die Verwaltung der Benutzerprofile (25%) (hierzu ist auch ein single-sign-on zuzurechnen), die mangelnde Klausurrelevanz der Inhalte (11%) und die Nichtzugreifbarkeit der Inhalte von zu Hause (8%) als Mängel benannt.

Hemmend wirkt sich das Fehlen einer einheitlichen Struktur der eLearning Module aus. Viele Lehrstühle betreiben verschiedene Systeme. Unterschiedliche Zugangsmechanismen und die Notwendigkeit verschiedener Benutzerprofile erschweren plattformübergreifendes Lernen. Eine Mehrheit der Studierenden verbindet mit einen verstärkten Einsatz von eLearning einen verringerten (40%) oder gleich bleibenden Lernaufwand (43%), bei einem gleichzeitig steigenden (51%) bzw. gleich bleibenden (47%) Lerneffekt.

Die Bereitschaft zur Nutzung von eLearning-Modulen durch die Studierenden hängt wesentlich von der Qualität des Angebots ab. Die Studierenden sind grundsätzlich bereit, eLearning-Module ergänzend zur Präsenzlehre zu verwenden. Insbesondere werden solche Lehrveranstaltungstypen für einen ergänzenden (Blended) Learning-Einsatz als geeignet erachtet, die hohe Teilnehmerzahlen aufweisen und somit geringe individuelle persönliche Betreuung bieten. So halten 85% der befragten Studierenden den Einsatz von eLearning als Ergänzung in Vorlesungen und 65 % in Seminaren für sinnvoll. Weniger wird eLearning für Workshops und Kolloquien als sinnvolle Ergänzung gesehen (beide unter 40 %). Insgesamt stehen 54% der Studierenden einem Ersatz von eLearning-Modulen in Präsenzveranstaltungen skeptisch gegenüber.

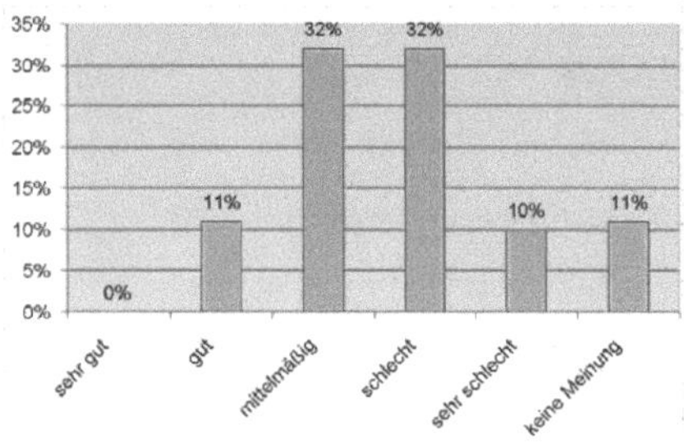

Abbildung 2 Einschätzung der Qualität des Lernangebots

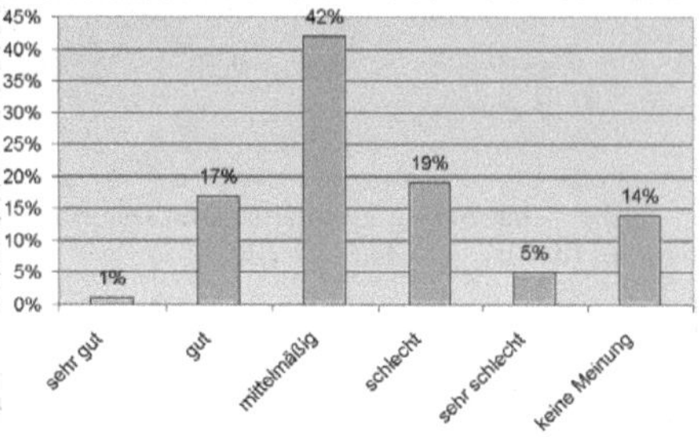

Abbildung 3 Einschätzung der Quantität des Lernangebots

Die Analyseergebnisse zeigen, dass Studierende grundsätzlich bereit und motiviert sind, eLearning in einem stärkeren Ausmaß als bisher zu nutzen (z.B. in Form von Blended Learning-Modulen). Dies setzt einen quantitativen und qualitativen Ausbau des bisherigen Angebots voraus, da die Studierenden den eLearning-Einsatz insgesamt als eher mittelmäßig bis schlecht beurteilen (Abbildung 2 und 3).

5 Schlussbetrachtung

Die dieser Arbeit zugrunde liegende partial-empirische Analyse hat Faktoren identifiziert, die den Einsatz von eLearning-Modellen zum einen hemmen und zum anderen begünstigen. Die Akzeptanz seitens der Studierenden zur Nutzung von Blended Learning-Modulen oder sogar zum Selbststudium auf Basis von eLearning, und die Erfahrungen aus den beschriebenen Praxisbeispielen zeigen einerseits auf, dass innovative, multimediale Lehr- und Lernformen grundsätzlich in einem Massenstudium in der Bachelorausbildung einsetzbar sind. Andererseits zeigen die Ergebnisse, dass ein effizienz- und effektivitätssteigernder Einsatz nur unter bestimmten Rahmenbedingungen möglich ist. Wie Erkenntnisse aus anderen Studien zeigen, kann die Reduktion der Lehrbelastung von Dozenten in Massenvorlesungen durch folgende Bedingungen gefördert werden:

- die Studierenden sind hoch motiviert (auch bedingt durch das Alter)
- die Studierenden verfügen über Erfahrungen im Umgang mit IuK
- die Lehrenden verfügen über didaktische und technische Erfahrungen im eLearning/Blended Learning
- eLearning/Blended Learning wird fokussiert in geeigneten Lerneinheiten (z.B. im weitestgehend bundseinheitlich standardisierten Massenstudium, wie im Grundstudium der BWL) eingesetzt
- Die Usability sämtlicher IuK-Technologien für die Studierenden muss vereinfacht werden (z.B. über einen Single-Sign-On Zugang)
- die Produktion von Content erfolgt zentral (auf Fakultätsebene bis universitätsübergreifend) und somit mit Skaleneffekten und geringerem Erstellungsaufwand für den einzelnen Dozenten
- Schulungen zu „Teletutoren" werden universitätszentral angeboten.

Für die Lehre im wirtschaftswissenschaftlichen Umfeld können sich hieraus folgende Implikationen ableiten: Da die Lehrinhalte an den deutschen Universitäten im betriebswirtschaftlichen und rechtswissenschaftlichen Grundstudium/Bachelor weitestgehend standardisiert sind, sind Skaleneffekte in der Produktion von Contents erzielbar. Beispiel hierfür ist das im Internet frei verfügbare Lehrmodul „Joker". Zahlreiche Verbünde zwischen Hochschulen (vor allem in Bayern, Baden Württemberg und Berlin) zeigen diesbezüglich, dass hochschulübergreifende Zusammenarbeiten realisierbar sind.

Die dargestellte eigene Umfrage ergab, dass trotz des in der Gesamtbevölkerung bestehenden „Digital Devides", die Studierenden ausreichende Zugriffsmöglichkeiten auf das Internet haben. Die Studierenden aller Semester sind neuen Lehrmethoden gegenüber offen und motiviert diese zu nutzen. Auf der Seite der Dozenten scheint sich der Umgang mit eLearning und Blended Learning-Modulen noch nicht gänzlich durchgesetzt zu haben. Die derzeitig häufig zu beobachtende mangelnde Qualität und Quantität des Angebots an eLearning Modulen an Universitäten lässt das darin liegende Potenzial des Blended Learning weitgehend ungenutzt (siehe auch [Reim05]).

Wie Praxisbeispiele zeigen, ist es jedoch durchaus möglich, anbieterseitige Skaleneffekte in der Produktion von Blended Learning-Arrangements zu erzielen, ohne dabei durch deren Einsatz die Effizienz in der Lehre zu reduzieren. Durch die Entlastung der Dozenten in der direkten Stoffvermittlung durch eLearning Module könnten mithin Kapazitäten geschaffen werden, die in der Moderation in Kleingruppen zum Einsatz kommen könnten. Erst hier können die von der

Bologna-Deklaration geförderten Schlüsselqualifikationen adäquat vermittelt werden.

Auch wenn sämtliche genannten Voraussetzungen auf der Seite der Universität geschaffen werden, ist jedoch immer noch fraglich, ob die vorgegebenen Eigenschaften, die die Studierenden im Bachelorstudium mitbringen, geeignet sind, um eLearning oder Blended Learning in einem breiten Umfeld einzusetzen. Denn gerade die Zielgruppe der Studienanfänger der Wirtschafts- und Rechtswissenschaften ist zum Teil geprägt durch Orientierungslosigkeit (siehe die hohe Zahl der Studienabbrecher), mangelndes Vorwissen und geringe Motivation. Auf Basis dieser Eigenschaften der Studierenden ist ein selbstorganisiertes Studium in der Diktion des Blended Learning und die Vermittlung von berufsbefähigenden Schlüsselqualifikationen bisher kaum in der Breite effizient umsetzbar.

Literaturverzeichnis

[Astl02] Astleitner, H. Qualität des Lernens im Internet: virtuelle Schulen und Universitäten auf dem Prüfstand. Peter Lang, Frankfurt am Main, 2002.

[Bund02] Bundesinstitut für Berufsbildung. e-Learning in Europa - Chancen und Grenzen, 2. Jahrestagung der Innovationsprojekte des Leonardo Da Vinci-Programm, 2002.

[Carr00] Carr, S. As distance education comes of age, the challenge is keeping the students. The Chronicle of Higher Education, XLVI (7), 2000.

[Chur05] Chur, D. Didaktische Qualifizierung im Rahmen des Heidelberger Modells der (Aus-) Bildungsqualität. In: Brendel, S., Kaiser, K., Macke, G. (Hrsg.): Hochschuldidaktische Qualifizierung. Bielefeld 2005 (Blickpunkt Hochschuldidaktik Bd. 115), S. 179-195.

[Dege03] Degel, G. Nachhaltigkeit von e-Learning Projekten: Erfahrungen und Erwartungen am Beispiel DaMiT". Universität des Saarlandes, LIT, 2003.

[Eule97] Euler, D. Pädagogische Konzepte des multimedialen Lernens. In: Wirtschaft und Erziehung (1), 1997, S. 3-10.

[Hau+05] Haussner, S., Schmid, U., Vogel, M.. Vom e-Learning zum eCampus. Zeitschrift für Hochschuldidaktik (3), http://www.zfhd.at/resources/downloads/ZFHD_03_03_Hausner__eCampus_HH_1000343.pdf (Stand Sep. 05), 2005.

[Horz01] Horz, H. Ergebnisse der pädagogischen-psychologischen Evaluation des Lernprogramms zur Kosten- und Erlösrechnung Joker. AG DEviL (Didaktik und Evaluation virtueller Lehre), 2001.

[Kle+05] Kleimann, B., Weber, S., Willige, J. E-Learning aus Sicht der Studierenden. HISBUS-Kurzbericht Nr. 10, http://www.his.de/Abt2/Hisbus/HISBUS_E-Learning10.02.2005.pdf (Stand: Sep. .2005), 2005.

[KlWa05] Kleimann, B., Wannemacher, K. E-Learning-Strategien deutscher Universitäten. Fallbeispiele aus der Hochschulpraxis (Bericht der Hochschul-Informations-

System GmbH). http://www.his.de/Service/Publikationen/Neu/Kib/pdf/Kib/kib 200504.pdf (Stand: Sep 2005), 2005

[KMK03] KMK, HRK, BMBF. Realisierung der Ziele der „Bologna-Erklärung" in Deutschland - Sachstandsdarstellung - Stand: 30.07.2003.

[Kub+05] Kubicek, H., Breiter, A., Fischer, A., Wiedwald, Ch. Organisatorische Einbettung von E-Learning an deutschen Hochschulen. Bremen: Institut für Informationsmanagement Bremen GmbH, 2005

[LaSa05] Lattemann, C., Sandrock, J. Ableitung von Geschäftsmodellen im E-Learning - eine exemplarische Darstellung am Beispiel Projekt ImpulsEC. In: Lattemann C, Köhler, T (Hrsg.) Multimediale Bildungstechnologien – Anwendungen und Implementationen, Peter Lang, Frankfurt, 2005, S. 89-108.

[Lock02] Lockard, J. Web-based learning: The Situation in the United States. In: Studieren mit Multimedia und Internet: Ende der traditionellen Hochschule oder Innovationsschub? Waxmann, Münster, 2002, S.76-83.

[MHSG03]MHSG Pressemittteilung. Uni-Wissen ist käuflich – Berliner Hochschulen verkaufen Wissen!, 16.7.2003, Jeschenko MedienAgentur Berlin GmbH, 2003.

[Reim05] Reinmann, G. Lernort Universität? E-Learning im Schnittfeld von Strategie und Kultur (Arbeitsbericht Nr. 10). Augsburg: Universität Augsburg, Medienpädagogik, 2005.

[SeCo00] Seibt, D., Coenen, O. Computer- und Netzgestütztes multimediales Lernen auf fünf Ebenen. Erfahrungen aus dem E-Learning Projekt WI-Pilot I. COLONET-Arbeitsbericht 10/2000, Köln, 2000.

[SeEu04] Seufert, S., Euler, D. Nachhaltigkeit von eLearning-Innovationen – Ergebnisse einer Delphi-Studie (SCIL-Arbeitsbericht 2). St.Gallen: SCIL. www.scil.ch/publications/ docs/2004-01-seufert-euler-nachhaltigkeit-elearning.pdf (Stand: Sep. 2005), 2004.

[Viro05] http://www.viror.de, Zugriff am 14.09.2005

[Wehr01] Wehrmut, B. Neue Wege der Wissensvermittlung. In. Wirtschaft und Berufserziehung, (3), 2001, S. 12-15.

Teletutoren-Ausbildung für Lehrer/innen des Landes Brandenburg sowie für Lehrende und Studierende der Universität Potsdam

Erika Benoit, Nina Kahnwald, Thomas Köhler, Benno Volk

AG eLearning der Universität Potsdam
Karl-Liebknecht-Str. 24-25
14476 Potsdam-Golm
http://www.uni-potsdam.de/agelearning/

Abstract: Strukturelle Reformen und die medientechnische Entwicklung im Bereich *eLearning* verändern die Gestaltung und didaktische Planung von Lehrveranstaltungen in Schulen und Universitäten. Bei den Lehrenden, als wesentliche Akteure in diesen Veränderungsprozessen, besteht in diesem Zusammenhang ein großer Weiterbildungsbedarf. In einem Pilotprojekt wurde in Kooperation zwischen der Universität Potsdam und dem LISUM Brandenburg eine Teletutoren-Ausbildung realisiert. Das Konzept sowie Erfahrungen aus der Durchführung dieser Weiterbildungsveranstaltung werden im Weiteren vorgestellt.

1 Reform der Lehre an Schulen und Universitäten

Zwei Tendenzen haben momentan großen Einfluss auf die Veränderung von Lehren und Lernen in institutionalisierten Bildungssituationen: Einerseits sind Computer und vor allem das Internet heutzutage in den meisten Berufsfeldern fester Bestandteil der täglichen Arbeit geworden. Dies hat auch Konsequenzen für die Lerninhalte und Lernformen in Schulen und Universitäten. Eine fundierte Medienerziehung sowie die Verwendung von auf elektronischen, interaktiven Medien basierten Lernmaterialien gelten als eine wesentliche Voraussetzung für die berufsqualifizierende Bildung junger Menschen. Andererseits gibt es auch an der Schule immer wieder Reformbestrebungen bspw. im Kontext einer Virtualisierung einzelner Unterrichtsbestandteile oder durch fächerübergreifenden und Projektunterricht, die eine Veränderung der Organisation sowie der Didaktik und den implizierten Lernzielen von Bildungsveranstaltungen zum Ziel haben.

Die Studienstrukturreformen im Rahmen des so genannten Bologna-Prozesses und die damit verbundene Einführung von Bachelor- und Masterstudiengängen an deutschen Hochschulen verändern mittelbar nicht nur die organisatorischen

Rahmenbedingungen von Studiengängen, sondern haben auch Auswirkungen auf die bestehende Lernkultur an Universitäten.

Die computerunterstützte bzw. internetbasierte Lehre wird in naher Zukunft auch an Präsenzuniversitäten eine primäre Lehr- und Lernform darstellen. Durch die Etablierung von eLearning in der Hochschullehre werden die Studierenden zudem in handlungsbezogener Medienkompetenz nach dem Prinzip learning by doing ausgebildet. Die fachliche Lehre wird somit durch die Vermittlung dieser Schlüsselkompetenz erweitert und bietet wesentliche qualifizierende Aspekte im Sinne der Berufsfähigkeit (Employability), die auch international anschlussfähig sind. Der Wandel von traditioneller Hochschuldidaktik, hin zu einer kompetenzvermittelnden Lehre in Form von selbstgesteuerten Lernprozessen und Gruppenarbeiten, ist in diesem Zusammenhang eine grundlegende bildungspolitische Forderung.

Ähnliches gilt jedoch auch für den Unterricht an Schulen: Nach der Veröffentlichung der Ergebnisse verschiedener internationaler Evaluationen wie z.B. der IGLU- und PISA-Studie sowie nach dem so genannten PISA-Schock gilt auch der traditionelle Schulunterricht als reformbedürftig. Schülerinnen und Schüler sollen nicht nur möglichst umfangreich fachbezogene Kompetenzen erwerben, sondern auch ihre Medienkompetenz verbessern. Schulen ans Netz und spezifische Medieninitiativen einzelner Bundesländern tragen dem Rechnung.

Beide Bildungsinstitutionen sehen sich damit der politischen wie auch gesamtgesellschaftlichen Erwartung ausgesetzt, die Schlüsselqualifikation Medienkompetenz in Lehr-Lern-Szenarien zu integrieren. Im Ergebnis ist die Didaktik gefordert, diese und weitere Schlüsselkompetenzen (Teamfähigkeit, Selbstorganisation und selbstgesteuertes Lernen, Methodenkenntnisse, Kommunikationskompetenz etc.) in besser geeigneter Form zu entwickeln.

2 Zur Rolle der Lehrenden beim eLearning

Die so genannten Neuen Medien bieten in diesem Zusammenhang vielfältige Möglichkeiten zur Gestaltung von Lehrveranstaltungen und zur Entwicklung von Wissen, Fähigkeiten und Fertigkeiten. In Anbetracht der rasanten und vielfältigen technischen Entwicklungen unterschiedlicher Lernsoftware und von netzbasierten Programmen zur Gestaltung von Lehr-Lern-Arrangements besteht auf Seiten der Lehrenden ein hoher Weiterbildungsbedarf. Dies gilt insbesondere im Hinblick auf eine didaktisch begründete Mediennutzung und die Kombination mit Präsenzunterricht [vgl. Arn+04].

Die Weiterbildung von Lehrenden in diesem Bereich ist umso wichtiger, da sie aufgrund ihrer Rolle wesentlich zum Erfolg oder Misserfolg bei der Einführung

von eLearning beitragen können. Durch die Erfahrungen aus vielfältigen eLearning-Projekten, die in den letzten Jahren im Bereich Schule, Aus- und Weiterbildung gesammelt wurden, ist bekannt, dass eine personelle Unterstützung im Lernprozess der wesentliche Faktor für den Lernerfolg sowie den Wissenstransfer ist [KrRe04].
Die Zeiten, in denen eine Vermittlung von Lerninhalten in Form von individuellen Selbstlernphasen ausschließlich durch technisch gestaltete Computerprogramme und netzbasierte Lernumgebungen erfolgen sollte, sind weitgehend überholt. Insbesondere für die Situation in institutionalisierten Bildungsszenarien, in denen Gruppen von Lernenden die Zielgröße darstellen, sind computerbasierte Lernformen nur noch eine mögliche Variante innerhalb eines vielfältig gestalteten Lernarrangements.

Vor allem durch Forschungen im Bereich des computerunterstützten kollaborativen Lernens (CSCL) wird die Wichtigkeit des sozialen Kontextes für erfolgreiche Lernprozesse hervorgehoben [vgl. Wess04; KöKa05]. Auch aktuelle didaktische Ansätze, wie Theorien zum situierten Lernen, betonen die soziale Eingebundenheit von Lernprozessen [LaWe91] und fordern realitäts- und praxisnahe Lernaufgaben, die auch die Interaktion mit anderen Menschen einschließen. Aus Sicht der Lehrenden spielt die Organisation, Unterstützung und Evaluation der Arbeit von (virtuellen) Lerngruppen durch personelle, individualisierte Begleitung dieser zunehmend eine Rolle. Mit dem Lernen in Gruppen werden allgemein folgende Vorteile verbunden [ReMa99]:

1. Synergie-Effekte: Anregungen durch kognitive Auseinandersetzung und multiple Perspektiven.
2. Implizites Wissen explizieren: Bei der Verschriftlichung wird Wissen strukturiert und organisiert, wodurch Lernprozesse angeregt werden.
3. Steigerung der Lern- und Durchhaltemotivation
4. Lernen am Modell: Internalisierung von Wissen und Verhaltensweisen, die am Vorbild der Lehrperson und in der Gruppe beobachtet werden.

Lerngruppen erstellen zwar ebenso wie (virtuelle) Arbeitsgruppen [KöKa05] häufig ein Produkt, das eigentliche Ziel liegt jedoch im Erkenntnisgewinn des Einzelnen. Die Aufteilung der Aufgaben innerhalb der Gruppe sollte daher so erfolgen, dass Qualifizierungsdefizite möglichst abgebaut werden. Die Erfahrungen mit Gruppenarbeit zu Lernzwecken sind jedoch nicht immer positiv, aus dem Kontext arbeitspsychologischer Forschung sind eine Reihe leistungsbegrenzender Effekte der Gruppenarbeit bekannt. Zahlreiche Studien belegen, dass vor allem fünf Gruppeneigenschaften den Rahmen für erfolgreiche Gruppenarbeit schaffen [Joh+98]: Positive Abhängigkeit, Persönliche Verantwortlichkeit, fördernde Interaktion, soziale Kompetenz und die Reflexion der Gruppenarbeit.

Zusätzlich zu diesen Aspekten ist bei virtuellen Lerngruppen unter anderem auch die Frage der Medienwahl sowie die Kenntnis und Moderation von Gruppenprozessen von großer Wichtigkeit.

Zur Medienwahl existieren verschiedene, teilweise widersprüchliche Theorien, die jedoch fast alle höchstens für Kleingruppen zutreffend und nicht auf Lernsituationen ausgerichtet sind. Passend für die angemessene Medienwahl in Großgruppen erscheint die auf der Media-Richness-Theorie aufbauende, noch relativ junge Media Synchronicity-Theorie [DeVa99].

Sie wählt im Gegensatz zu ersterer nicht die Aufgabe als Ausgangspunkt, sondern die Art des Kommunikationsprozesses und betrachtet mit dem Synchronizitätsgrad eine Medieneigenschaft, die für kollaborative Lernprozesse wesentlich ist. Diese Theorie wurde zwar noch nicht ausreichend empirisch belegt, kann Lehrenden jedoch differenzierte Richtlinien für die jeweils angemessene Medienwahl an die Hand geben.

Gruppenprozesse, also die jeweils eigene *Lebensgeschichte* einer (Lern-) Gruppe, laufen typischerweise in vier groben Phasen ab [Tuck65]:

1. Orientierung (Forming)
2. Konfrontation und Konflikt (Storming)
3. Konsens, Kooperation und Kompromiss (Norming)
4. Integration von sach- und sozio-emotionalen Anforderungen (Performing)

Für die Begleitung von Lerngruppen ist neben dem Wissen um diese Abläufe die Vermittlung von Moderationserfahrung wesentliche Voraussetzung. Die Lehrenden müssen beispielsweise darauf vorbereitet sein, dass Konflikte innerhalb von Lerngruppen Teil der Kooperation sind und Maßnahmen kennen lernen, mit deren Hilfe diese ausgetragen werden können.

Der Faktor Mensch, den man offenbar gehofft hatte durch E-Learning einsparen zu können, steht, wie die obigen Ausführungen zeigen, wieder im Mittelpunkt und ist Gegenstand von Überlegungen und Forschungsansätzen. Die Bedeutung von sozialen Lernformen erscheint auch für den Erwerb von Schlüsselkompetenzen mittlerweile unbestreitbar. Die Betreuung, Begleitung und Beratung der Lernenden durch qualifiziertes Bildungspersonal ist gerade infolge der Veränderungen der Wissensvermittlung mithilfe von telemedialen Lernszenarien fundamental wichtig [BuMa02].

Durch die beschriebenen Veränderungen ist jedoch auch die Rolle von Lehrenden einem Wandlungsprozess unterworfen. So wie sich zukünftig unterschiedliche Lernformen innerhalb einer Bildungsveranstaltung ergänzen werden, wird auch die neue Lehrerrolle facettenreicher sein und muss daher mehrdimensional betrachtet werden. Die Tätigkeitsbereiche umfassen die Planung und Organisation der Lehre, die nach Konzepten des Blended Learning (Kombination aus Präsenzunterricht und eLearning) ausgerichtet werden muss, schließt die Didaktik einer kompetenz-vermittelnden Präsenzlehre mit ein und wird durch die Rolle als Teletutor/in zur Begleitung von Lernprozessen bei den eLearning-Phasen ergänzt. Dies umfasst auch die Methodik, d.h. die vielfältigen methodischen Modelle und Mittel, über welche TutorInnen verfügen müssen, um den Unterricht lebhaft und interessant zu gestalten und als Sozialform zu strukturieren. Infolge der veränderten Kommunikation im Netz ergeben sich gerade hier eine Reihe von spezifischen Handlungsansätzen [Köhl03].

Diese Multifunktionalität von Lehrenden unterscheidet sich grundlegend von bisherigen Gewohnheiten und Ausbildungsinhalten vergangener Jahrzehnte. Ziel einer entsprechenden Weiterbildung ist es daher, diesen Rollenwechsel und die dafür notwendigen technischen sowie mediendidaktischen Kenntnisse zu vermitteln.

2.1 Das Modell der tele-tutoriellen Online-Betreuung

Die mediendidaktische Aufbereitung von Lernmaterialien, die gründliche Planung von Lernsequenzen und individuellen Lernschritten (Medienmethodik) sowie die Betreuung der Lernenden in Online-Phasen und die thematische Verbindung von Präsenzlehre und eLearning umfasst das zukünftige Aufgabenprofil der Lehrenden. Eine Vorbereitung und Begleitung von Lernprozessen in einem Blended Learning-Konzept, setzt umfangreiche technische und methodisch-didaktische Kenntnisse bei den Lehrenden voraus. Durch den Mangel an sozialer Präsenz sowie den zumeist text-basierten synchronen und asynchronen Kommunikationsformen sind neue Lehrmethoden und Umgangsformen zu erlernen.

Die unterschiedlichen Aufgabengebiete von Teletutoren [Raut01] umfassen vor allem:

- Die Umsetzung der inhaltlichen Leitideen eines spezifischen Kurses auf der Grundlage von lerntheoretischen Überlegungen.
- Die gesamte Organisation eines Kurses durch die Entwicklung eines geeigneten Konzepts.
- Mediendidaktische Aufbereitung von Lernmaterialien.

- Die Umsetzung einer ausgereiften *Methodik des Netzes*, also die mediendidaktisch begründete Auswahl von netzbasierten Lernumgebungen und anderen *Tools* für die jeweilige Lehrveranstaltung.
- Die Motivation der Lernenden durch intensive Betreuung und Unterstützung der Teilnehmer/innen.
- Moderation von virtuellen Gruppen durch spezielle Kommunikationskompetenzen.
- Die Abstimmung der Lerninhalte auf Lerngeschwindigkeit und Bedürfnislage der Zielgruppe. Individuelle Lernberatung bei persönlichen Lernschwierigkeiten.
- Die Vorbereitung, Leitung und Auswertung von Präsenzseminaren sowie die inhaltliche Abstimmung mit Lerninhalten und -methoden des eLearning.
- Technischer Support innerhalb der Online-Phasen durch hinreichende Kenntnisse der Medieninformatik.
- Reflexion, Evaluierung und Nachbereitung der gesamten Lehrveranstaltung.

Mittlerweile existieren auf dem Weiterbildungsmarkt verschiedene Angebote zum Tele-Tutoring, die zwar i.d.R. vergleichbare Lernziele anstreben, aber sich in der jeweiligen Schwerpunktsetzung der Inhalte unterscheiden. Einige der o.g. Teilaspekte sind in bisher vorhandenen Kursen zum Erwerb von teletutoriellen Kompetenzen aufgrund ihrer Umfänglichkeit kaum vermittelbar. Es hat sich gezeigt, dass eine pädagogische Vorbildung, die wesentliche Grundlagen von Lernbegleitung und Lernberatung bereits einschließt, von großem Vorteil ist.

Ein weiteres Unterscheidungsmerkmal für die Qualität solcher Schulungen liegt in der Methodik dieser Kurse: Eigene praktische Erfahrungen und der handlungsorientierte Umgang mit so genannten eLearning-Tools im Rahmen einer entsprechenden Teletutoren-Ausbildung sind von zentraler Bedeutung für den Erwerb eines handlungsorientierten Wissens und dem späteren Transfer in die Praxis [MaTr04].

3 Konzeption und Umsetzung der Ausbildung

Das Konzept der Fortbildung basierte auf einer Kooperation zwischen der Universität Potsdam (vertreten durch die AG eLearning) und dem Landesinstitut für Schule und Medien Brandenburg (LISUM; vertreten durch die Abteilung Medien, Berufliche Bildung und Weiterbildung). In einem zeitlich befristeten

Modellprojekt zur Implementierung neuer Lehrerrollen und neuer telemedialer Lehr-Lern-Formen in Schule, Hochschule und Weiterbildung wurde eine gemeinsame Teilnahme von Lehrer/innen aus Schulen des Landes Brandenburg sowie Mitarbeiter/innen und Student/innen der Universität Potsdam realisiert.

Der Erwerb von Kompetenzen zur Planung und didaktischen Gestaltung von computer-unterstützten Lehrveranstaltungen sowie kommunikationspsychologische Kenntnisse zur tutoriellen Begleitung von individuellen und sozialen Lernprozessen waren wesentliche Ziele der Fortbildung. Gleichzeitig gehörte auch die Sensibilisierung für einen sinnvollen Einsatz digitaler Medien im Rahmen von Lehrveranstaltungen zu den Ausbildungsinhalten.

Neben dem Erwerb eines handlungsorientierten, medientechnischen Know-hows zur Organisation von (teil-)virtuellen Lehrveranstaltungen war auch der praxisbezogene, sichere Umgang mit ausgewählten eLearning-Tools (Lernplattformen, Chat, Diskussionsforen) sowie die beispielhafte Umsetzung in Form einer Praxisphase, in der ein selbst entwickeltes und didaktisch begründetes Mediennutzungskonzept in einer konkreten Seminarsituation zum Einsatz kam, integriert.

Die Teletutoren-Ausbildung gliederte sich in vier grundlegende Inhaltsebenen:

1. Medienkompetenz

In diesem inhaltlichen Bereich der Weiterbildung ging es sowohl um technische Grundlagen des Internet und zur Erstellung von Lern- und Arbeitsmaterialien als auch um die in diesem Zusammenhang relevanten Aspekte des Medien- und Urheberrechts. Ausgehend von grundlegenden Vergleichen verschiedener Präsenzseminare mit entsprechenden (teil-)virtuellen Lehrveranstaltungen anhand von konkreten didaktischen Modellen wurden Kenntnisse zur Konzeption von e-Learning und Blended Learning vermittelt.

2. Online-Kommunikation und kooperatives Lernen

Hierbei wurden kommunikationswissenschaftliche und -psychologische Grundlagen thematisiert und der beispielhafte Einsatz unterschiedlicher netzbasierter Kommunikationstools (E-Mail und Mailinglisten, Chat und Forendiskussionen) geübt. Ergänzt wurden diese Themeninhalte durch die Auseinandersetzung mit generellen Anforderungen an Teletutoren bezüglich der Leitung virtueller Gruppen (Moderation virtueller Gruppen, Erkennen und Bearbeiten von Auseinandersetzungen und Konflikten in Netzgruppen, Regeln für effektive Online-Kooperation) und die Vermittlung von Methodenkompetenz für kooperatives und kollaboratives Lernen (Auswahl von Methoden und Instrumenten für die mediierte Kommunikation und gemeinsame Bearbeitung von Informationen; Aspekte der Bildung virtueller Teams; Anpassung dieser Methoden an den

Lernstoff und die Lerner). Die Potentiale und Grenzen virtueller Gruppenarbeit wurden dabei herausgearbeitet und auf die eigene Lehre übertragen.

3. Mediendidaktik

Für die unterschiedlichen Seminar- und Lernformen wurden verschiedene Konfigurationen und Einsatzszenarien von netzgestützten Lernumgebungen (Groupware, Lernplattformen, etc.) genutzt. Die Vorstellung methodischer Modelle für die Nutzung der netzbasierten Werkzeuge wurde in die Weiterbildung integriert, zudem wurde die sinnvolle Verknüpfung von Präsenz- und Online-Lernphasen thematisiert.

4. Praxisphase

Vor dem Beginn der Praxisphase wurden Grundlagen für das Projektmanagement zur Einführung von eLearning in der Lehre vermittelt und bei Erstellung eines eigenen mediendidaktischen Konzepts und dessen technischer Umsetzung einbezogen. Dies beinhaltete u.a. verschiedene Formen der Evaluation von (teil-)virtuellen Lehrveranstaltungen, die der Qualitätssicherung sowie der Überprüfung der Nachhaltigkeit der Lehre dienen.

Die Umsetzung der jeweiligen Konzepte in einer konkreten Lehrveranstaltung, wurde mittels Coaching durch die Dozenten der Weiterbildung begleitet.

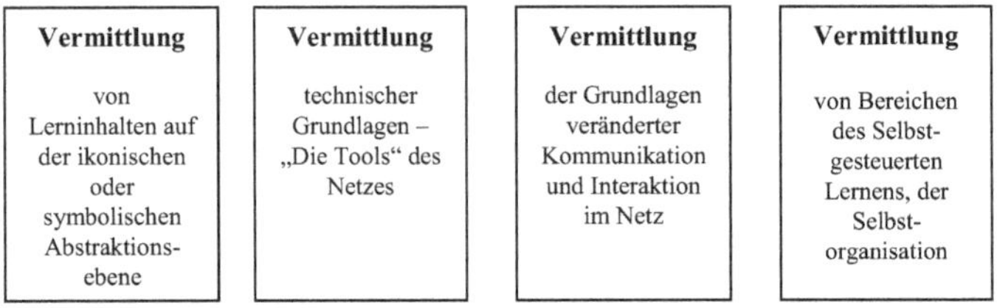

Abbildung 1 Zielsetzungen der Teletutoren-Ausbildung

Die vier inhaltlichen Ebenen wurden in der Teletutoren-Ausbildung nicht linear abgearbeitet, sondern entsprechend den übergeordneten Lernzielen in unterschiedlicher Verteilung integriert. Oberste Lernziele und Handlungsmaxime der Teletutoren-Ausbildung waren die in Abbildung 1 genannten Zielsetzungen.

Das Kernstück der Lehre bildeten die Bereiche zur Aufbereitung von Lerninhalten und den Grundlagen der Nutzung von so genannten Tools. Die anderen beiden Bereiche waren mit den Lerninhalten und den Angeboten zu den Nutzungselementen verzahnte Elemente, die prozessual – je nach Bedarf und Möglichkeit

– angesprochen wurden. Am Beispiel eines der Kursdurchgänge der Teletutoren-Ausbildung soll verdeutlicht werden, wie diese Verzahnung stattfand.

Die Lerninhalte und technischen Möglichkeiten waren hierbei identisch, sodass die Ausbildung die Anwendung und Möglichkeiten der Tools zum Inhalt hatte:

1.2.2005: „Einführung in das Mailen"	1.3.2005: „Umgang mit der Lernplattform"	1.4.2005: „Der Chat als Unterrichtsmöglichkeit"	1.5.2005: „Die methodischen Modelle des E-Learning in der Anwendung"	1.6.2005: „Aufbau und Strukturierung von virtuellen Lerneinheiten"	1.8.2005: „Praktische Phase – Anwendung des Gelernten in der eigenen Lehre"
20 Wochenstunden	15 Wochenstunden	10 Wochenstunden	12 Wochenstunden	20 Wochenstunden	8 Wochen

Tabelle 1 Beispiel eines der Kursdurchgänge der Teletutoren-Ausbildung

Wichtig war in diesem Zusammenhang die Lernform des learning-by-doing: Die Weiterbildung fand in Form eines Blended-Learning (Wechsel von Präsenzterminen und netzgestützten Lernphasen) statt – als Beispiel für ein didaktisches Modell zur Nutzung digitaler Medien in der Hochschullehre und im Schulunterricht. Die Lehrenden waren in der Rolle als Lernende in einer computerbasierten Lehr-Lern-Umgebung während der Ausbildung mit potenziellen Schwierigkeiten und Problemen konfrontiert, die später in eigenen Lehrveranstaltungen für die Studierenden und Schüler/innen relevant sein können (Perspektivenwechsel: Lehrer - Lerner). Durch die Teilnahme von Studierenden und die damit verbundene Heterogenität der Teilnehmenden gab es einen erkenntnisreichen Austausch und Dialog über die unterschiedlichen beruflichen Rollen hinweg.

Die Vorteile eines solchen Lernens:

1. Individualisierung des Lernens

Bis vor einiger Zeit wurde in der Aus- und Weiterbildung folgendes Prinzip verfolgt: „Alle müssen alles lernen, und zwar: zur selben Zeit am selben Ort in demselben Maß". Dies machte das Ergebnis des vermittelten, normierten Wissen auch durch Tests abfragbar. Die curriculare Konzeption der Teletutoren-Ausbildung weicht demgegenüber von diesem Grundsatz ab: Wissen soll schon in bestimmten, definierten Grenzen und in fest umrissenem Maße angeeignet werden. Diese Grenzen aber stellen meist eine Mindestforderung dar die es dem Einzelnen offen lässt, sich darüber hinaus Wissen anzueignen, das er für seinen beruflichen Bedarf benötigt.

Das bedeutet, dass es dem Einzelnen so weit als möglich freigestellt bleiben sollte, wann, in welchem Umfang, mit welchen Mitteln und wie lange er sich spezifisches, von ihm benötigtes Wissen aneignet. Man spricht in diesem Zusammenhang auch von einer Ermöglichungsdidaktik [ArSc03], die es insbesondere in heterogenen Gruppen ermöglicht, eine geteilte Wissensbasis sowie weitergehende individuelle Lernprozesse zu verbinden.

Das vorläufige Fazit hieraus lautet dementsprechend: Die Kenntnisse eines Weiterbildungsangebotes sollten zwar als einheitliches Wissensangebot zur Verfügung gestellt werden. Dies muss aber keinesfalls dazu führen, dass ein Wissensgleichstand erreicht wird. Im Gegenteil: Jede Person soll im Rahmen ihrer eigenen Zielsetzung und Wissensbedürfnisse diejenigen Angebote nutzen, die eine Verbindung zur eigenen Praxis darstellen und damit einen konkreten Handlungsbezug aufweisen.

Weitere Vorteile dieser Art des Lernens sind:

2. Zeitliche und räumliche Flexibilität, da Lernangebote (außer in Präsenzphasen und festgelegte Lerneinheiten) in freier Zeiteinteilung bearbeitet werden können sowie der Lernort, der (außer in Präsenzveranstaltungen) ebenso frei wählbar ist.
3. Adaptierung der Lernangebote an die Bedürfnisse und Möglichkeiten der Lernenden sowohl hinsichtlich der Inhalte als auch der zeitlichen Möglichkeiten (just-in-time).
4. Lernangebote können beliebig oft wiederholt werden, da sie in virtueller Form zur Verfügung stehen.
5. Tutorielle Begleitung individueller Lernprozesse durch Feedback und Beratung per Mail oder Lernplattform ist nahezu unmittelbar möglich.
6. Die Einbindung hochwertiger und umfangreicher digitaler Lernmedien sowie die Nutzung externer Informationsquellen können realisiert werden.

Die Nachteile dieser Lernform:

1. Das Lern-Medium ist gleichzeitig Lern-Inhalt und muss selbst erst vermittelt werden, bevor weitere Lerninhalte thematisiert werden können.

2. Qualifiziertes Bildungspersonal muss zur Verfügung stehen, um die inhaltlich anspruchsvolle Ausbildung und eine individuelle Betreuung der Teilnehmenden durchführen zu können.
3. Noch immer besteht ein Mangel an wissenschaftlichen Veröffentlichungen und Ergebnissen zum Einsatz dieser Art des Lernens. Es fehlen immer noch weitergehende didaktische Modelle und gruppendynamische Ansätze, um dem veränderten telemedialen Lernformen gerecht zu werden.
4. Durch technische Störungen und Schwierigkeiten auf Seiten der Anbieter entsteht oft noch zu viel Leerlauf, zumal auf Seiten der Teilnehmer/innen die technische Ausstattung oft sehr unterschiedlich ist und große Qualitätsunterschiede existieren. Das Lernmedium nimmt daher oft einen großen Raum im Lernprozess ein und behindert teilweise die Vermittlung von anderen Lerninhalten.

4 Erfahrungen aus der Umsetzung der Teletutoren-Ausbildung

Das oben beschriebene Konzept für die Teletutoren-Ausbildung wurde in zwei Durchgängen (zwischen November 2004 und September 2005) umgesetzt und erprobt. In beiden Kursen nahmen jeweils etwa 12 Personen teil, wobei auf eine möglichst gleichmäßige Verteilung der Plätze an die drei unterschiedlichen Zielgruppen (Lehrer/innen, Hochschul-Dozent/innen, Student/innen) geachtet wurde.

Zu Beginn wurde ein Arbeitsaufwand von etwa 12 Std. pro Woche veranschlagt, der aufgrund der oben genannten Lernform nur als Richtwert gelten konnte und sehr von den jeweiligen Vorkenntnissen und persönlichen Interessen abhängig war. Nach der Planung und Durchführung eines eigenen Praxisprojekts erhielten die Teilnehmenden eine Teilnahmebescheinung über den erfolgreichen Abschluss des Kurses.

Einige Aussagen von Teilnehmer/innen sollen im Folgenden unterschiedliche Eindrücke vom Ablauf und der Gestaltung der Teletutoren-Ausbildung bieten:

Zur Arbeit in und mit der Gruppe:

- „Der Einsatz der Teletutoren war absolut hilfreich. Ohne diese anfangs recht starke Lenkungsdimension wäre es wohl nichts geworden."
- „Gut war, dass wir anfangs unsere eigenen Gruppen-Regeln zusammenstellen mussten, und dass die Teletutoren sich auch um die Einhaltung gekümmert haben."

- „Die Erreichbarkeit der Tutorin nahezu rund um die Uhr war schon sehr wichtig bei so einem Intensivkurs."
- „Gruppenarbeit (im Netz) aufrecht zu halten, war ein echtes Problem aus unterschiedlichen persönlichen Gründen der Gruppenmitglieder..."
- „Präsenzphasen, also das reale Kennenlernen, ist sehr hilfreich für die Gruppenarbeit, ausschließlich virtuell funktioniert die Gruppenbildungsphase wesentlich schwieriger..."
- „Die Kommunikation war sehr wichtig, aber anfänglich schwierig, fiel dann aber immer leichter..."
- „Die regelmäßigen Feedback-Runden waren sehr wichtig um die Stimmung der anderen Gruppenmitglieder zu erfassen. So im Netz erkennt man das nicht so leicht..."

Zur Wissenserweiterung und zu den Modulen:

- „Eine Wissenserweiterung hat auf jeden Fall stattgefunden."
- „Ich traue mir den Einsatz der Module jetzt auch allein zu."
- „Voraussetzung (zum Einsatz): alle müssen über die notwendige Medienkompetenz verfügen, die in Präsenz vermittelt werden sollte (für direkte Fragen und Klärung von Problemen)."
- „Jede Plattform hat Vor- und Nachteile. Das Beste aus allen Plattformen wäre ideal."
- „Kontrollfunktionen einer Plattform sind wichtig für den Unterricht."
- „Praktische Umsetzung scheitert oft am System Schule."
- „Soziales Lernen ist wichtig – ein vergleichbarer Kurs mit Schülern bedarf jedoch viel mehr der Anleitung..."
- „Ich könnte mir vorstellen, dass gerade die, die sonst nicht zu Worte kommen, aufgrund der verschiedenen Arbeitstechniken im Chat (Rednerliste usw.) sich sehr viel besser beteiligen würden (und müssten)..."

Zur Arbeitsbelastung:

- „70 Std. Arbeitszeit waren nicht genug für den Kurs."
- „Der Kurs hätte länger sein können und mehr Erprobungsphasen der Plattformen beinhalten sollen..."

- „Superanstrengend aber auch superbereichernd."
- „Ich würde mir wünschen, dass ich in regelmäßigen Abständen einen Auffrischungskurs machen könnte, bei dem auch Neues vorgestellt würde."

5 Resümee und Ausblick

Die Teletutoren-Ausbildung kann rückblickend als sehr erfolgreiches Pilotprojekt angesehen werden. Die Aussagen und Ergebnisse der Teilnehmer/innen unterstützen diesen positiven Gesamteindruck. Auch die Veranstalter/innen, die diese Form der Weiterbildung realisiert haben, konnten ihr Erfahrungswissen beim mediendidaktischen Training von Lehrenden erweitern und wertvolle Erkenntnisse zu verschiedenen Problemstellungen und Schwierigkeiten in den unterschiedlichen Bildungskontexten sammeln.

Aufgrund der Erfahrungen aus den beiden prototypischen Kursen wird die Grundidee einer Teletutoren-Ausbildung für Lehrende weitergeführt, aber auf die spezifischen Anforderungen der Hochschullehre angepasst werden. Das durchaus positive Element einer heterogenen Gruppe von Teilnehmer/innen mit Personen aus unterschiedlichen Erfahrungskontexten wird somit für die Spezialisierung auf die Erfordernisse von Dozent/innen an der Universität aufgegeben. Derzeit wird daher das Konzept und die Inhalte der Teletutoren-Ausbildung überarbeitet – ein neuer Kursdurchlauf an der Universität Potsdam ist geplant und wird voraussichtlich zu Beginn 2006 stattfinden.

Literaturverzeichnis

[Arn⁺04] Arnold, P., Kilian, L., Thillosen, A., Zimmer, G.: E-Learning Handbuch für Hochschulen und Bildungszentren; Nürnberg, 2004.

[ArSc03] Arnold, R., Schüßler, I.: Ermöglichungsdidaktik; Baltmannsweiler, 2003.

[BuMa02] Busch, F., Mayer, T.: Der Online-Coach; Weinheim, 2002.

[DeVa99] Dennis, A., Valacich, J.: Rethinking media richness: Towards a theory of media synchronicity. 32th Hawaii International Conference of Systems Sciences (HICSS-32), 1999.

[Ehle04] Ehlers U.-D.: Qualität im E-Learning aus Lernersicht. Wiesbaden, 2004.

[Joh⁺98] Johnson, D.; Johnson, R.; Holubec, E.: Cooperation in the classroom. Boston, 1998.

[Köh03] Köhler, T.: Selbst im Netz? Die Konstruktion des Selbst unter den Bedingungen computervermittelter Kommunikation; Opladen, Westdeutscher Verlag, 2003.

[KöKa05] Köhler, T., Kahnwald, N.: Does a class need a teacher? New teaching and learning paradigms for virtual learning communities; In: Online Communities and Social

Computing. Proceedings of the HCI. New York, Lawrence Erlbaum Associates, 2005.

[KrRe04] Kröger, H., Reisky, A.: Blended Learning - Erfolgsfaktor Wissen; Bielefeld, 2004.

[LaWe91] Lave, J., Wenger, E.: Situated Learning. Legitimate Peripheral Participation. Cambridge 1991.

[Lew+00] Lewalter, D., Krapp, A., Wild, K.-P.: Motivationsförderung in Lehr-Lern-Arrangements - eine interessentheoretische Perspektive, in: Harteis, Ch. (Hrsg.): Kompendium Weiterbildung; Leverkusen, 2000.

[MaTr04] Mayer, H., Treichel, D.: Handlungsorientiertes Lernen und eLearning, München, 2004.

[Mei+04] Meister D. M., Tergan, S.-O., Zentel P. (Hrsg.): Evaluation von E-Learning; Medien in der Wissenschaft, Bd. 25, 2004.

[Raut01] Rautenstrauch, C.: Tele-Tutoren. Qualifizierungsmerkmale einer neu entstehenden Profession; Bielefeld, 2001.

[ReMa99] Reinmann-Rothmeier, G., Mandl, H.: Teamlüge oder Individualisierungsfalle? Eine Analyse kollaborativen Lernens und deren Bedeutung für die Förderung von Lernprozessen in virtuellen Gruppen. Forschungsbericht Nr. 115; München, 1999.

[Tuck65] Tuckman, B.: Developmental sequence in small groups. Psychological Bulletin, 63, S. 384-399, 1965.

[Wess04] Wessner, M..: Lerngruppen, in: Haake, J., Schwabe, G., Wessner, M. (Hrsg.): CSCL-Kompendium, München, 2004.

Der HVMB im Zeitalter von Open Access und Bologna – Neue Anforderungsbereiche für den Hochschul-Verbund für Multimedia und eLearning in Brandenburg (HVMB)

Marc Göcks

Koordinationsstelle des HVMB
Brandenburgische Technische Universität Cottbus
Nordstr. 14, 03044 Cottbus
goecks@tu-cottbus.de

Abstract: Im Kontext des zunehmenden Einflusses von Informations- und Kommunikationstechnologien (IuK) auf Wissenschaftsinstitutionen werden Strategien zur zielgerichteten und effizienten Integration dieser Technologien in Lehre, Forschung und Verwaltung immer bedeutsamer. Nach dem in den vergangenen Jahren durch Bund und Länder Förderungen zur multimedialen Unterstützung der Lehre initiiert worden sind, nehmen die Neuen Medien auch zunehmend auf andere Hochschulbereiche Einfluss. So gewinnen Fragen zu den Auswirkungen von Neuen Medien u.a. auf die Organisation und Strukturierung der Lehre sowie auf die Hochschulverwaltung und auf die Forschung zunehmend an Bedeutung. Stellvertretend für diese aktuellen Entwicklungen stehen unter anderem auch die Themenbereiche des „Open Access“ und des „Bologna Prozesses“, welche zwar inhaltlich keinen Zusammenhang zueinander aufweisen, aber beide derzeit in den Wissenschaftsbereichen intensiv diskutiert werden. Daraus schlussfolgert auch, dass sich die Hochschulen nicht erst in der Zukunft, sondern schon heute mit den jeweiligen Anforderungen dieser beiden Themenstellungen auseinander setzen müssen.
Die im Folgenden durchgeführte Betrachtung der Themenbereiche des „Open Access“ und des „Bologna Prozesses“ begründet sich nicht nur durch den derzeitigen wissenschaftlichen Diskurs, sondern auch, weil diese aktuelle Themen des im Jahr 2004 gegründeten Hochschul-Verbundes für Multimedia und eLearning in Brandenburg (HVMB) darstellen. Der HVMB versucht sich in enger Zusammenarbeit mit allen Brandenburgischen Hochschulen diesen und weiteren spezifischen Anforderungen von Neuen Medien in der Bildung zu stellen und gemeinsame Lösungen zu erarbeiten. In den folgenden Ausführungen soll zunächst der HVMB in seiner Struktur, den Zielsetzungen und Teilprojekten vorgestellt werden. Anschließend werden die für den HVMB aktuellen Themen des Open Access und des Bologna Prozesses kurz skizziert, um anschließend auf deren Einflusspotenziale für den Hochschul-Verbund einzugehen.

1 Einleitung

Im Zuge der verstärkten Etablierung von Neuen Medien in der Bildung hat sich eine Vielzahl neuartiger Einsatzmöglichkeiten für IuK-Technologien im gesamten Hochschulumfeld ergeben. Die sich daraus ergebenden Chancen, Anforderungen und Bedürfnisse müssen aber entsprechend interpretiert und zielgerichtet umgesetzt werden. Nur so lassen sich die Anforderungen u.a. zur Flexibilisierung der Lehre, zur Neustrukturierung von Studienmodellen und zur Intensivierung des wissenschaftlichen Informationstransfers bewältigen. In diesem Zusammenhang gewinnen aktuelle Fragen zu den Auswirkungen von Neuen Medien u.a. auf die Organisation der Lehre sowie auf die Hochschulverwaltung und auf die Forschung zunehmend an Bedeutung. Dazu zählen unter anderem auch die unabhängig voneinander, wissenschaftlich thematisierten Entwicklungen zum „Bologna Prozess“ und zum „Open Access“, deren Herausforderungen sich die Hochschulen bereits heute schon widmen müssen. Damit einher geht aber auch die Suche nach geeigneten Strategien zur Bewältigung der sich daraus ergebenden Anforderungsbereiche. Diese tangieren sowohl die Entwicklung von geeigneten Konzeptionen und die Bereitstellung von Personalressourcen als auch den Aufbau von entsprechenden technischen Systemlösungen. Beeinträchtigt werden diese Entwicklungen aber auch durch eine zunehmende Verschärfung der finanziellen Situation an den Hochschulen. Dies betrifft nicht nur die Höhe von haushaltsbezogenen, sondern auch von drittmittelbezogenen Finanzmitteln. In diesem Zusammenhang ist die Frage nach innovativen Lösungen im Bereich des Informations- und Wissensmanagements für die Lehre, Forschung und Verwaltung immer bedeutsamer. Die Realisierung solcher Anforderungen bzw. Problemstellungen durch Einzelaktivitäten oder Insellösungen erscheint vor dem Hintergrund immer knapper werdender Finanzressourcen daher als nicht mehr zeitgemäß. Viel versprechender erscheinen hingegen Lösungsansätze, welche die Vernetzung von Einzelaktivitäten zu Verbundmaßnahmen vorsehen. Die daraus zum Teil entstehenden Kompetenzzentren und gemeinsamen Infrastrukturen können durch ihren Verbundcharakter zu einer höheren Tragfähigkeit und zur Verstetigung initiierter Entwicklungen beitragen. Auch in den Bereichen der Drittmitteleinwerbung, Best-Practice-Förderung und der Qualitätssicherung, die zu den weiteren wichtigen Handlungsfeldern zählen [Kle03], können durch die Bündelung von Kompetenzen wichtige Synergien generiert werden. In Abhängigkeit von der Ausrichtung einzelner Verbundaktivitäten kann des Weiteren auch die Entwicklung von gemeinsamen Vermarktungskonzepten auf der Agenda stehen, deren Zielsetzung eine zumindest ansatzweise Refinanzierung der Aktivitäten vorsieht. Dafür kommt derzeit vor allem auch der Markt für Weiterbildungsangebote und infrastrukturelle Services in Frage, die bislang von den Hochschulen oft zu sehr vernachlässigt worden sind. Darüber hinaus sollten bei der Planung und Finanzierung oben beschriebener Aktivitäten grundsätzlich die Hochschulleitungen stärker einbezogen werden [Gro03], [Kör03].

2 Der HVMB im Profil

Der Hochschul-Verbund für Multimedia und eLearning in Brandenburg (HVMB) wurde im Jahr 2004 im Rahmen der Zielvereinbarungen zwischen dem Brandenburger Ministerium für Wirtschaft, Forschung und Kultur (MWFK) und den neun Brandenburger Hochschulen ins Leben gerufen. Im Rahmen des HVMB sollen die eLearning- und Multimedia-Aktivitäten in Brandenburg koordiniert und miteinander vernetzt werden. Mit der Gründung des HVMB folgte das Land Brandenburg den bisherigen Beispielen anderer Landesverbünde wie z.B. der „Virtuellen Hochschule Baden-Württemberg" [HamMül02] oder dem „Bildungsportal Sachsen". Vor allem aber in seiner infrastrukturellen Ausrichtung unterscheidet sich der HVMB von den meisten anderen Landes-Hochschulverbünden. Der HVMB setzt sich aus allen neun Hochschulen des Landes Brandenburgs zusammen. Diese fungieren unabhängig von ihrer Größe als gleichberechtigte Verbundpartner und werden in den Leitungs- und Arbeitsgremien des Verbundes durch ihre jeweiligen Entscheidungsträger und Fachvertreter repräsentiert. Neben der Koordinationsstelle des HVMB bilden themen- und aufgabenspezifische Arbeitsgruppen und Communities die Kompetenz- und Know-How-Grundlage für die Entwicklungstätigkeiten im HVMB. Zudem soll durch die Communities ein Wissenstransfer und Erfahrungsaustausch unter den Brandenburgischen Hochschulen initiiert werden. Die Koordinationsstelle des HVMB wurde am IKMZ-Multimediazentrum[1] der BTU Cottbus angesiedelt und versteht sich als zentrale Service- und Beratungsstelle.

2.1 Zielsetzungen und Aufgabenbereiche des HVMB

Die Koordinationsstelle des HVMB zeichnet für die Vernetzung, Koordination und Außendarstellung der Multimedia- und eLearning-Aktivitäten im Rahmen des Hochschul-Verbundes verantwortlich und verfolgt folgende Zielsetzungen [GöMa04]:

- Vernetzung von vorhandenen Kompetenzen und Aktivitäten im Einsatzbereich moderner IuK-Technologien in Lehre, Forschung und Weiterbildung. Zudem soll der HVMB zur Optimierung der Ressourcenallokation/-nutzung beitragen,

---

[1] IKMZ steht für die zentrale Einrichtung des Informations-, Kommunikations- und Medienzentrums

- Schaffung von Transparenz hinsichtlich der Aktivitäten und Kompetenzen in den Bereichen Multimedia und eLearning,
- Intensivierung des Informations-/Erfahrungsaustausches unter den Hochschulen,
- Wirksame Außendarstellung der Verbundaktivitäten und der Hochschulpartner,
- Umsetzung von konkreten Projekten sowie die Förderung von neuen internen und externen Projekten mit Partnern aus Hochschule und Wirtschaft,
- Aufbau von technischen Infrastrukturen zur Unterstützung des landesweiten Informationsmanagements und Wissenstransfers.

Mit dem Aufbau von geeigneten Informationsstrukturen und der Initiierung von landesweiten Projektaktivitäten gewährleistet die HVMB-Koordinationsstelle die Einhaltung und Realisierung der zentralen Zielsetzungen des Verbundes. So dient das zentrale Verbundportal www.hvmb.de als Informationsplattform für alle Aktivitäten, Veranstaltungen und Dienstleistungs- bzw. Systemangebote im Rahmen des HVMB. Darüber hinaus trägt es zur Unterstützung der Außendarstellung und der Vermittlung von weiteren interessanten Informationen zu e-Learning und Multimedia bei.

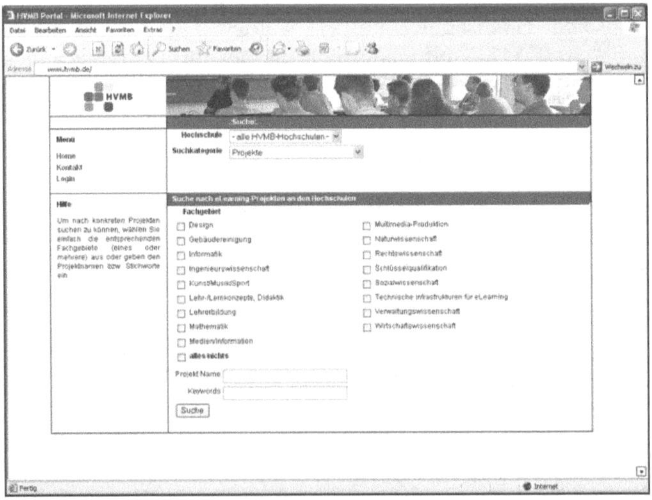

Abbildung 1 Screenshot der HVMB-Projekt- und Kompetenzdatenbank

Neben der Organisation von themen- und projektspezifischen Workshops, wird der fachbezogene Erfahrungsaustausch durch diverse Mailinglisten und entsprechende Diskussionsforen gefördert. Mit dem Aufbau einer zentralen Datenbank (s. Abb. 1) soll zukünftig vor allem Transparenz hinsichtlich der vorhandenen Kompetenzen, Ressourcen und Angebote an den Brandenburger Hochschulen geschaffen werden.

2.2 Teilprojekte im HVMB

Neben den zentralen Aufgabenbereichen werden im Rahmen des HVMB auch diverse Projektaktivitäten - vornehmlich zur Stärkung von technischen Infrastrukturen - initiiert. Die im Rahmen der Teilprojekte erzielten Ergebnisse bzw. Erkenntnisse werden allen beteiligten Partnerhochschulen zur eigenen Nutzung zur Verfügung gestellt. Im Folgenden sollen die einzelnen HVMB-Teilprojekte kurz vorgestellt werden [GöMa04]:

Multimediales Content-Management-System (HVMB-Medienportal): In Zusammenarbeit mit den Medien- und Rechenzentren sowie den Bibliotheken wurde für Brandenburg eine zentrale Systemlösung aufgebaut, welche die temporäre und langfristige Speicherung sowie Verzeichnung von Audio- und Videofiles, Bildern, Texten, Primärdaten und eLearning-Contents aus Lehre und Forschung gewährleistet. Die Wiederauffindbarkeit dieser Materialien wird durch geeignete Navigations- und Verzeichnisinstrumente sowie durch Möglichkeiten der Rechtevergabe und Zugriffssteuerung für verschiedene Nutzergruppen unterstützt. Im Sinne der Selbstverwaltung wurden zudem für jede Hochschule Nutzerbereiche in Form von eigenständigen Ressorts eingerichtet. Durch die zentrale Implementierung der Systemlösung erfolgen die Sicherung (Backup) und Software-Upgrades flächendeckend, wird eine wirtschaftlichere Administration und Verwaltung ermöglicht sowie die Erfassungs-, Nachweis- und Zugangsinformationen einheitlich gestaltet. Als technische Plattform dient das „HVMB-Medienportal“, welches auf der gleichen technischen Basis bereits seit einigen Jahren erfolgreich an der HU-Berlin eingesetzt wird. Das „HVMB-Medienportal“ steht allen neun Brandenburgischen Hochschulen für eine freie Nutzung zur Verfügung.

Landesweiter Publikationsserver: In Kooperation mit dem KOBV wird für alle HVMB-Partnerhochschulen ein zentraler, landesweiter Publikationsserver für elektronische, wissenschaftliche Veröffentlichungen zur Verfügung gestellt. Grundlage für die Auswahl und Bereitstellung bilden dabei unter anderem auch technische sowie inhaltliche Qualitätsanforderungen, welche sich auch aus den

DINI-Zertifizierungsrichtlinien[2] ergeben. Dabei geht es vor allem um folgende Qualitätskriterien [Degk04]:

- Technische Infrastrukturen auf Grundlage internationaler Standards
- Rechtliche Rahmenbedingungen und Urheberschutz sowie Rechte- und Verwertungsmanagement,
- Qualitätssicherung (Peer-Reviewing) sowie Indexing und Ranking

Ziel ist die jährliche Erlangung des DINI-Qualitätssiegels, welches zum einen den hohen Qualitätsstandard und zum anderen die kontinuierliche Weiterentwicklung und Verbesserung des Publikationsservers dokumentieren soll. Zugleich sollen für die technische Konfiguration des Servers die DINI-Empfehlungen zur inhaltlichen Gestaltung der OAI-Schnittstelle zugrunde gelegt werden, um die Authentifizierung, Interoperabilität und Standardisierung der Data- und Serviceproviderfunktionen sicherzustellen. Mit dem Aufbau der technischen Infrastruktur sollen auch die für die Produktion, Begutachtung und langfristige Verfügbarkeit unabdingbaren Workflows zur Verfügung stehen, um Bearbeitungs- und Medienbrüche zu vermeiden.

Videokonferenznetzwerk: Im Rahmen des Hochschul-Verbundes wurde der Aufbau eines landesweiten Videokonferenznetzwerkes beschlossen. Unter Beteiligung aller Verbundhochschulen soll dieses Netzwerk, welches auf dem Einsatz moderner IuK (Kommunikation über IP oder ISDN mit z.T. Multipoint-Systemen) basiert, als zukünftige Kommunikationsinfrastruktur dienen. Zu diesem Zweck wurde Ende 2004 - dem jeweiligen Bedarf der einzelnen Hochschulen entsprechend - die zentrale Anschaffung von kompatiblen Ausstattungssystemen und -elementen durchgeführt. Neben der Bereitstellung der Videokonferenzsysteme werden die Aktivitäten der HVMB-Koordinationsstelle durch begleitende Supportmaßnahmen für die HVMB-Partner flankiert. Mit Hilfe des Videokonferenznetzwerkes wird bereits die audiovisuelle Kommunikation an verteilten Standorten (z.B. Besprechungen mit externen Kooperationspartnern oder mündliche Doktor-, Diplom- oder Masterprüfungen) vereinfacht sowie eine Unterstützung von Teleteaching-Szenarien gewährleistet. Neben diesen Einsatzszenarien wurde das Videokonferenznetzwerk bereits mehrfach für Schulungen und Supportangebote im Rahmen des HVMB genutzt. Das Netzwerk bietet vor allem hinsichtlich der Reduzierung des Zeit- und Reisekostenaufwands Vorteile.

Lernmanagementsysteme (LMS): In den vergangenen Jahren wurden an mehreren Hochschulen in Brandenburg unterschiedliche LMS - in den meisten Fäl-

---

[2] DINI ist die Deutsche Initiative für Netzwerkinformation

len für abgegrenzte Bereiche (z.B. Studiengänge, Institute) - eingeführt. Die Finanzierung der Hard- und Software sowie der zur Betreuung notwendigen Personalkapazitäten wurde zumeist über Drittmittelprojekte abgesichert (vor allem im Rahmen der NMB-Initiative des BMBF), deren Weiterführung mit Auslaufen der Förderungen zunehmend Probleme aufwarf. Um diesen Engpässen und Restriktionen entgegenwirken zu können, sollen die vorhandenen Ressourcen und Kapazitäten an den Brandenburger Hochschulen effizient vernetzt werden, um den Erhalt und die Bereitstellung von LMS abzusichern. Dafür sollen bereits vorhandene LMS auch anderen Partnerhochschulen zur Verfügung gestellt werden, um z.B. unzweckmäßige Doppelimplementierungen zu umgehen. Zu diesem Zweck wurde ein an der BTU Cottbus bereits aufgebautes, hardwaremäßig komfortable dimensioniertes LMS zielgerichtet erweitert sowie ein weiteres, open-source-basiertes LMS neu implementiert. Bei Bedarf können diese LMS sowohl vorübergehend als auch längerfristig von HVMB-Partnern mitgenutzt werden. Dieses Angebot ist vor allem für Hochschulen interessant, die bislang noch über keine Plattform verfügen oder diese für Testzwecke nutzen wollen. Es geht also bei diesem Projekt nicht um die Etablierung eines einheitlichen, landeszentralen LMS, sondern vielmehr um den bedarfsgerechten, effizienten Einsatz vorhandener Ressourcen, ein zielgerichtetes Supportangebot und einen gemeinsamen Erfahrungsaustausch.

Portallösungen und Web-CMS (Content Management System): Neben dem stark zunehmenden Umfang an Informationsangeboten der Hochschulen, wächst gleichzeitig auch die Anzahl von internetbasierten Informationssystemen zur Unterstützung unterschiedlicher Prozesse an einer Hochschule. Damit verbunden sind aber auch Probleme hinsichtlich des zunehmenden Aufwandes zur Gewährleistung der Pflege, der Aktualität, der Vollständigkeit und der Qualität der angebotenen Inhalte und Informationen. Darüber hinaus bestehen unterschiedliche Benutzerschnittstellen und Zugangsarten zu den internetbasierten Anwendungen für einen und denselben User. Zur Bewältigung dieser Anforderungen wird innerhalb der Brandenburgischen Hochschulen ein Informationsaustausch initiiert, der durch gemeinsame Workshops und Produktvorstellungen unterstützt wird.

Autorensoftware: Mit der Autorensoftware "movii" soll eine Lücke geschlossen werden, die hinsichtlich von komfortablen und nachhaltig den didaktischen und multimedialen Anforderungen von Autoren, Lehrenden und Studierenden zur Erzeugung von eLearning-Inhalten entsprechenden Angeboten besteht. Die *movii* Autorensoftware wurde im Rahmen der bisherigen Projektaktivitäten bereits um SCORM-Kompatibilität erweitert und gewährleistet somit die Weiternutzung in auch zukünftig angebotenen LMS, ohne dabei eine Bindung an proprietäre Systeme eingehen zu müssen. Neben diesem Aspekt wird im weiteren Projektverlauf an einer Lösung für eine Ausgabe der Lernmodule im PDF-

Format sowie an einer Schnittstelle zum HVMB-Medienportal gearbeitet. Das an der FH Brandenburg entwickelte Autorentool *movii* zeichnet sich vor allem durch die Möglichkeit zur plattformunabhängigen Programmierung in Java aus. Zudem erfolgt die Verarbeitung und Speicherung der Dokumente in XML, wodurch Nachhaltigkeit mit Hilfe von CrossMediaPublishing ermöglicht wird. Im Rahmen des HVMB wird *movii* allen Partnerhochschulen für eine kostenfreie Nutzung zur Verfügung gestellt und ein entsprechender Nutzersupport angeboten.

3 Aktuelle Anforderungsbereiche für die Hochschullandschaft

Neben den Entwicklungen im Bereich Neuer Medien in der Bildung, welche bislang vornehmlich einen Einfluss auf die multimediale Unterstützung der Lehre hatten, gewinnen zunehmend Veränderungen im Bereich der Organisation von Studienmodellen, der Hochschulverwaltung, der Forschung und des Wissenstransfers an Bedeutung. Zwei voneinander unabhängige Themen in diesem Kontext, welche derzeit auch im HVMB diskutiert werden, sind Open Access und der Bologna Prozess.

3.1 Open Access und Wissenstransfer

Mit der Open Access Bewegung wird das Ziel verbunden, wissenschaftliche Literatur und Materialien im Internet frei und kostenlos (ohne Lizenzbeschränkungen) zugänglich zu machen. Angestoßen wurde diese internationale Bewegung im Jahre 2001 durch die „Budapest Open Access Initiative“ (BOAI) und wurde im Jahr 2003 auch auf nationaler Ebene mit der „Berlin Erklärung der Open Access“ Bewegung entscheidend weitergeführt. Nach Einschätzung von Mruck, Gradmann & Mey [Mruc⁺04] handelt es sich bei der Open-Access-Bewegung nicht „nur um Überzeugungen vereinzelter, besonders internetaffiner Akteure [...], sondern um eine Bewegung von enormer Reichweite“.

Unter wissenschaftlicher Fachliteratur werden in diesem Kontext frei zugängliche Beiträge in elektronischen Zeitschriften, Preprints oder Online-Fassungen von Beiträgen in Büchern und Zeitschriften verstanden. Zudem muss diese Fachliteratur durch die Autoren/Wissenschaftlern auf Servern freier eJournals, universitärer bzw. institutioneller ePrint-Archive oder fachbezogener Server frei zur Verfügung gestellt werden. In einer etwas weiter gefassten Begriffsauffassung spricht man aber auch von Open Access im Zusammenhang mit einem freien Zugang zu wissenschaftlich wichtigen Daten oder zu digitalen Reproduktionen von Exponaten in z.B. Bibliotheken. Mit Beginn der BOA-Initiative wird international nach sinnvollen Strategien gesucht, welche die Vorteile des Open Access für die Forschung und ihre Institutionen realisierbar machen. Zu den

Vorteilen von Open Access können unter anderem folgende Argumente genannt werden:

- Freier Zugang zu subventionierten Forschungsergebnissen der Universitäten und anderer öffentlich unterstützter Forschungseinrichtungen, ohne dass diese teuer verkauft werden können.
- Stärkung des Wissenstransfers und des wissenschaftlichen Diskurses.
- Verringerung der digitalen Kluft, die auch Wissenschaftler mit geringem Deputat an wissenschaftlichen Ergebnissen und wiss. Diskurs partizipieren lassen.

Somit ist nach Graf [Graf03] Open Access „die geeignete Antwort auf die Krise der wissenschaftlichen Literatur, die sich nicht nur auf die Zeitschriftenpreise auswirkt, sondern auch dazu führt, dass etwa ein Sammelband in vierfacher Weise von der öffentlichen Hand subventioniert wird und der Staat so seine eigenen Forschungsergebnisse von kommerziellen Verlagen zurückkauft". Derzeit befindet sich aber nach Mruck et. al. [Mruc+04] Open Access „(noch) weit davon entfernt, Alltag wissenschaftlichen Publizierens zu sein: Es handelt sich überwiegend um spezialisierte Diskurse in einigen besonders engagierten Disziplinen und um (wissenschafts-)politische Absichtserklärungen (wie die Berlin Declaration), die in der Praxis erst verankert werden müssen, damit wissenschaftliches Wissen tatsächlich als Allgemeingut aufgefasst werden kann, als das es finanziert wird".

Vor allem stellen zurzeit noch technische und workflow-basierte Anforderungen als auch die notwendigen Anreizmechanismen für die Nutzung von entsprechenden Publikationssystemen Barrieren für eine breitere Etablierung von Open Access dar. Auch sind die Unterschiede zwischen den einzelnen Fachdisziplinen im Umgang mit Publikationen sehr groß. So spielt das kostenlose Online-Publizieren in naturwissenschaftlich-technischen Disziplinen - insbesondere der Informatik und Physik - schon eine weit bedeutendere, wenn nicht sogar die entscheidende Rolle. In anderen Fachdisziplinen hingegen ist es alles andere als eine Selbstverständlichkeit [Scha04].

3.2 Der Bologna-Prozess - Anforderungen und Auswirkungen

Bologna steht synonym für die derzeit folgenreichste Veränderung in den europäischen Hochschulsystemen und „bezeichnet einen Prozess, der die Schaffung eines gemeineuropäischen Hochschulraumes (EHEA – European Higher Education Area) parallel zu, und verzahnt mit, der Entwicklung eines europäischen Forschungsraumes (ERA – European Research Area) zum Ziel hat" [Kohl04]. Der auf der Bologna-Deklaration von 1999 basierende, gleichnamige Prozess, geht auf eine 1998 an der Pariser Sorbonne stattfindende Rektorenkonferenz zurück. Ziel des Bologna Prozesses, dem sich mittlerweile 40 europäische Partnerstaaten angeschlossen haben, ist die Realisierung eines gemein-europäischen Hochschulraumes bis zum Jahr 2010. Bologna soll somit zur Umsetzung des übergeordneten Ziels beitragen, welches bis zum gleichen Zeitpunkt die Entwicklung der Europäischen Union als weltweit attraktivsten Raum vorsieht.

Im Zuge der zweijährig stattfindenden Konferenzen zum Bologna Prozess, wurden auch die zentralen Handlungsfelder der Deklaration jeweils punktuell erweitert (diese werden im Folgenden durch die Angabe der jeweiligen Konferenzstadt hervorgehoben):

1. System für leicht verständliche und vergleichbare akademische Abschlüsse;
2. Etablierung eines Kreditpunktesystems, als welches sich inzwischen ECTS als das allein maßgebliche herauskristallisiert hat;
3. Einführung eines aus zwei Hauptphasen bestehenden Studiensystem;
4. Förderung der Mobilität
5. Förderung der europäischen Zusammenarbeit bei der Qualitätssicherung;
6. Förderung der europäischen Dimension der Hochschulbildung;
7. Förderung lebenslangen Lernens als Basis einer wettbewerbsfähigen wissensbasierten Gesellschaft und Wirtschaft (Prag, 2001);
8. Gewährleistung studentischer Teilhabe an bildungspolitischen Entscheidungen sowie Beachtung der sozialen Dimension von Bildungsteilhabe (Prag, 2001);
9. Förderung der Attraktivität des europäischen Hochschulraumes für Menschen außerhalb Europas (Prag, 2001);
10. Betonung von Doktorandenprogrammen als dritte Phase im Studienmodell des Bologna-Prozesses (Berlin, 2003);
11. Herausstellung der Relevanz von Forschung für die Gesellschaft (Berlin, 2003);
12. Rahmenartige Verständigung über die Wesensmerkmale der Studienstufen bzw. der jeweils zu erreichenden Qualifikationen (Berlin, 2003);
13. Sicherstellung transnationaler Anerkennung von Abschlüssen (Berlin, 2003).

Diese Handlungsfelder bzw. Ziele sollen durch eine hohe Qualität von Studium und Lehre unter Integration qualitativ hochwertiger Forschung gewährleistet werden. Dabei liegt die Betonung vor allem auf der Vermittlung von Beschäftigungsfähigkeit bei gleichzeitiger Verhinderung von sozialer Ungerechtigkeit. Im Kern der Betrachtung steht vor allem auch das strukturelle Layout von Studienprogrammen – zum einen in ihrer ganzheitlichen als auch in der Betrachtung ihrer Einzelelemente – sowie die durch die Strukturierung zu erzielende Flexibilität und Variabilität bzw. Transparenz und Qualität der Programme und Angebote. Vor diesem Hintergrund gewinnt auch der Begriff der Modularisierung seine Bedeutung. Daran knüpft sich auch die kontroverse Diskussion und die vielfältige Kritik um das Bachelor-Master-Modell oder um das Verständnis zum Kreditpunktesystem ECTS an, auf welche die Bologna-Debatte häufig reduziert wird. Daneben herrschen eine Reihe von Vorurteilen und Kritikansätzen vor, die zwar teilweise berechtigt sein mögen, aber häufig auch auf Überlagerungen mit parallelen, sich wechselseitig verstärkenden Impulsen (z.B. erhöhte Kosteneffizienz, Integration neuer Medien usw.) oder auf Missverständnissen beruhen [Kohl04].

Aber nur mit Hilfe einer systematischen und stimmigen Verzahnung der unterschiedlichen Zielsetzungen und Voraussetzungen des Bologna-Prozesses, lässt sich dieser auch erfolgreich gestalten. Dabei bleibt festzuhalten, dass Bologna nicht den Anspruch erhebt, alle Probleme (z.B. wissenschaftliche Inhalte und didaktische Konzepte von Studiengängen, Anrechnungs- und Anerkennungsprobleme usw.) lösen zu können. Aber gerade auch die Neuen Medien bieten diverse Lösungsansätze für unterschiedliche Anforderungen von Bologna unter anderem hinsichtlich der Modularisierung, der Flexibilität und Mobilität, der transnationalen Anerkennung, der Qualitätssicherung und des lebenslangen Lernens.

4 Welche Rolle kann der HVMB im Kontext dieser aktuellen Entwicklungen spielen?

Analog zu den bisherigen Themen- und Aufgabenfeldern versucht sich der HVMB auch bei diesen beiden Themenkomplexen mit Lösungsansätzen zu positionieren, die eine effiziente Ausschöpfung der vorhandenen Ressourcen bei gleichzeitiger Einbindung und Berücksichtigung aller Verbundpartner ermöglicht.

Zur Thematik des Open Access und des Wissenstransfers wurden im Rahmen des HVMB bereits Konzeptionen erstellt, die mit Beginn des dritten Quartals 2005 sukzessive an den einzelnen HVMB-Partnerhochschulen umgesetzt werden. Dafür wird aus HVMB-Mitteln den Verbundhochschulen mit einem zentralen Publikationssystem die notwendige technische Basis zur Realisierung des Open Access Gedankens zur Verfügung gestellt. Auf der Grundlage des Publikationsservers soll das elektronische Publizieren in Brandenburg effizient unterstützt, wissenschaftliche Transferprozesse zielgerichtet ausgeschöpft und somit die technische Barriere überwunden werden. Dadurch soll dem Gedanken des Open Access in Brandenburg mehr Tragweite verliehen werden. Neben den Richtlinien zum elektronischen Publizieren sollen mittelfristig im Sinne einer nachhaltigen Qualitätsgewährleistung auch die strengen Anforderungen der DINI-Zertifizierungsstelle als Maßstab für das Publikationssystem angesetzt werden. Dabei dienen die DINI-Zertifizierung und das DINI-Gütesiegel auch als unterstützende Marketing Maßnahmen zur Absicherung und Dokumentation des hohen Qualitätsstandards, um so auch Anreizpunkte für die Autoren setzen zu können.

Neben dem Aufbau der technisch hochwertigen Infrastruktur ist für eine Zertifizierung aber auch die Abdeckung der notwendigen Workflows für das elektronische Publizieren, die Langzeitarchivierung und die Metadatenvergabe sicherzustellen. Dafür ist der gesamte Wertschöpfungsprozess bzw. Workflow vom Autor bis hin zur letztendlichen Publikation zu berücksichtigen. Zur Abdeckung dieser Workflowprozesse werden durch die Koordinationsstelle des HVMB Lösungsansätze erarbeitet und diese anschließend mit den beteiligten Partnern auf ihre individuellen Bedürfnisse abgestimmt. Die daraus resultierenden Supportangebote sollen wiederum auch der Akzeptanzsteigerung des Open Access Gedankens dienen. Für die Realisierung eines zentralen Systemangebots sprechen nicht zuletzt Gründe der Systemsicherung bzw. -unterstützung, der Kompatibilität und der operativen Routine im Kooperations-kontext des HVMB.

Hinsichtlich des Bologna-Prozesses liegen die Potenziale des Verbundes in der transparenten Darstellung und der Vernetzung der vielfältigen Lehrangebote an den unterschiedlichen Hochschulen in Brandenburg. Hier kann der HVMB als Kommunikator bzw. Informationsdrehscheibe fungieren und somit die Forcierung und Realisierung von hochschulübergreifenden Lehrangeboten initiieren. Vor allem der durch Bologna geprägte Modularisierungsgedanke und das phasenorientierte Studienmodell können auf Basis der Neuen Medien in einer Art Brokermodell für Brandenburg vernetzt werden. Vergleichbar mit vereinzelten heutigen Aktivitäten, könnten zukünftig im Sinne der Flexibilität und Mobilität verstärkt z.B. multimediale Lehreinheiten/-module unterschiedlicher Hochschulen zu gemeinsamen Bachelor- oder Master-Studienmodellen zusammengeführt werden. Auf Basis eines solchen Brokermodells könnten dann Studierende in ihrer individuellen Auswahl und Zusammenstellung von Lehreinheiten/-module unterschiedlicher Hochschulen supported werden.

Darüber hinaus ist eine Unterstützung bei der Verzahnung von technischen Systeminfrastrukturen möglich. So erscheint die Verknüpfung von Hochschulinformationssystemen/-managementsystemen mit Lernmanagementsystemen zur automatischen Erfassung und Übertragung von Prüfungsleistungen auf ECTS-Basis äußerst sinnvoll. Im hochschulübergreifenden Kontext könnten diese Informationen dann auch vor dem Hintergrund der einheitlichen Anerkennung von Studienleistungen zwischen den einzelnen Hochschulen und ihren Systemen ausgetauscht werden. Auch sind gemeinsame Aktivitäten im Bereich der Weiterbildung und ihrer Vermarktung mit Unterstützung des Hochschul-Verbundes denkbar. Derzeit stehen diese Überlegungen und die allgemeinen Anforderungen des Bologna-Prozesses für Verbundinitiativen aber noch in ihren Anfängen. Hier sind vor allem auch hochschulpolitische und vermarktungsrechtliche Restriktionen zu berücksichtigen. Letztendlich sind alle Bemühungen auf Verbundebene von den einzelnen Bedürfnissen und der jeweiligen Bereitschaft zu gemeinsamen Aktivitäten im Sinne des Bologna-Prozesses abhängig.

Literaturverzeichnis

[Degk04] Degkwitz, A.: Perspektiven der Versorgung mit elektronischen Informationsressourcen. Ergebnisse eines DFG-Projekts. - In: Information Macht Bildung. Wiesbaden, Dinges & Frick, 2004, S. 143-147.

[Göck05] Göcks, M.: Zukunftssicherung von eLearning und Multimedia-Aktivitäten durch die Bildung von Verbünden – Strategieansatz am Beispiel des HVMB-Projektes in Brandenburg. In: Lattemann, C., Köhler, T. (Hrsg.): Multimediale Bildungstechnologien I - Anwendungen und Implementation. Peter Lang, Frankfurt am Main, 2005, S. 75 - 88.

[GöMa04] Göcks, M., Malys, B.: Nachhaltigkeit der eLearning Strategien durch Kooperationen und Verbünde am Beispiel des Landes Brandenburg. In: Fähnrich, Klaus-Peter et. al. (Hrsg.): Von e-Learning bis e-Payment 2004; Leipzig, 29.09.-01.10.2004, Tagungsband der Leipziger Informatik Tage 2004 (LIT 2004), S. 92 - 100.

[Graf03] Graf, K.: Wissenschaftliches E-Publizieren mit "Open Access" - Initiativen und Widerstände. In: Zeitenblicke, Ausgabe 2(2), 2003.

[Grot03] Groten, H.: Nachhaltigkeitsstrategien für E-Learning; In: HIS-Kurzinformationen: Nachhaltigkeitsstrategien für E-Learning im Hochschulbereich, 2003, S. 7-18.

[HaMü02] Hamann, K., Müller, K.: Vernetzung von Neue Medien Projekten am Beispiel Baden-Württemberg; In: Bachmann, G., Haefeli, O., Kindt, M.: Campus 2002 – Die Virtuelle Hochschule in der Konsolidierungsphase, S. 40 – 49, 2002.

[Klei03] Kleimann, B.: Nachhaltigkeitstrategien für E-Learning an den deutschen Hochschulen; In: HIS-Kurzinformationen: Nachhaltigkeitsstrategien für E-Learning im Hochschulbereich, 2003, S. 1-6.

[Körn03] Körner, W.: Zur Nachhaltigkeit von E-Learning an niedersächsischen Hochschulen; In: HIS-Kurzinformationen: Nachhaltigkeitsstrategien für E-Learning im Hochschulbereich, 2003, S. 7-10.

[Kohl04] Kohler, J.: Bologna und die Folgen. In: Benz, W., Kohler, J., Landfried, K. (Hrsg.): Handbuch Qualität in Studium und Lehre. Evaluation nutzen – Akkreditierung sichern – Profil schärfen. Raabe Verlags-GmbH, Berlin, 2004, S. A1 – 2-20.

[Mruc+04] Mruck, K., Gradmann, S., Mey, G.: Open Access - Wissenschaft als Öffentliches Gut. Forum: Qualitative Social Research [Online Journal], 5(2), Art. 14.

[Scha04] Schaffert, S.: Kostenlose Online-Literatur der Bildungsforschung. In: p@psych e-zine, Vol. 9, 2004.

Kapitel 2:

Multimedia, Mobile Media und TV

Gliederung des Kapitels

Welche Reaktionsmöglichkeiten haben TV-Unternehmen im fortschreitenden Konvergenzprozess von bisher unabhängig operierenden Industrien und Technologien (Telekommunikation, Informationstechnologie, Medien)? Mit dieser Frage ist ein breites, durchaus transdisziplinär orientiertes Forschungsthema aufgetan, welches in seiner Konfiguration typisch ist für eine zeitgemäße interdisziplinäre Verknüpfung von medientechnologischer und -ökonomischer Forschung.

Diese Transdisziplinarität ist denn auch Ausdruck der Anwendbarkeit unterschiedlicher fachwissenschaftlicher Perspektiven auf den Forschungsgegenstand. Einerseits kann man (medien-)ökonomisch/-organisatorisch argumentieren, andererseits medientechnisch/-technologisch. Insofern sind Organisationslehre und Informatik gleichermaßen angesprochen. Jedoch: oft wird diese Art von Forschungsansatz in der Kommunikations- und Medienwissenschaft verortet (so im Kontext der Fachgruppe Communication & Technology der International Communication Association), da der enge Bezug zu Medientechnologien dann eben doch keine primär betriebswirtschaftliche Angelegenheit ist und hat dann wenig oder keine Berührung zur konkreten Entwicklung dieser Technologien.

Umso erfreulicher ist es, dass die Aufsätze im Kapitel 2 unter der Überschrift „Multimedia, Mobile Media und TV" Beiträge zu einem solcherart transdisziplinärem Diskurs sind und dabei auch dem Problem der Übertragung bestehender Informationsbestände an der Schnittstelle zwischen TV u.a. Technologien nachgegangen wird.

Dies Aufsätze setzen sich mit Möglichkeiten zur Beschreibung interaktiver TV-Applikationen auseinander (Hentschel et al.), aber auch mit der Schätzung des gesamtwirtschaftlichen Nutzens der Umstellung auf digitale Fernsehprogrammverteilung (Hazlett et al.). Dazu kommen Aufsätze zum Object Tracking zur Verknüpfung von Kontextinformationen von Fernsehsendungen (Schulz-Heyn), dem Interface-Design von Mensch-Computer-Schnittstellen auf dem Weg zum Ubiquitous Computing (Gilgen) und einer mobilen Brokerage Plattform zur Vermittlung multimedialer Dienste zwischen KMUs (Herzog et al.).

SVG als Beschreibungssprache für interaktive TV-Applikationen auf Basis von MHP

Christian Hentschel, Ralf Merettig, Anja Anke, Mario Oschwald, Robert Porscha, Frank Wiegand, Martin Zahn, Florian Kirsch, Marc Nienhaus, Prof. Jürgen Döllner

Hasso-Plattner-Institut für Softwaresystemtechnik GmbH
Prof.-Dr.-Helmert-Str. 2-3, 14482 Potsdam
Christian.Hentschel|Ralf.Merettig|Anja.Anke|Mario.Oschwald|
Robert.Porscha|Frank.Wiegand|Martin.Zahn|Florian.Kirsch@hpi.uni-potsdam.de
Marc.Nienhaus|Juergen.Doellner@hpi.uni-potsdam.de

Abstract: Mit MHP (Multimedia-Home-Platform) ist ein offener Standard für die Übertragung und Ausführung von Anwendungen für das interaktive Fernsehen (iTV) verfügbar. In dieser Arbeit stellen wir SVG²MHP vor, ein System zur Content Transformation, welches unter Verwendung des Vektorgrafikformats SVG (Scalable Vector Graphics) als Eingabeformat, eigenständige Java Xlets zur Ausführung auf MHP-fähigen TV-Geräten generiert. SVG²MHP ermöglicht visuelles Prototyping und die Anwendung von Rapid Application Development-Techniken auf dem Gebiet der MHP-Applikationsentwicklung. Die Verwendung von SVG als Eingabeformat erlaubt es Grafikdesignern bei der Gestaltung der Anwendungen auf bekannte Autorenwerkzeuge zurückzugreifen.

1 Einleitung

Der *Multimedia-Home-Platform-Standard* (MHP) ist ein im Februar 2000 veröffentlichter internationaler Standard, der die Übertragung und Darstellung multimedialer Inhalte für das interaktive Fernsehen (iTV) spezifiziert. MHP wurde vom DVB-Projekt entwickelt, einem Gremium dem über 260 Sendeanstalten, Gerätehersteller, Netzbetreiber, Softwareentwickler und staatliche Regulierungsbehörden angehören und baut bei der Übertragung auf den Verbreitungswegen des digitalen Fernsehrundfunks (Digital Video Broadcasting – DVB [DVB05]) auf. Dank der fortlaufenden Digitalisierung des Fernsehens (die Umstellung auf DVB soll in Deutschland bis zum Jahr 2010 abgeschlossen sein) bildet MHP eine wichtige Basis für interaktives Fernsehen in ganz Europa.

Im MHP-Standard sind derzeit zwei Arten von Anwendungsklassen spezifiziert, die auf MHP-fähigen Endgeräten - den so genannten *Set-Top-Boxen* (STB) -

ausgeführt werden können. Die erste Gruppe sind die DVB-HTML Anwendungen – ein Satz von XHTML – Seiten mit optional eingebettetem Java Code. Da diese Anwendungsklasse jedoch erst seit dem neueren MHP 1.1 Standard voll unterstützt wird, war sie bisher von nur geringer Bedeutung.

Die weitaus verbreitetere Gruppe stellen die DVB-J (DVB-Java) Applikationen dar. Diese in Java 1.1 geschriebenen Anwendungen verwenden die MHP API für TV-spezifische Erweiterungen und bestehen aus einer Menge von Java-Class-Dateien, die zusammen mit dem TV-Programm ausgestrahlt und auf der STB zur Ausführung gebracht werden. DVB-J Applikationen werden auch als *Xlets* bezeichnet, da ihr Konzept den aus dem Web-Bereich bekannten Applets ähnelt. Wie Applets werden Xlets durch eine externe Instanz (der Web-Browser bei Applets wird durch den MHP Application Manager abgebildet) auf Wunsch des Zuschauers gestartet und angehalten. Dies geschieht typischerweise durch Druck auf einen entsprechenden Knopf der Fernbedienung.

In ihrem Design entsprechen *Xlets* kompakten, monolithischen Applikationen, bei denen Anwendungslogik und Benutzerschnittstelle in wenigen Klassen eng verwoben sind. Dies erschwert die unabhängige Entwicklung der beiden Komponenten durch die jeweiligen Experten. Die schnelllebige Fernsehwelt erfordert jedoch, dass programmbegleitende iTV Anwendungen in kurzer Zeit entwickelt werden können, damit diese mit jeder Neuerung im Programmablauf von Anfang an zur Verfügung stehen. Dieser Forderung steht derzeit die langsame manuelle Programmierung eines jeden *Xlets* gegenüber, die darüber hinaus bekanntermaßen fehleranfällig ist. *Xlet* Code sollte jedoch besonders robust und fehlerfrei sein, denn ein Programmierfehler, wird typischerweise von Millionen von Fernsehzuschauern wahrgenommen.

In dieser Arbeit präsentieren wir ein Transformationssystem zur Generierung von Xlet Code: *SVG²MHP*. Durch die Verwendung von Scalable Vector Graphics zur Beschreibung von Anwendungsinhalt und Oberfläche werden die erwähnten Probleme berücksichtigt:

- klare Trennung von Benutzerschnittstelle und Anwendungslogik.
- schnelle und flexible Anwendungsentwicklung durch Minimierung des manuellen Programmieraufwandes.
- Reduzierung von Programmierfehlern durch Code-Generierung.

SVG²MHP stellt aber nicht nur einen Gewinn für die Entwicklung von Anwendungen für die Multimedia-Home-Platform dar. Darüber hinaus demonstriert es, wie bewährte und leistungsfähige Technologien (SVG als 2D Vektorgrafikformat und XML als Markup-Sprache) dabei helfen können, die Verbreitung und

Akzeptanz junger Technologien (MHP als Mehrwert zum traditionellen Fernsehen) zu vergrößern.

In den folgenden Kapiteln werden wir etwas ausführlicher die Motivation und die Ziele hinter SVG²MHP darlegen. Anschließend folgt ein Überblick über die Architektur von SVG²MHP sowie den gefällten Entwurfsentscheidungen. Anhand einiger Beispiele werden wir die Möglichkeiten von SVG²MHP demonstrieren und einen Überblick über den Entwicklungsstatus geben. Abschließend folgt ein kleiner Ausblick auf die Zukunft des Projekts.

2 Motivation

2.1 MHP-Anwendungsentwicklung

Bei der Programmierung von Applikationen für die MHP kann der Entwickler auf die Mächtigkeit der Programmiersprache Java zurückgreifen. Die Komplexität der Sprache stellt aber gleichzeitig eine große Hürde bei der Entwicklung von Anwendungen für ein schnelllebiges Medium wie das Fernsehen dar. Anwendungen sind hier in der Regel inhaltsgetrieben, haben eine kurze Lebensdauer und einen sehr geringen Grad an Wiederverwendbarkeit. In anderen Einsatzgebieten von Multimedia-Anwendungen, wie zum Beispiel der Gestaltung von interaktiven Internetseiten mit Flash, wurde dieses Problem bereits durch den Einsatz von Oberflächendesignern [Sei05] und Autorenwerkzeugen [Mult05] gelöst. Die Entwicklungszeiten und damit die Zeit bis zur Auslieferung eines fertigen Produktes konnten damit erheblich verkürzt werden.

In Java 1.1 stehen nur sehr einfache Grafikbausteine zur Verfügung. Der Programmierer muss damit für jedes Xlet eine Abstraktion für die Benutzerschnittstellen von Hand implementieren. Die manuelle Implementierung von komplexen grafischen Elementen zur Nutzerinteraktion, die den De-facto-Zustand der MHP Anwendungsentwicklung markiert, ist jedoch äußerst hinderlich für einen schnellen Entwicklungszyklus. Darüber hinaus bedeutet sie die Aufgabe der traditionellen Arbeitsteilung bei der Entwicklung von Multimedia-Anwendungen: Designer - Experten für Interface-Ergonomie und Layout - entwerfen die grafischen Komponenten einer Anwendung und reichen diese an Softwareentwickler weiter, welche wiederum Experten im Umgang mit den entsprechenden Programmiersprachen und Paradigmen sind. Diese betten den Interface-Entwurf in den Programmkontext ein und entwickeln die darunter liegende Anwendungslogik. Der monolithische Charakter der Xlets und die daraus resultierende enge Verzahnung von Inhalt und Ansicht in einer Applikation erfordert indes, dass entweder der Designer die Programmiersprache Java erlernen muss oder Java-

Entwickler im Design von Benutzerschnittstellen für TV-Anwendungen geschult werden müssen.

Die hohe Fehleranfälligkeit manueller Programmierung erfordert intensive Tests zu deren Beseitigung. Diese Tests führen allerdings wiederum zu einer erhöhten Produktionszeit und müssen vor allem für jedes Xlet wiederholt werden.

2.2 Methoden zur Code-Generierung

Zur Lösung der Probleme, die durch manuelle Programmierung entstehen, lassen sich zwei Ansätze finden. Beiden gemein ist der Gedanke, den Java-Code der visuellen Komponenten eines Xlets durch einen Code-Generator erzeugen zu lassen und damit den Anteil der manuellen Programmierarbeit zu reduzieren. Eine entsprechend abstrakte Beschreibungsform für grafische Benutzerschnittstellen vorausgesetzt, würde ein solcher Ansatz visuelles Prototyping ermöglichen und gewährleistet somit die beschriebene Arbeitsteilung. Während ein Designer sich nun auf den Entwurf einer grafischen Schnittstelle konzentrieren kann, bleibt die Entwicklung der Applikationslogik in den Händen der Softwareentwickler. Code, der aus einer solchen abstrakten Beschreibungsform generiert wird, ist fehlerfrei und muss damit nicht getestet werden, was wiederum die Entwicklungszeit reduziert.

Der offensichtlichste Ansatz für ein solches System findet bereits in vielen Bereichen Verwendung: Autorenwerkzeuge helfen bei der Erzeugung digitaler Medien, wie zum Beispiel Webseiten. Dies gelingt durch die Kapselung von Code-Bausteinen durch Komponenten der Benutzerschnittstelle: ein Rechteck etwa wird durch einen Klick auf einen entsprechenden Button im Autorenwerkzeug generiert. Solche Systeme sind sehr leicht auch für MHP-Anwendungen denkbar und existieren in der Praxis auch bereits (z.B. Cardinal Systems' Studio [Card05]).

In einem zweiten Ansatz würde der Java-Code nicht aus einem Autorensystem heraus erzeugt werden, sondern durch die Transformation einer Beschreibungssprache. Diese sollte mächtig genug sein, um alle grafischen Elemente einer typischen MHP-Applikation spezifizieren zu können. Vorzugsweise ließe sich diese Sprache um MHP typische Besonderheiten wie DVB Stream Events, Nutzer-Interaktionen mit der Fernbedienung und Position des übertragenen Videos, erweitern. Um der Dynamik des Mediums TV Rechnung zu tragen, sollte die Sprache von Computern analysierbar und schreibbar sein, damit automatische Content-Manipulation möglich wird. Schließlich sollte die Sprache ein von der Industrie bereits akzeptierter und angewendeter Standard sein, da dies eine große Hilfe für Designer bei der Erstellung von MHP-Applikationen darstellt: Die Möglichkeiten der Sprache wären bereits bekannt und typischerweise stünden

Autorenwerkzeuge bereit, mit deren Umgang ein Designer vertraut ist. Die Verfügbarkeit eines solchen Systems würde letztendlich erheblich zur Akzeptanz und Verbreitung der Multimedia-Home-Platform beitragen, da es die Entwicklung von Anwendungen durch den Rückgriff auf bekannte Technologien vereinfachen und beschleunigen würde. Aus den genannten Gründen haben wir uns entschieden, diesen zweiten Ansatz zu verfolgen.

Bei der Suche nach einer adäquaten Beschreibungssprache für unser System stießen wir recht schnell auf das vom W3C standardisierte Vektorgrafikformat SVG (Scalabe Vector Graphics [W3C05]). Das Ziel von SVG ist es, einen offenen Standard zur Beschreibung statischer und animierter 2D-Vektorgrafiken zu schaffen. SVG bietet nativ alle grafischen Elemente, die zur Entwicklung moderner Benutzerschnittstellen und grafisch intensiver Anwendungen benötigt werden. Das Format erlaubt die Einbettung von Rastergrafiken und Text sowie die Anwendung affiner Transformationen auf Objekten. Das SVG-eigene Event-Handling-Modell ermöglicht die Spezifikation von Nutzerinteraktionen und durch die Sprache SMIL steht ein vom W3C verabschiedeter Standard für deklarative Animationen zur Verfügung. Weiterhin ist in SVG der Einsatz von Scripting-Sprachen zur Implementierung der zu Grunde liegenden Anwendungslogik vorgesehen. Da das SVG-Format auf XML basiert, ist es durch einfache Namespace-Erweiterung sehr leicht an die zusätzlichen Anforderungen, die das Fernsehen als Zielsystem stellt, anpassbar. Wie das im Web-Bereich beliebte Format Flash [Macr05], ist es perfekt geeignet für multimediale Anwendungen, hat jedoch im Gegensatz zu Flash den Vorteil, dass es ein offener und somit leicht zu interpretierbarender Standard ist. SVG ist bereits weithin als Vektorgrafikformat akzeptiert und eine große Anzahl komfortabler Autorenwerkzeuge steht zur Verfügung. Mit diesen Eigenschaften eignet sich SVG hervorragend zur Beschreibung dynamischer MHP Applikationen.

SVG²MHP ist unser Vorschlag zur Lösung der aktuellen Probleme in der MHP-Anwendungsentwicklung. Die Spezifikation der visuellen Komponenten und der Anwendungslogik einer MHP-Applikation mittels SVG erlaubt Rapid Application Development. Aus Sicht eines Content-Entwicklers erzeugt SVG²MHP einen kompakten Betrachter für ein spezifisches SVG Dokument. Die traditionelle Arbeitsteilung wird wieder möglich: Designer entwerfen die grafischen Komponenten und das Benutzerinterface einer Anwendung unter Zuhilfenahme von SVG-Autorenwerkzeugen. Ein Programmierer entwickelt die Anwendungslogik durch die Möglichkeit, eine Scriptingsprache einzubetten. Das so entstandene SVG Dokument wird durch SVG²MHP automatisch in eine MHP-kompatible Java-Applikation umgewandelt, die das Verhalten des SVG auf der Set-Top-Box widerspiegelt.

2.3 Einschränkungen durch MHP

Bei der Entwicklung von SVG²MHP hat sich eine komplette Umsetzung der durch SVG zur Verfügung gestellten Funktionalität als unmöglich und zum Teil auch nicht sinnvoll erwiesen. Die Gründe hierfür resultieren zum einen aus den hardware- und softwaretechnischen Beschränkungen seitens der Multimedia-Home-Platform. Zum anderen erschließen sie sich jedoch auch, wenn man bedenkt, dass trotz Digitalisierung der TV-Netze das Ausgabemedium für MHP-Anwendungen in den meisten Fällen immer noch ein altmodisches, analoges TV-Gerät sein dürfte.

Die MHP-Spezifikation stellt nur sehr wenige Anforderungen an die Hardware der Set-Top-Boxen. Infolgedessen stehen auf einer typischen STB nur eine sehr geringe Rechenleistung und wenig Hauptspeicher für eine Anwendung zur Verfügung. Moderne Hardware zur Grafikbeschleunigung fehlt sogar gänzlich. Die Unterstützung rechenintensiver Aufgaben und einzelner SVG-Elemente, wie komplexe Filtertechniken, sind damit nicht sinnvoll umsetzbar.

Eine weitere Hürde bei der Übersetzung von SVG-Inhalten in Java-Code entsteht aus der Tatsache, dass die Version 1.0 der MHP-Spezifikation auf der Java 1.1 API basiert. In dieser Version der Java-Plattform fehlte noch die mächtige Java2D API, die erst in späteren Versionen Einzug hielt. Viele der grafischen Komponenten, die SVG zur Verfügung stellt, können in Java 1.1 nur durch zusätzlichen Rendering-Code umgesetzt werden. Beispiele hierfür sind schon einfache Attribute wie Linienstärke und Linienmuster, die in SVG bei jedem Grafikprimitiv zur Verfügung stehen. Eine Unterstützung dieser Attribute würde nicht nur einen erheblichen Mehraufwand bei der Implementierung bedeuten, um die Möglichkeiten des Java 1.1 Renderers zu erweitern. Viel gravierender ist die Tatsache, dass dieser zusätzliche Code zusammen mit jedem Xlet aufs Neue auf die Set-Top-Box des Zuschauers übertragen werden müsste, da keine Möglichkeit besteht, ihn dort persistent abzulegen. Die zusätzlich benötigte Bandbreite bei der Übertragung und die damit einhergehende Verzögerung der Verfügbarkeit eines Xlets auf der STB war bei der Entscheidung, auf einzelne SVG-Elemente und Attribute zu verzichten, der bestimmende Faktor. Auch ein nur zeitlich begrenztes Ablegen des Codes auf der STB würde zu einem erheblichen Mehrverbrauch des ohnehin schon stark limitierten Hauptspeichers führen.

Ein weiterer Aspekt, der nicht außer Acht gelassen werden sollte, ist die Tatsache, dass das Ausgabemedium für MHP Anwendungen ein einfacher Fernsehbildschirm und kein hochauflösender Computermonitor ist. Fernsehbildschirme haben eine deutlich geringere Auflösung (720 x 576 Bildpunkte bei digitalem PAL). Auch die Sitzposition des Betrachters ist typischerweise viel weiter entfernt, als bei einem Computermonitor. Es sollten folglich alle die Aspekte von

SVG ignoriert werden, die ohnehin nicht sinnvoll auf einem Fernsehbildschirm dargestellt werden können. Dies schließt sehr feine Linien und hochauflösende Füllmuster genauso ein wie kleine Serifenschriftarten.

Mit SVG Tiny [W3C05a] steht ein W3C-Standard zur Verfügung, der Einschränkungen der Hardware bereits adressiert. Im Hinblick auf die auf dem Markt erhältlichen Set-Top-Boxen ist SVG-T eine angemessenere Wahl, als SVG selbst. Die spezifizierten grafischen Elemente können durch das Weglassen CPU-intensiver Attribute trotz Hardwarebeschränkungen dargestellt werden. Weiterhin wurden viele Objekte aus dem SVG-Standard entfernt, die auf limitierten Anzeigegeräten nicht sinnvoll dargestellt werden können. Dennoch werden in SVG-T alle Grafikprimitive unterstützt, die zur Entwicklung von Benutzerschnittstellen für TV-Anwendungen nötig sind. Folglich haben wir unsere Anstrengungen bei der Entwicklung von SVG²MHP auf die möglichst vollständige Umsetzung des SVG-T Standards konzentriert.

3 Architektur- und Designentscheidungen

Im folgenden Kapitel werden wir ausgewählte Aspekte der Softwarearchitektur von SVG²MHP präsentieren und einen detaillierteren Einblick in den Umwandlungsprozess geben. Wir werden zeigen, in welchem Umfang die erwähnten Einschränkungen das Design und die Implementierung von SVG²MHP beeinflussten.

Die Basisarchitektur von SVG²MHP ist ähnlich einer Pipeline mit verschiedenen Stadien aufgebaut. Jedes Stadium besitzt eine wohldefinierte Eingabe und Ausgabe.

Während die Architektur der von anderen Content-Transformations-Systems entspricht, war die wirkliche treibende Kraft hinter vielen Designentscheidungen oft die in vielen Aspekten eingeschränkte Umgebung, in welcher die Xlets ausgeführt werden. Da die MHP-Spezifikation den Herstellern der Set-Top-Boxen nur wenige verbindliche Mindestanforderungen an Hard- und Software auferlegt, mussten wir SVG²MHP so entwickeln, dass jedes generierte Xlet auch auf einer STB, die nur diese minimalen Fähigkeiten zur Verfügung stellt, ausgeführt werden kann. Andernfalls würde nur ein Teil der gewünschten Zuschauer erreicht werden können. Auch die STB, die uns für unser Projekt zu Testzwecken zur Verfügung stand, implementierte nur das geforderte Minimum (und manchmal nicht einmal das korrekt!). Viele unserer Architektur- und Design-Entscheidungen resultieren aus Anpassungen an die Mindestanforderungen und einige werden nur verständlich, wenn wir die gegebenen Laufzeit-Bedingungen der Xlets etwas näher untersuchen.

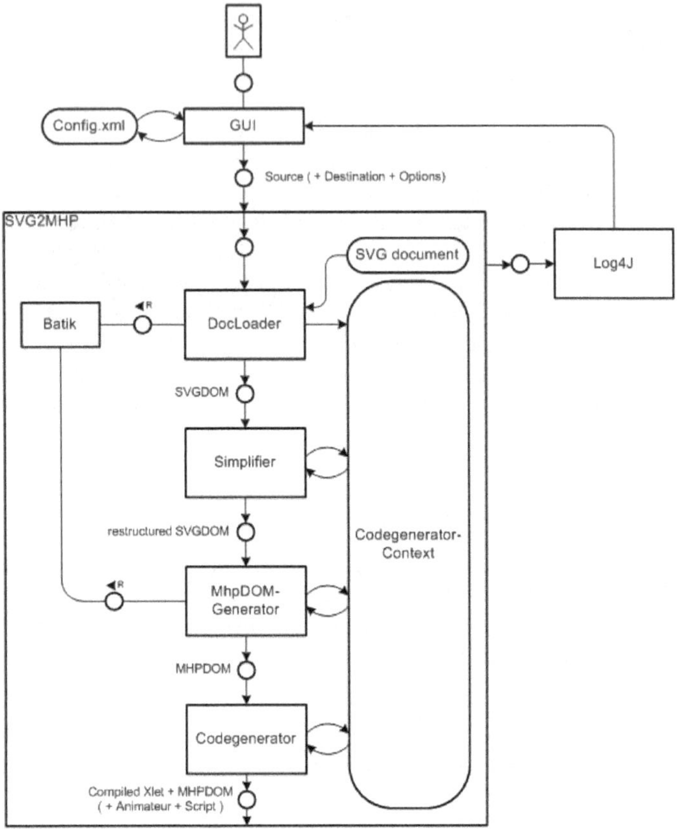

Abbildung 1 SVG²MHP Architektur

3.1 Einschränkungen in der Anwendungsübertragung

Xlets sowie dazugehörige Dateien und Klassen werden durch ein so genanntes Datenkarussell an die STB geliefert. Das Datenkarussell ist ein durch DVB übertragener Datenstrom, den sich alle Kanäle teilen. Die Dateien in diesem Karussell werden zyklisch übertragen. Ein Xlet oder Classloader kann auf diese Dateien wie auf ein normales Dateisystem zugreifen. Natürlich wird die Wartezeit für ein Xlet im Karussell mit der Anzahl und Größe der zusätzlich benötigten Dateien ansteigen. Damit wird klar, warum Applikationen in der MHP-Umgebung in ihrer Größe und Komplexität stark eingeschränkt sind. Die Menschen sind es gewohnt, schnell zwischen den einzelnen Fernsehsendern hin- und herzuschalten und werden daher keine langen Wartezeiten akzeptieren. Die generierten Xlets und Dateien so klein und kompakt wie möglich zu halten, war daher ein wichtiges Design-Ziel bei der Entwicklung von SVG²MHP.

3.2 Einschränkungen der Hardware

Eine typische STB verfügt über 8 – 16 MB RAM und einer CPU mit einer Leistungsfähigkeit von 80-120 MIPS. Dem aktuell laufendem Xlet stehen natürlich nicht alle dieser (spärlichen) Ressourcen zur Verfügung, da das Betriebssystem und der Application-Manager Teile davon benötigen. Die MHP-Spezifikation selber stellt überraschenderweise nur sehr vage Anforderungen an die zur Verfügung stehende CPU. Einzig der benötigte Hauptspeicher wird wie folgt spezifiziert [Mhp05]:

- "Enough memory to successfully load any arbitrary 262 144 (or less) Bytes of Java class files into the memory space of the Java virtual machine."
- "Enough memory to successfully create a Java byte array of lengths from 1 entry to 262 144 entries."
- "Enough memory to successfully load & display any 720x576 8bit PNG image. Enough memory to successfully load from file & play from memory 5 seconds of audio at 128 kbit/s."
- "Enough memory to successfully allocate an array of java.lang.Object of length 16 384 and fill each element of this array with a distinct instance of java.lang.Object."

Daraus ergibt sich eine dem Xlet (und allen dazugehörigen Class-Dateien) zur Verfügung stehende Speichergröße von 256 KB. Von großer Bedeutung war damit die Reduzierung der Größe der Xlets sowohl für die Datenübertragung, als auch für den tatsächlichen Speicherbedarf zur Laufzeit, der eine effiziente Speicherverwaltung im Xlet selbst einschließt.

Bei zahlreichen Tests wurde darüber hinaus deutlich, dass auch einfache Zeichenoperationen eine CPU-intensive Tätigkeit darstellen, da die Set-Top-Boxen wie bereits erwähnt über keinerlei Hardwarebeschleunigung verfügen.

3.3 Einschränkungen der Software

Eines der größten Hindernisse bei der Entwicklung von SVG²MHP stellte die Java 1.1 API, die auf einer minimalen Set-Top-Box zur Verfügung steht, dar. Dabei bestand die größte Schwierigkeit darin, das Fehlen der Java 2D API, wie sie in aktuellen Versionen der Java-Plattform zur Verfügung steht, zu kompensieren. Besonders folgende Features sind in der Java 1.1 Grafik-API nur begrenzt oder gar nicht vorhanden:

- Keine Unterstützung affiner Transformationen
- Keine Unterstützung zur Gruppierung graphischer Primitive
- Stark eingeschränkter Text-Support
- Kaum Unterstützung zur Füllung (keine Füllmuster und -verläufe, keine Füllmodi)
- Keine Linienstile (Strichstärke, Muster, Segmentverbindungen)
- Nur einfache Primitive (Rechtecke, Linien, Kreise, Polylinien) stehen zur Verfügung
- Keine Unterstützung von gekrümmte Linien und Bézierkurven

Damit es möglich war, wenigstens einen Teil von SVG mit dieser eingeschränkten Grafik-API zu rendern, mussten vielen Eigenschaften, die normalerweise in modernen Zeichen-Bibliotheken zu finden sind, emuliert werden.

3.4 Einschränkungen der Grafik

Die Set-Top-Box, die uns zu Testzwecken zur Verfügung stand, war nur in der Lage eine Farbtiefe von 3 Bit pro Farbkanal und 4 verschiedene Opacity-Werte darzustellen. Obwohl dies die gefällten Architekturentscheidungen von SVG²MHP nicht wesentlich beeinflusste, muss eine solche Einschränkung bei der Erstellung von SVGs, die auf der MHP angezeigt werden sollen, Beachtung finden. Ein weitaus größeres Problem stellte die wirklich schlechte Rendering-Geschwindigkeit dar. Auf unserem Referenzsystem benötigte das Zeichnen mit Alpha Blending eines einzelnen gefüllten Polygons mit 4 Kanten mehr als 120 ms. Auch die Darstellung eines 200px * 100px Bildes war mit mehr als 120 ms ähnlich langsam. Unter diesen Umständen lassen sich fließende, weiche Animationen innerhalb eines SVGs natürlich kaum realisieren. Ein anderer Faktor, der die Performance maßgeblich beeinträchtigte, war die fehlerhafte Implementierung des Refresh-Mechanismus auf unserer Set-Top-Box. Vor jeder Aktualisierung des Zeichenbereiches, mussten die alten Inhalte manuell gelöscht werden.

Die erwähnten Restriktionen in der Größe der Xlets und der zur Verfügung stehenden Software-Plattform verhinderten einige naheliegendere Ansätze zur Abbildung von SVGs auf DVB-J-Applikationen. Wegen der Größe und der API-Einschränkungen war es nicht möglich, einfach einen vorhandenen SVG-Viewer an die MHP-Box anzupassen. Batiks Squiggle Browser [Apac05] zum Beispiel basiert zwar auf Java, ist jedoch viel zu speicheraufwendig und verwendet darüber hinaus die Java2D API. Die TinyLine Rendering Engine [Tiny05] hätte eine Basis für unser Projekt darstellen können, da sie kompakt ist und unter Java 1.1 läuft. Leider steht hier der Quellcode für Anpassungen nicht zur Verfügung.

Ein weiterer wichtiger Grund, keinen kompletten SVG-Viewer zu verwenden, war, dass dadurch zu viele Berechnungen auf der Set-Top-Box durchgeführt werden müssen. Dies hätte aber die verfügbaren CPU-Ressourcen bei Weitem überstiegen. Unser Ziel war es, so viele CPU-intensive Berechnung wie möglich nicht auf der Box, sondern innerhalb von SVG²MHP durchzuführen, wo die Ressourcen nicht limitiert sind. Es ist zum Beispiel nicht notwendig, die kompletten XML und SVG-Attribute auf der STB zu parsen, da der DOM-Baum bereits alle notwendigen Informationen zum Rendern eines SVG-Dokumentes enthält. Folglich übertragen wir nur den DOM-Baum zur STB. Um noch weiter die Größe der Anwendung zu reduzieren, haben wir entschieden, einen DOM-Renderer zu erstellen, der an das Rendern eines speziellen SVGs angepasst ist. Falls ein SVG zum Beispiel keinen Kreis enthält, werden die Methoden zum Rendern von Kreisen nicht in das Xlet eingefügt und die Gesamtgröße dadurch reduziert. In ähnlicher Art und Weise wurde das Scripting durch vorkompilierte eingebettete Scripte implementiert, welche innerhalb der STB ausgeführt werden. Weil dadurch kein separater Parser und keine separate Laufzeitumgebung benötigt werden, kann die Größe der Xlets weiter verringert werden (die Rhino JavaScript-Engine [mozi] benötigt in ihrer minimalen Konfiguration wenigstens 200 KB). Auch die Fehlerbehandlung innerhalb der Xlets ist ein Bereich, in dem Speicherbedarf gespart werden kann: Da der Inhalt, welchen der Anwender in Form eines SVG vorlegt, vorher analysiert werden kann, haben wir entschieden, auf eine Fehlerbehandlung innerhalb des Xlet komplett zu verzichten und nur validierten – also darstellbaren – Code zu produzieren.

3.5 Architektur Überblick

Da es sich bei SVG²MHP in erster Linie um ein Content-Transformations-System handelt, haben wir die grundlegende Architektur in Form einer Umwandlungs-Pipeline angelegt, wobei der vorhandene Content (eine normale SVG Datei) in mehreren Schritten in das Ziel-Format umgewandelt wird. Um zunächst einen Überblick zu geben, diskutieren wir die Architektur auf einem höheren Abstraktionsniveau, um dann später auf die einzelnen Umwandlungsstufen genauer einzugehen.

3.5.1 Die Pipeline

Die SVG²MHP-Pipeline wird von einer globalen Instanz koordiniert. Es werden zwei Benutzungsschnittstellen angeboten: Eine grafische Oberfläche sowie eine Kommandozeilen-Version. Beide Versionen bieten die Möglichkeiten, bestimmte Parameter für die Xlet-Generierung anzupassen. Diese Koordinierungs-Klasse setzt alle Stufen der Pipeline zusammen. Keine einzelne dieser Stufen benötigt Informationen darüber, woher sie den Input bekommt und wohin der Output geleitet werden soll. Diese Entkopplung ermöglicht ein einfaches Wiederverwenden der einzelnen Stufen sowie ein leichtes Hinzufügen von weiteren Stufen. Meta-Informationen über den Generierungs-Prozess werden in einer Kontext-Klasse gespeichert, auf welche die einzelnen Stufen Zugriff haben. Der Kontext dient nur als passiver Informations-Speicher und wurde eingeführt, um die Pipeline-Logik vom Umwandlungsstatus unabhängig zu machen.

Die minimalen Voraussetzungen, um die Pipeline zu starten, sind eine SVG Datei und das Output-Verzeichnis für die generierten Quellen und das kompilierte Xlet. Weitere Einstellungen können über die grafische Oberfläche, die Kommandozeile oder über eine Konfigurationsdatei vorgenommen werden. Da Teile der Pipeline bestimmte Knoten des Dokumentenbaums manipulieren und sogar umordnen und unser internes Speicherformat für Xlets auf einer Baumstruktur beruht, hat sich ein DOM basierter Ansatz wie von selbst angeboten. Das Parsen und Generieren eines DOM-Baums aus der Input-Datei wird in der ersten Stufe der Pipeline durchgeführt und baut wesentlich auf der SVGDOM-Implementierung von Apache's Batik auf [Apac05a].

Im zweiten Schritt der SVG²MHP Pipeline werden einige Manipulationen am SVGDOM-Baum vorgenommen um den späteren Umgang mit dem Baum und weitere Manipulationen zu erleichtern. Beispiele für diese Modifikationen sind:

- Alle Animationen, die einen bestimmten Knoten referenzieren, aber nicht Kind dieses Knotens sind, werden verschoben, so dass sie Kind dieses Knotens werden. Das macht eine spätere Suche nach Animationen für bestimmte Knoten überflüssig.
- Alle <use> Tags werden durch eine Kopie des referenzierten <defs> Tags ersetzt. Dies vergrößert den Baum, erleichtert aber das spätere Handling.
- Die <defs> Knoten werden gelöscht.
- Knoten, die zur Rasterisierung bestimmt sind, werden rasterisiert und durch einen <image> Knoten ersetzt. Die Rasterisierung findet mit Hilfe von Batik statt. Sie bietet die Möglichkeit ganze Subzweige des DOM Baums vorzurastern.

- Animationen, die SVG^2MHP nicht unterstützt, werden gelöscht. Dies trifft z.B. auf die Rotation von Texten zu.

Nachdem der SVGDOM-Baum im zweiten Schritt vereinfacht wurde, folgt nun die Umwandlung in das MHPDOM-Format, welches vom Xlet verwendet wird. Das MHPDOM-Format ist eine sehr einfache Baumstruktur, welches nur die minimale Menge an Informationen enthält, die notwendig sind, um die Knoten darzustellen. Die Struktur des MHPDOM ist äquivalent zu der des SVGDOM mit Ausnahme von einigen Attributen und Elementen die auf der STB nicht dargestellt werden können. Diese Äquivalenz ermöglicht eine einfache Umwandlung unter Nutzung des so genannten Builder Patterns. Jeder Knotentyp verfügt über einen eigenen Builder, der die einzelnen SVG Knoten in die entsprechenden MHP-Knoten umwandelt. Neben der Umwandlung des SVGDOM zum MHPDOM werden alle deklarativen Animationen in ein Format übersetzt, welches direkt innerhalb des Xlets ausführbar ist. Dies geschieht in der dritten Stufe der Pipeline. Im Unterschied zum SVGDOM sind Animationen nicht Teil der MHPDOM-Struktur. Sie werden in einer separaten Liste gehalten um das verwendete Time-Line-Konzept effizient umsetzen zu können.

In der letzten Stufe wird der Code des Xlets generiert und kompiliert. Es werden nur Bestandteile hinzugefügt, die für die Darstellung des MHPDOM-Baums notwendig sind. Der MHPDOM wird anschließend serialisiert und komprimiert; um dann wieder vom Xlet geladen zu werden.

Wie schon zuvor erwähnt; stellt SVG mehr Elemente und Attribute zur Verfügung; als mit Java 1.1 sinnvoll dargestellt werden können. Für Attribute; wie die Linienstärke und das Linienmuster, die keine native Unterstützung in Java 1.1 haben, hätten wir einen eigenen Rasterisierer in der Software realisieren müssen, der zu langsam für einen produktiven Einsatz gewesen wäre. Um solche Elemente unter bestimmten Umständen aber dennoch darstellen zu können, haben wir eine Vorrasterisierungsstufe eingebaut. Während des Vereinfachungsschrittes können Subzweige des SVGDOM-Baumes durch rasterisierte <image> Knoten ersetzt werden. Da wir dafür die Hilfe von Batik, welches Java2D nutzt, in Anspruch nehmen, können alle komplexen Elemente, auch solche, die Filter oder Gradienten benutzen, dargestellt werden, was sonst auf der STB nicht möglich wäre. Die Entscheidung darüber, ob ein Knoten rasterisiert wird oder nicht, wird mit Hilfe einer Rasterisierungsstrategie gefällt, von der derzeit drei existieren:

- NO_RASTERIZATION ist eine einfache Strategie, nach welcher die Knoten nie gerastert werden.

- STATIC_RASTERIZATION ist eine automatisierte Strategie, bei der ein Knoten genau dann gerastert wird, wenn er über keine Animations-Tag verfügt.
- ID_RASTERIZATION überlässt die Entscheidung über die Rasterisierung dem SVG-Autor. Wird diese Strategie benutzt werden alle Knoten deren ID-Attribut mit „rasterme_" beginnt in ein Bild gerendert.

3.5.2 Interaktion

Der naheliegendste Weg zur Interaktion mit einem Xlet, führt über die Fernbedienung. Die MHP-Spezifikation definiert 20 Tasten mit denen das Xlet gesteuert werden kann. Ein Zeigegerät (Maus), wie bei interaktiven SVGs, steht nicht zur Verfügung. Um Tasten-Ereignisse (Key Events) zu definieren, haben wir einen eigenen Namensraum eingeführt, da das Standard-Key-Event-Handling dem Programmierer die Aufgabe überlässt, herauszufinden, welche Tasten betätigt wurden. Mit dem neuen Namensraum kann jede Taste separat als Attribut gesetzt werden.

Im Unterschied zu Standard-SVG, in dem man hauptsächlich JavaScript als Script-Sprache einsetzt, werden in SVG²MHP Scripte in Java geschrieben, was eine einfache Kompilierung erlaubt. Der Code kann sowohl in einer CDATA Section der SVG Datei, als auch in eine separate Class-Datei geschrieben werden. Scripte werden gegen ein Script-Interface implementiert, über das auch der Zugriff auf den MHPDOM kontrolliert wird. Diese Schnittstelle ist leider nicht DOM-kompatibel. Um die Scripting-Fähigkeiten zu erweitern und die Kompatibilität mit anderen SVG-Implementationen zu verbessern, ist geplant, echte JavaScript-Unterstützung einzubauen und so, zumindest teilweise, die DOM-Schnittstellen zu unterstützen.

4 Verwenden von SVG²MHP

4.1 Ein einfaches Beispiel

SVG²MHP enthält eine einfache grafische Oberfläche, welche die Einstellungen der erwähnten Parameter erlaubt, die für die Umwandlung notwendig sind. Das folgende SVG Dokument wurde in ein MHP-konformes Xlet transformiert. Dieses Beispiel ist auf statischen Inhalt beschränkt und soll dazu dienen einige Aspekte der Transformation zu illustrieren:

```
<?xml version="1.0" encoding="UTF-8" standalone="no"?>
<svg
 xmlns:xml="http://www.w3.org/XML/1998/namespace"
 xmlns:svg="http://www.w3.org/2000/svg"
 xmlns="http://www.w3.org/2000/svg"
 xmlns:xlink="http://www.w3.org/1999/xlink"
 id="svg2"
 height="576px"
 width="720px">
  <defs id="defs3">
    <linearGradient id="orange_red" x1="0%" y1="0%" x2="100%" y2="0%">
    <stop offset="0%" style="stop-color:rgb(255,0,0); stop-opacity: 0.7"/>
    <stop offset="100%" style="stop-color:rgb(255,255,0);
        stop-opacity: 0.7"/>
    </linearGradient>
  </defs>

  <image y="0" x="0" height="576" width="720" xlink:href="flower.jpg"/>
  <rect id="rect1" ry="30" rx="30" y="48" x="38" height="165" width="350"
        style="fill:#ffff88;stroke:black;fill-opacity:0.7"/>
  <text id="text11" y="75" x="59" style="font-size:20;
        font-family:MatrixScriptRegular;">
    This text uses a font which is
  </text>
  <text id="text12" y="100" x="59" style="font-size:20;
        font-family:MatrixScriptRegular;">
    unavailable on the Set-Top-Box.
  </text>
  <text id="rasterme_text21" y="143" x="59" style="font-size:28;
        font-family:MatrixScriptRegular;">
    This text object uses the
  </text>
  <text id="rasterme_text22" y="168" x="59" style="font-size:28;
        font-family:MatrixScriptRegular;">
    same font but this time
  </text>
  <text id="rasterme_text23" y="193" x="59" style="font-size:28;
        font-family:MatrixScriptRegular;">
    it is prerasterized.
  </text>
  <rect id="rasterme_rect2" ry="30" rx="30" y="450" x="30" height="60"
         width="640" style="fill:url(#orange_red);"/>
  <text id="text3" y="490" x="63" style="font-size:32;fill:#ffffff;">
    Currently on TV: My Garden
  </text>
</svg>
```

Abbildung 2 Beispiel SVG im Programm „Inkscape“ [Inks05]

Das SVG besteht aus einem Hintergrundbild, zwei Rechtecken und drei Text-Objekten. Beide Rechtecke wurden mit unterschiedlichen Transparenzwerten gefüllt. Die Transparenzeigenschaft wird im Umwandlungsprozess auf den Alphawert des DVBColor-Objektes übertragen, das eine MHP-Erweiterung des Java 1.1 Color-Objektes darstellt.

Das Rechteck im unteren Teil des Bildes verwendet eine Verlaufsfüllung. Wie bereits erwähnt werden Gradienten von Java 1.1 nicht unterstützt, so dass das Rechteck bei einer einfachen Umwandlung schlicht weggelassen werden würde. Um dieses Rechteck dennoch zu erhalten, nutzen wir an dieser Stelle die Vorrasterisierungstufe (konkret handelt es sich hierbei um die ID_RASTERIZATION-Strategie). Dabei wird das Rechteck in ein Bild gerendert, welches später auf der STB dargestellt wird.

Die Text-Objekte im SVG nutzen verschiedene Schriftarten, die nicht auf der STB vorhanden sind. Ein typischer MHP-konformer Receiver stellt nur eine Schriftart zur Verfügung: Tiresias Screenfont [Tire05]. Dies ist eine serifenfreie Schrift, welche entwickelt wurde, um auf TV-Bildschirmen gute Lesbarkeit zu garantieren.

Aktuell stellt SVG²MHP jede im SVG-Dokument verwendete Schrift im Tiresias Screenfont dar. Dieser Umstand ist beim Vergleich des SVGs mit dem generierten Xlet ersichtlich. Beim zweiten Text wurde wieder die Vorrasterisierungstechnik eingesetzt, so dass die Texte im SVG und im Xlet gleich dargestellt werden.

Abbildung 3: Beispiel Xlet läuft in OpenMHP

4.2 Einige praktische Beispiele

Während das vorangegangene Beispiel dazu bestimmt war, einige Feinheiten im Umwandlungsprozess zu erläutern, sollen die nächsten beiden Use-Cases zeigen, die in Vorbereitung auf dieses Projekt erstellt wurden. Wir haben einige Szenarien entwickelt, in denen MHP einen echten Mehrwert im Vergleich zu den aktuellen TV-Diensten bietet. Im Speziellen glauben wir daran, dass die Zuschauer-Interaktion eine der Schlüsselfähigkeiten ist.

Das erste Beispiel ist eine Fussball-Ticker-Applikation; ein Xlet, das parallel zu wichtigen Spielen ausgestrahlt wird. Es stellt dem Zuschauer die Möglichkeit zur Verfügung die aktuellen Ergebnisse sowie die gesamte Tabelle mitzuverfolgen. Der Zuschauer hat die Möglichkeit auf die aktuellen Spiele zu tippen. Unter Benutzung der Fernbedienung kann er seine Tipps eintragen und an den Content-Provider zur Auswertung schicken. Diese Option ist jedoch bisher noch nicht, in durch SVG²MHP erstellten Xlets, verfügbar, da der dazu notwendige und von MHP bereitgestellte Rückkanal, im Umwandlungsprozess noch nicht integriert ist.

Das zweite Beispiel ist ein Quiz-Spiel, welches parallel zur Quiz-Sendung ausgestrahlt wird. Der Zuschauer kann zeitgleich mit dem TV-Kandidaten die Fragen beantworten und sehen, wie er abgeschnitten hätte. Registrierte Nutzer können am Wettbewerb teilnehmen und um den Gesamtsieg spielen für welchen es eventuell auch Preise gibt. Dies hat zusätzlich den interessanten Nebeneffekt, dass Zuschauer während der Sendung nicht einfach den Kanal wechseln, da dann ihre Ergebnisse gelöscht werden. Also eine Möglichkeit, den Werbekonsum zu forcieren. Im Unterschied zum vorherigen Beispiel ist im Script nicht nur die Interaktivität realisiert, sondern eine komplette eigenständige Funktionslogik. Der Zeitraum zur Beantwortung der Fragen wird durch den Nutzer ausgelöst und die dazugehörige Illustration agiert wie eine MHP-typische Animation, die zeitgesteuerte Ereignisse nutzt, um die Restzeit anzuzeigen. Bei jedem Timer-Ereignis erfährt das grafische Objekt, welches die Zeit darstellt, ein Update durch das Script. Die Auswertung der Antworten geschieht ebenfalls durch das Script.

Zurzeit bleiben aber beide Beispiele nur Fallstudien, da SVG²MHP bis jetzt den Rückkanal noch nicht unterstützt. Jedoch zeigen die Beispiele auf einfache Weise, was mit SVG²MHP möglich ist und wie es helfen kann die Entwicklungszeit von MHP-Applikationen zu verkürzen. Die Entwicklung weiterer Komponenten auf SVG sowie MHP-Seite wird den Einsatz von SVG²MHP noch weiter begünstigen.

Abbildung 4 Bundesliga Tipp Spiel

5 Schlussfolgerungen und Ausblick

Mit der vorliegenden Version von SVG²MHP ist es uns gelungen, den überwiegenden Teil der W3C SVG Tiny-Spezifikation in entsprechenden Java-Code umzusetzen.

SVG²MHP generiert Java-Code für die folgenden grafischen Komponenten:

- Kreise
- Rechtecke
- Ellipsen
- Linien
- Polygone
- Bézierkurven
- Pfade
- Text
- Rastergrafiken

Der größte Teil der Entwicklungszeit wurde in die Implementierung von affinen Transformationen auf einfachen und gruppierten Grafikprimitiven und in die Bewegungs- und Farb-Animation investiert. Trotz fehlender Unterstützung seitens Java 1.1 können diese Grafikobjekte rotiert, transliert und skaliert werden. Dies wird durch die Umwandlung der Objekte in ihre polygonale Repräsentation erreicht. Da dieser Ansatz jedoch auf Rastergrafiken nicht anwendbar ist, sind diese auf Skalierung und Translation beschränkt - beides native Java 1.1 Operationen zur Bildmanipulation. Gleiches gilt für Textobjekte, da auch auf die Glyphen nicht direkt zugegriffen werden kann. Textobjekte können transliert und skaliert (durch Änderung der Font-Größe) werden - Rotation ist auch hier nicht möglich. Diese letztere Einschränkung ist jedoch von geringerer Bedeutung als man zunächst annehmen mag, da Text ohnehin sehr sorgfältig platziert und ausgerichtet werden sollte, damit er auf Fernsehbildschirmen mit niedriger Auflösung lesbar bleibt.

Die Darstellung von Grafikprimitiven ist auf einfache durchgängige Linien beschränkt, da Java 1.1 keine komplexeren Linien-Rendering Algorithmen zur Verfügung stellt. Die Implementierung eines eigenen Linien-Renderers wäre, wie bereits erwähnt, zu aufwendig im Hinblick auf die zur Verfügung stehende Bandbreite. Aus denselben Gründen fehlt die Unterstützung von Füllmustern in SVG²MHP.

Durch eine optionale vorgelagerte Rasterisierungsstufe, ist es dem Anwender von SVG²MHP möglich, jedes beliebige SVG-Element (inklusive der nicht unterstützten) in ein statisches Bild zu rendern. Da dieser Schritt außerhalb des eigentlichen Xlet-Codes geschieht, ist er nicht mehr auf die Java 1.1 API beschränkt. Stattdessen verwenden wir die Batik Rasterisierungs-Engine, die eine sehr gute Unterstützung für statische SVG-Elemente liefert. Der Vorteil der vollständigen Unterstützung aller zur Verfügung stehenden SVG-Elemente geht allerdings auf Kosten der Objekt-Animation, da Rastergrafiken nur innerhalb der erwähnten Grenzen animiert werden können.

Das Konzept der Nutzerinteraktion in SVG basiert auf Zeigegeräten wie Computer-Mäusen. Da ein Fernsehgerät aber typischerweise mittels einer Fernbedienung bedient wird, wurde ein neuer Namespace eingeführt, der die Unterstützung der Fernbedienungstasten liefert. Somit können bestimmte Aktionen innerhalb eines SVG-Dokumentes durch Druck auf eine entsprechende Taste ausgelöst werden.

Die Anwendungslogik eines Xlets kann durch nachträgliche Einbettung von Java-Code realisiert werden. Damit ermöglichen wir die traditionelle Arbeitsteilung bei der Entwicklung von Multimedia-Anwendungen, bei der die Softwareentwicklung durch Programmierer erledigt wird.

SVG²MHP generiert stabile, MHP-konforme Applikationen, basierend auf einer Beschreibung der visuellen Komponenten in SVG. SVG²MHP kann dabei helfen, die Entwicklungszeit eines Xlets bis zur Marktreife signifikant zu verkürzen und unterstützt damit die Akzeptanz und Verbreitung des noch jungen Multimedia-Home-Platform-Standards.

Zukünftige Arbeiten an SVG²MHP werden die Erweiterung der unterstützten SVG-Elemente zum Ziel haben. Wir beabsichtigen eine komplette Abdeckung des SVG Tiny-Standards zu erreichen und diesen um Besonderheiten unseres Anwendungsgebietes zu erweitern. Ein weiterer wichtiger Schritt wird die Möglichkeit des Zugriffs auf den Rückkanal aus einem SVG-Dokument sein. Da der Rückkanal typischerweise für die Übermittlung von Daten auf Wunsch des Zuschauers genutzt wird, dürfte es genügen, wenn der Zugriff durch entsprechende Methoden des Scripting-Interfaces gekapselt wird. Damit würde der Rückkanal für den Entwickler der Anwendungslogik verfügbar werden, dem Grafik-Designer jedoch verborgen bleiben. In diesem Zusammenhang ist auch die Fähigkeit zur Behandlung von Stream-Events eine notwendige Erweiterung für SVG-Dokumente, die durch Ereignisse, die parallel zum Video-Strom übermittelt werden, angestoßen werden sollen. Weitere Verbesserungen werden sich auf eine weitergehende Optimierung des generierten Java-Codes konzentrieren, um die Geschwindigkeit und Datengröße der Xlets zu verbessern. Dabei muss jedoch gesagt werden, dass das Potenzial für Verbesserungen hierbei schon jetzt beinahe ausgeschöpft erscheint.

Danksagung

Wir bedanken uns bei der TeleClix GmbH für ihre großzügige Unterstützung bei der Entwicklung von SVG²MHP. Besonders Herr Schulz-Heyn und Herr Brehm waren uns eine große Hilfe in der Vorbereitungs- und Entwicklungsphase. TeleClix ist einer der führenden Anbieter von interaktiven Anwendungen für die Multimedia-Home-Platform.

Referenzen

[Apac05] http://xml.apache.org/batik/svgviewer.html, Abruf im September 2005
[Apac05a] http://xml.apache.org/batik/domapi.html
[Card05] http://www.cardinal.fi/studio/studio.html, Abruf im September 2005
[DVB05] http://www.dvb.org/, Abruf im September 2005
[Inks05] http://www.inkscape.org/
[Marc05] http://www.macromedia.com/software/flash/, Abruf im September 2005
[Mhp05] http://www.mhp.org/documents/mhp_Ts101812.V1.3.1.pdf.zip, Abruf 09/2005
[Mozi05] http://www.mozilla.org/rhino/footprint.html
[Mult05] http://multimedia.rice.iit.edu/software.html, Abruf im September 2005
[Sei05] http://www.sei.cmu.edu/str/descriptions/guib.html, Abruf im September 2005
[Tiny05] http://www.tinyline.com/, Abruf im September 2005
[Tire05] http://www.tiresias.org/fonts/screenfont.htm
[W3C05] http://www.w3.org/Graphics/SVG/, Abruf im September 2005
[W3C05a] http://www.w3.org/TR/SVGMobile/, Abruf im September 2005

Object Tracking zur Informationsverknüpfung

Alexander Schulz-Heyn

TeleClix GmbH
Geschäftsführung
Rosa-Luxemburg-Str. 4d
14482 Potsdam
schulz-heyn@teleclix.com

Abstract: Die Verknüpfung von Kontextinformationen mit Personen oder Gegenständen einer Fernsehsendung wird durch ein neuartiges Object Tracking System ermöglicht. Interaktivität im Fernsehen wird dadurch realisierbar. Das interaktive Fernsehen erweitert dabei den Content einer Fernsehproduktion und benötigt hierfür standardisierte Schnittstellen, die eine homogene Integration in bestehende Produktionsumgebungen ermöglichen. Der Beitrag bietet einen Einblick in den Workflow eines solchen Systems und zeigt praktische Anwendungsmöglichkeiten.

1 Einleitung

Die Firma TeleClix entwickelt unter dem Namen LiveLink ein System, welches die Positionsdaten von Personen oder Objekten in Echtzeit erfasst und mit Kontextinformationen aus der Online--Redaktion in einem Datenpaket (dem so genannten LiveLink) vereint. Diese LiveLinks werden via DVB auf eine Set-Top-Box übertragen und können mit Hilfe einer MHP-Applikation auf Wunsch des Fernsehzuschauers in das Fernsehbild eingeblendet werden.

Das Object Tracking System liefert hierbei die Koordinaten, an denen die LiveLinks im Fernsehbild platziert werden sollen. Bewegt sich ein mit dem Tracking-Sender ausgestatteter Studiogast, so verändert der eingeblendete LiveLink synchron seine Position und zeigt so visuell die Verknüpfung zwischen Fernsehbild und Kontextinformation. Abbildung 1 zeigt am Beispiel der Jugendsendung DingTV den Einsatz des LiveLink Systems mit der Einblendung solcher LiveLinks.

Abbildung 6 LiveLinks im Einsatz

Drückt der Zuschauer die entsprechende Ziffer des LiveLinks, so erhält er weiterführende Informationen über diese Person. Dadurch wird das Abrufen von Zusatzinformationen erleichtert. Abbildung 2 zeigt exemplarisch eine mögliche Einblendung von Kontextinformationen. In einem Feldversuch hat das neue System, insbesondere durch die intuitive Bedienerfreundlichkeit, eine hohe Akzeptanz erfahren.

Abbildung 7 Kontextinformationen des LiveLinks

Das LiveLink System lässt sich in den unterschiedlichsten TV-Sendungen einsetzen und schafft gleichermaßen Mehrwert für Zuschauer, TV-Sender und TV-Produzenten. Letztere können sich hierdurch von anderen ähnlichen Formaten differenzieren, und sich somit dem wachsenden Druck, der in der Branche vorherrscht, entziehen. Für den TV-Sender ergeben sich höhere Einschaltquoten und eine stärkere Zuschauerloyalität.

Zum Einsatz kann das LiveLink System auch im Bereich des Product Placements kommen. Durch den zunehmenden Wirkungsverlust der klassischen Werbung rückt diese Werbeform wieder verstärkt in den Blickpunkt des Interesses. Allerdings ist das Product Placement und die Schleichwerbung im deutschen Fernsehen zum Schutze des Verbrauchers verboten. Das LiveLink System bietet hierbei einen Ausweg aus der rechtlichen Grauzone, da der Zuschauer aktiv das Einblenden der Werbeanzeige bestätigen und akzeptieren muss. Beispielsweise kann das LiveLink System eingesetzt werden, wenn ein Autohersteller diese Form der Werbung wählt. Per Knopfdruck kann der Zuschauer z.B. nähere Informationen zum Fahrzeug abrufen oder eine Probefahrt mit einem lokalen Händler vereinbaren. Dem Autohersteller verschafft diese Sonderwerbeform eine erhöhte Aufmerksamkeit und für den TV-Sender resultieren daraus zusätzliche Werbeeinnahmen.

2 Object Tracking

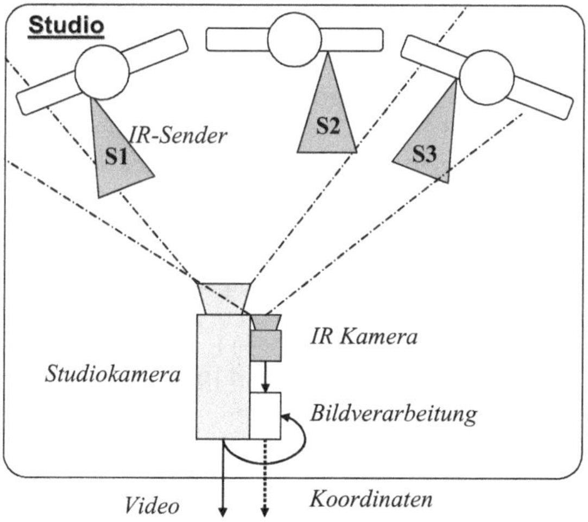

Abbildung 8 Studio

Abbildung 3 zeigt skizzenhaft eine Talkshowszene im Studio, in der das LiveLink Erfassungssystem eingesetzt wird. Für das Object Tracking tragen alle drei Personen einen Infrarot-Sender (IR-Sender) S1, S2, S3. Diese Infrarotsender werden beispielsweise im Zuge der Platzierung eines Ansteckmikrofons an die Kleidung der Person angebracht. Der kleine IR-Sender lässt sich auch in vielen anderen Objekten integrieren. Jeder IR-Sender sendet Signale mit einer eindeutigen Kennung, so dass das System auch mehrere IR-Sender in der gleichen Szene unterscheiden kann. Das LiveLink Erfassungssystem besteht aus einer Infrarotkamera und einem Bildverarbeitungssystem. Die Infrarotkamera detektiert dabei die in der Szene platzierten IR-Sender, und leitet die Bilder an das Bildverarbeitungssystem weiter. Die Kennung und die Koordinaten, der im Bild erfassten IR-Sender, werden mit einer Taktrate von 25Hz ermittelt. Damit das Erfassungssystem die Koordinaten zum Videobild der Studiokamera transformieren kann, muss die IR-Kamera dicht an das Objektiv der Studiokamera montiert werden. Eine elektronische oder mechanische Zoomkopplung zwischen den Studio- und IR-Kameras ist nicht erforderlich.

Nach einem einmaligen Kalibrierungsvorgang, bei dem die genaue Parallaxe-Einstellung zur Studiokamera manuell justiert und der Zoom der Infrarotkamera an den maximalen Zoom der Kamerafahrten angepasst wird, steht das LiveLink Erfassungssystem im Studio zur Verfügung. Sollte während des Betriebs die Erkennungsgüte unter eine definierte Schwelle abfallen, schaltet das LiveLink System die Datenübertragung ab und sendet hingegen eine Fehlermeldung. Sobald die Erkennungsgüte wieder erreicht wird, wird eine automatische Resynchronisierung eingeleitet.

Das System schränkt die Freiheitsgrade der Studiokameras (*pan, tilt, zoom*) nicht ein. Kostenintensive Umrüstungszeiten für die Kamera fallen zudem nicht an, so dass eine nahlose Integration in bestehende Studioinfrastrukturen mit geringem Aufwand möglich ist.

Abbildung 4 stellt schematisch die Funktionen im Produktionsbereich dar. Hier werden die Ergebnisse der LiveLink Erfassungssysteme in der LiveLink Zentrale (der LiveStation) gebündelt. Die Verbindung zwischen Erfassungssystem und LiveStation wird mit einem herkömmlichen LAN oder WLAN realisiert. Die LiveStation ist derzeit in der Lage, bis zu 256 IR-Kameras zu betreiben. Mit der Information der Bildregie werden die Koordinatenströme der entsprechenden IR-Kamera für eine weitere Verarbeitung freigegeben.

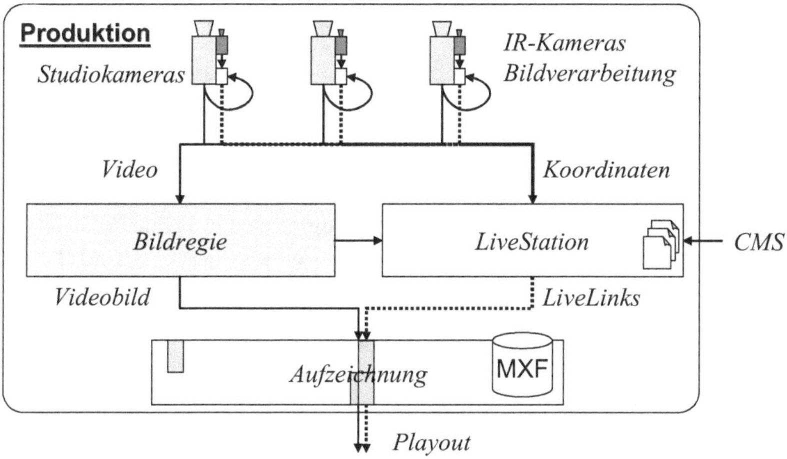

Abbildung 9 Produktion

3 Kontextinformationen

Die Koordinatenströme aller erfassten Personen und Objekte werden mit deren Kontextinformationen zu LiveLinks angereichert. Die Grundlage der redaktionellen Inhalte (Texte und Bilder) ist in der Regel das Content Management System für die bestehenden Internet- oder Videotextauftritte, sodass ein nur geringer redaktioneller Aufwand entsteht. Lediglich die Zuordnung der IR-Senderkennung zu den Datenbankinhalten muss von der Redaktion vorgenommen werden. Hierbei kann die Redaktion frei entscheiden, welche Tastenziffer der jeweiligen Person oder dem jeweiligen Objekt zugeordnet wird.

4 Archivierung von LiveLink Daten

LiveLinks bestehen, wie bereits erwähnt, aus dem TV-synchronen Datenstrom zeitbasierter XY Koordinaten und aus den statischen Kontextinformationen der Redaktion. Sie werden im Material Exchange Format (MXF) gespeichert, welches prädestiniert für Daten ist, die einerseits gestreamt werden und Metadaten aufnehmen können.

Zudem ist MXF als offener Standard ideal dafür geeignet, Daten zwischen unterschiedlichen Sendeanstalten und Produktionssystemen auszutauschen.

5 Eine MHP Applikation visualisiert verknüpfte Inhalte

Die LiveLinks können beim Zuschauer im Rahmen einer interaktiven TV-Applikation visualisiert werden. Die Multimedia Home Platform (MHP) bietet sich als offene und standardisierte Schnittstelle zur Beschreibung von interaktiven TV-Applikationen an. MHP ist Teil von DVB und für alle Zuschauer empfangbar, die einen entsprechenden Decoder besitzen. Diese MHP-fähigen Decoder sind entweder im Fernsehgerät bereits integriert oder können als Set-Top-Box zwischen digitalem Empfang und analogem Fernsehgerät zwischengeschaltet werden.

MHP basiert auf der Programmiersprache Java und ist für die Darstellung der LiveLink Daten gut geeignet. MHP-fähige Decoder verfügen standardmäßig über eine Fernbedienung und ein Modem. Damit können dem Zuschauer weitere interaktive Dienste angeboten werden.

Die MHP-Applikation greift auf ein Dateisystem zu, welches entsprechend dem DSM-CC Object Carousel ISO/IEC 13818-6 zyklisch ausgespielt wird. Für zeitkritische sowie sich schnell ändernde Daten besteht die Möglichkeit, direkt auf Datenströme des Senders zuzugreifen (auf so genannte Private Sections). Somit werden die Kontextinformationen der LiveLinks über das Datenkarussell ausgestrahlt und die Koordinatenströme erreichen via Private Section die MHP-Applikation. Die vom Zuschauer eingeschaltete LiveLink- Anwendung zeichnet, an den so festgelegten Stellen im Videobild, die grafischen Objekte und ermöglicht dem Zuschauer das Aktivieren der zugehörigen Kontextinformationen.

Die MHP-Applikation sollte in enger Abstimmung mit der Redaktion entwickelt werden. Dabei kann das Look and Feel den allgemeinen Gestaltungsrichtlinien der Sendung angepasst und die Navigationsmöglichkeiten definiert werden. Hilfreich sind hierbei meistens Templates der On-Air-Graphiken oder einer gegebenenfalls bestehenden Internetpräsenz. Die MHP-Applikation kann mit Hilfe geeigneter Autorenwerkzeuge umgesetzt werden, die über ein entsprechendes LiveLink Plug-In verfügen. Natürlich ist eine direkte MHP Softwareprogrammierung auch möglich.

Vor einer Live-Sendung durchläuft die MHP-Applikation ein Testszenario, welches eine Plausibilitätsprüfung sowie eine visuelle Kontrolle umfasst. Zur visuellen Kontrolle können die verantwortlichen Personen in der Redaktion und Technik zu jedem Zeitpunkt von ihrem Arbeitsplatzrechner aus den aktuellen Stand der interaktiven Produktion verfolgen und aktiv beeinflussen. Ein integriertes Rechtemanagement und Kommunikationssystem unterstützt den Workflow dieses Systems. Vor der Live-Sendung stehen somit alle vorproduzierten interaktiven Inhalte zur Verfügung. Bei Bedarf kann während der Sendung aktiv in die Ausstrahlung der Inhalte eingegriffen werden.

Nunmehr steht die Applikation bereit, um an das Scheduling-System des Playout Servers angemeldet zu werden.

6 Playout

Wie oben bereits erwähnt, liegen die LiveLinks und die MHP-Applikation gemeinsam im Material Exchange Format vor. Diese Daten stehen dem Playout direkt zur Verfügung.

Die Aufgabe des iTV Playouts, wie in Abbildung 5 dargestellt, besteht nunmehr darin, diese Daten und Datenströme in den Playout Server aufzunehmen und zum AV-Content synchron auszuspielen.

Dabei müssen die entsprechenden DVB SI/PSI Tables konfiguriert werden, welche eine Zuordnung der MHP-Daten zum einzelnen TV-Programm vornehmen. Qualitiy of Service kann durch eine ETR290 Messung und einen Vergleich der DVB Transportstromdaten mit den Planungsdaten gewährleistet werden. Der Vorteil dieser erweiterten Kontrollfunktion ist, dass auch logische Fehler, wie eine Fehlbedienung des Playoutsystems oder der beteiligten Subsysteme, erkannt werden können.

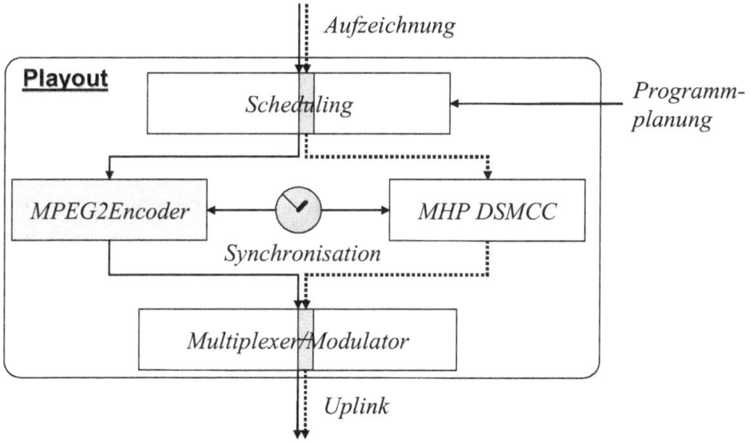

Abbildung 10 Playout

Die Arbeit des technischen Dienstes könnte vereinfacht werden, wenn die Scheduling-Informationen der iTV Applikation standardisiert vorhanden wären. Eine Lösung bietet hier das vom IRT entwickelte Broadcast Metadata Exchange Format (BMF), welches die notwendige Struktur liefert, um Steuerdaten des

Playout Servers mit aufzunehmen. BMF lässt sich in das bereits verwendetet MXF integrieren.

7 Fazit und Ausblick

Es konnte aufgezeigt werden, dass mit dem Object Tracking System Koordinaten, von im Bild sichtbaren Personen oder Objekten, erfasst und mit Kontextinformationen der Redaktion verknüpft werden können. Eine MHP-Applikation ist dabei in der Lage, diese Informationen für den Zuschauer intuitiv und verständlich abrufbar zu machen. Mit den LiveLinks erschließen sich eine Vielzahl von iTV- Anwendungsmöglichkeiten, wie das Product Placement oder der Einsatz bei Sportberichterstattungen. Ein Feldversuch bestätigte die Akzeptanz von iTV-Anwendungen, wobei Zuschauer von einem deutlichen Mehrwert beim Fernsehkonsum berichteten.

Um die Potenziale des interaktiven Fernsehens zu erschließen, ist es zunächst notwendig, die Kosten für die Produktion von synchron-interaktiven Formaten gering zu halten. Standardisierte Workflows und Schnittstellen leisten hierbei einen wichtigen Beitrag. Einige Schnittstellen in der Produktionskette sind noch nicht existent bzw. müssen sich noch etablieren, damit ein Be- und Verarbeiten durch unterschiedliche Akteure und Systeme der Fernsehbranche gewährleistet werden kann. Offene Standards bieten dabei die einzige nachhaltige Lösung. Es liegt an den Ingenieuren und Fernsehmachern, diese Lücken zu schließen und in der Praxis umzusetzen.

Das Fernsehen bietet in Zukunft mehr als nur Bild- und Toninformationen. In der trimedialen Distribution von Sendeinhalten kann sich das Fernsehen durch synchron-interaktive Applikationen neu positionieren und somit nicht nur digital sondern auch modern werden.

8 Das Unternehmen

Die TeleClix GmbH ist ein innovatives Unternehmen, mit Sitz in Potsdam-Babelsberg. Der Schwerpunkt der Tätigkeit liegt in der Entwicklung von interaktiven Produktions- und Broadcastsystemen auf der Basis von MHP. Das LiveLink System ist das weltweit erste und einzige Verfahren, das die Verlinkung von bewegten Objekten und Personen mit Datenbankinhalten auch in Live-Sendungen automatisch darstellt.

Schätzungen des gesamtwirtschaftlichen Nutzens durch die Umstellung von analoger auf digitale Fernsehprogrammverteilung in Europa[1]

Prof. Thomas W. Hazlett[+], Prof. Dr. Jürgen Müller[++], Prof. Dr. Roberto Muñoz[+++]

[+]George Mason University, USA, thazlett@gmu.edu
[++]Berlin School of Economics, jmueller@fhw-berlin.de
[+++]CIDE, Mexico, roberto.munoz@cide.edu

Abstract: Wir schätzen in dieser Studie den gesamtwirtschaftlichen Nutzen, welcher durch eine Abschaltung der Analog-TV Frequenzen in 13 EU Ländern entstehen würde. Basis der Berechnung ist die alternative Verwendung des Fernsehspektrums, z.B. im Mobilfunkbereich. Bei einem Wechsel zu digitaler Signalübertragung könnten 43% der TV-Bandbreite für andere Dienste, wie z.B. den Mobilfunkbereich genutzt werden. Das dürfte zu mehr Wettbewerb und niedrigeren Preisen für Sprach- und Datendienste im Mobilfunk führen, wie wir auch auf der Basis von geschätzten Preiselastizitäten zeigen. Das würde die Konsumentenrente erhöhen, während die Produzentenrente für Mobilfunkdienste stark zurückginge. Der von uns geschätzte Nettonutzen gleicht die Übergangskosten für die digitale Empfangstechnik mindestens im Verhältnis 2:1 aus, in manchen Ländern im Verhältnis 45:1. Wenn auch andere Dienste (neben dem Mobilfunk) das derzeit noch für analoge Fernsehübertragungen genutzte Funkspektrum benutzen könnten, würde sich wahrscheinlich ein noch höherer Nettonutzen ergeben. Warum findet der Übergang ins digitale Zeitalter trotzdem so schleppend statt? Man muss dabei auch politisch-ökonomische Modelle zur Erklärung heranziehen, denn unsere Schätzungen unterstreichen die hohen gesamtwirtschaftlichen Kosten der langsamen Umstellung. Eine weiterer Grund dürfte auch die politische Zurückhaltung (*regulatory reluctance*) der Regulierungsbehörde sein, das Angebot von alternativen Funkdiensten durch die Benutzung von freigewordenem TV Spektrum zu erweitern.

[1] Eine frühere Version dieser Studie wurde bei der Tagung der International Telecommunications Society Tagung in Berlin (5.-7. Sept., 2004) vorgestellt.

1 Die Kosten der Spektrumnutzung und der Übergang zu DTV in Europa

Alle EU Länder sollten demnächst von analogen Rundfunkübertragungssystemen zu digitaler Technologie wechseln. Es hat sich aber herausgestellt, das diese Umstellung schwer zu steuern ist, und es ist unklar wie schnell dies Programm vollzogen werden kann.

Diese Schwierigkeiten können als typisches Beispiel eines *Gefangenendilemmas* beschrieben werden. Die Politiker glauben, dass sie gezwungen sind, das Abstellen der analogen Rundfunkübertragungssysteme solange aufzuhalten, bis auch der letzte Haushalt digitale Rundfunkübertragungssignale empfangen kann. Konsumenten, die auf terrestrischer Signalübertragung angewiesen sind (d.h. ohne Kabel- oder Satellitenempfang) müssen deshalb dazu verführt werden, die dafür notwendigen Zusatzgeräte, bzw. Dekoder und Antennen zu kaufen. Sie zögern aber oft, in eine neue Technologie zu investieren, und dafür gibt es auch einen guten Grund. Die fortgeführte Verfügbarkeit von analogen terrestrischer Übertragungstechnologie mindert den Wert der digitalen Rundfunkübertragungssysteme.

Nahezu jede Regierung hat Schwierigkeiten dieses Patt zu lösen. Die englische Regierung beispielsweise konnte bis Mitte 2003 lediglich 6.1% aller Haushalte dazu zu verführen, digitale Fernsehgeräte zu kaufen. Dabei war Großbritannien, wo es bereits seit 1998 digitale Empfangsgeräte gibt, im Verhältnis zu anderen europäischen Ländern noch erfolgreich (Tabelle 1).

	2001 (000s)	**2003-II (000s)**	**% aller Haushalte**
Großbritannien	1,217	1,510	6.1
Schweden	83	175	4.2
Spanien	150	130	1.1
Finnland	5	150	6.5
Deutschland	0	170	0.5
Niederlande	0	8	0.1

Tabelle 1 Digitale TV Empfänger in europäischen Ländern [Shul03]

Analoge Abschaltung ist potentiell dann von Wert für die Gesellschaft, wo die betreffende Bandbreite für die Bereitstellung von zusätzlichen Mobilfunkdiensten verfügbar gemacht wird. Erstens spart man den analogen Anteil der analogen-digitalen Rundfunkübertragung, der bei Simultanübertragung während der Übergangszeit gebraucht wird. Zweitens gehen digitale TV Empfänger wesentlich effizienter mit den verfügbaren Frequenzen um (der Freiraum zwischen benachbarten Frequenzen ist viel geringer). Aufgrund dessen kann man wesentlich mehr digitale TV Programm in die verfügbare Bandbreite pressen. Anstelle einer oder mehrerer *Leerkanäle* (ungenutzte Bandbreite zwischen Rundfunkfrequenzen), kann man nun jeden Kanal nutzen, ohne den Empfang und die Bildqualität für die Benutzer zu verschlechtern.

Für das traditionelle terrestrische (OTA)[2] Fernsehen wurden in der Vergangenheit substantielle VHF und UHF Frequenzbandbreiten zugeteilt. Den potentiellen Wert dieser Frequenzen erkennt man an hohen Preisen, welche die Mobilfunkanbieter für die Versteigerung ähnlicher Frequenzbereiche in der Vergangenheit bereit waren zu zahlen. Die europäische Standardzuteilung für die terrestrischen, analogen Fernsehprogrammübertragungen verbraucht 469 MHz (Tabelle 2). Dies übersteigt die U.S. Zuteilung von 402 MHz [Hazl01b]. Der Wert liegt auch höher als die zugeteilte Bandbreite für die Mobiltelefonie in der EU, welche zwischen 200 MHz und 355 MHz (zugeteilt in den Niederlanden) schwankt [HaMu04]. Durch vollkommene Konvertierung des OTA Frequenzereichs zu digitalem, terrestrischem Fernsehen (DTT) ist es möglich diese Bandbreite noch effektiver zu nutzen.

Die EU Länder nutzen derzeit analoge Fernsehkanäle, denen 7 MHz oder 8 MHz je Programm zugeteilt sind. Die Benutzung von *digital multiplexing* und *digital adjacent-channel* Technologien könnte mit weniger als 200 MHz (der aktuellen TV Frequenzbandzuteilung von 469Mhz) den Zuschauern 100 Kanäle zur digitalen OTA Rundfunkübertragung bieten. Dies würde mehr als 250 MHz für die Bereitstellung von neuen Funkdiensten, wie Mobilfunktelefonie und digitale Radioübertragung, ermöglichen.

Frequenzen	**Frequenzbereich**	**Kanäle**	**Bandbreite (MHz)**
47-68	VHF Band I	2-4	21
174-230	VHF Band III	5-12	56
470-862	UHF Bands IV, V	22-69	392
Gesamte Bandbreite			469

Tabelle 2 Europäische TV Bandenspektrum Verteilung [ECC03]

[2] OTA= over the air television

Dennoch, diese Effizienzvorteile, erzielt durch die Bereitstellung neuer Funkdienstleistungen werden vermutlich so lange nicht eintreten, bis die DTT Umstellung vollzogen ist, eine Bedingung, welche sich durch aktuelle Regulierungsvorschriften der EU Länder ergibt[3]. Die Dauer der geplanten Umstellungen, von der Ausführungsverordnung bis zur analogen Abschaltung, wird voraussichtlich über 9 Jahre betragen (Tabelle 3). Und genaue Umstellungsdaten wurden in den meisten Ländern immer noch nicht genannt[4].

Diese Arbeit bewertet den zusätzlichen Nettonutzen, der sich bei einer Neuverteilung der TV Frequenzen auf alternative Verwendungsmöglichkeiten ergibt. Gleichzeitig können die Kosten einer verzögerten Einführung geschätzt werden. Wir vergleichen die Kosten des Wechsels zu einem neuen System, bei dem die Haushalte digitale Rundfunksignale empfangen können, mit dem Spektrum an zusätzlichen Möglichkeiten, welche bei einer höheren Frequenzverfügbarkeit für andere Dienstleistungen zur Verfügung stehen würden. Für Zwecke dieser Studie ignorieren wir den zusätzlichen Programmnutzen von digitalem TV Empfang, welcher auf jeden Fall auch schon vor der analogen Abschaltung realisiert werden könnte.

Operative Plattformen	**Gesetzgebung**	**Soft Launch**	**Hard Launch**	**Abschaltung**
Großbritannien	Juli 1996	Sept. 1998	Nov. 1998	2007-2012
Schweden	Mai 1997	April 1999	Sept. 1999	2008
Spanien	Oct. 1998	Mai 2000	Mai 2000	2007-2011
Finnland	Mai 1996	August 2001	Oct. 2002	2007
Deutschland	Frühjahr 2002	Nov. 2002	1Q 2003	Bis 2010
Niederlande[5]	1999	April 2003	4Q 2003	Beginnend 2004

[3] Die Umwidmung der Frequenz von TV-Band-Ätherwellen könnte zu erheblichen Teilen vor dem Ende des analogen Rundfunks stattfinden, bei Benutzung von, neben anderen Mechanismen, Überschneidungsrechten (overlay rights). Wie ersichtlich im PCS Band in den USA geben solche Lizenzen Einsteigern die Möglichkeit ungenutzte Bandbreite zu nutzen, während sie verpflichtet sind, die Interferenz etablierter Nutzer zu limitieren. Diese Vorgehensweise wurde 1996 in den USA von dem damaligen U.S. Senator Larry Pressler (Republican Chair des Senate Commerce Committee) vorgeschlagen, angenommen wurde sie jedoch nicht [Hazl01a]. Ferner muss zur Kenntnis genommen werden, dass sobald TV-Band-Frequenzen frei für die Neuzuteilung werden, staatliche Regulierungsstellen eine solche Nutzung der Bandbreite auch unterbinden könnten. Dies wird unten im Kontext des *Berlin Switch* weiter untersucht.

[4] [EU05] gibt einen guten Überblick über die neueste Entwicklung

[5] Laut [EU05] wurde darüber noch keine Entscheidung getroffen

Bevorstehend	Gesetzgebung	Soft Launch	Hard Launch	Abschaltung
Portugal[6]	2000	2004	2004	2010
Schweiz	2003	2004	2005	2015
Frankreich[7]	August 2000	2004	2005	Beginnend 2008
Norwegen	März 2002	2005	2005	Beginnend 2006
Österreich	2001	2005	2005	2012
Dänemark	Dez. 2001			2011[8]
Belgien	2002			2012 (Flandern)
Irland[9]	März 2001			2010
Italien	Nov. 2001			2006

Tabelle 3 Umschaltung auf Digital Fernsehen, Pläne in Europa [Shul03][EU05]

2 Gestaltung des Übergangs zum digitalen TV

Wir nutzen ein einfaches Schätzmodel für die Umstellung zum digitalen TV und schätzen dann, wie sehr das dann verfügbar gemachte TV Spektrum den sozialen Nettonutzen (= Konsumenten- + Produzentenrente) verändert[10]. Es wird angenommen, dass die Kosten des Übergangs in jedem Land auch Verbraucherinvestitionen bei den Empfangsgeräten[11] (CPE) mit einschließen. Sie ermöglichen es den Haushalten, auch digitale terrestrische (off-air) TV Signale als Abo-Kanäle von Pay-TV Diensten (über Kabel oder Satelliten TV) zu empfangen. Die Nachrüstungskosten für digitale Übertragungsstationen und -netze werden nicht als Übergangskosten angesehen, weil diese Kosten bereits (durch die Entscheidung für den Wechsel hin zu einer vollständigen digitalen Übertragung) eingeplant wurden und sie entstehen ganz gleich, ob und wann die analoge Abschaltung stattfindet.

Der Wert des zusätzlich verfügbaren Spektrums für Mobilfunkdienste wird mit Hilfe eines Simulationsmodells auf der Basis von [HaMu04] hochgerechnet.

---

6 ibid
7 ibid
8 ibid
9 ibid
10 Es ist wichtig zu betonen, dass das Modell die Veränderung bei Konsumenten und/oder Produzentenrenten vorhersagt. Zum Beispiel bedeutet ein negativer Einfluss auf den Produzentenrenten keine Verluste, es bedeutet lediglich, dass die Gewinne zurückgegangen sind.
11 Für spezielle Zusatzgeräte (CPE), die einmal Receiver, einmal Decoder und ein anderes Mal Set-Top-Box genannt werden.

Dieses Modell erklärt Mobilfunkpreise in einem 3 Gleichungsmodell (für Nachfrage, Preis/Grenzkosten und Menge (MOU: Minutes of Use). Basis ist ein internationaler Datensatz von Mobilfunkpreisen und Benutzungsminuten (MOU) aus 29 Ländern (vierteljährliche Daten, 1999-I – 2003-II). Nach der Schätzung der Variablen für Nachfrage und Menge sind die Mobilfunkpreise sehr stark, und negativ, abhängig vom Umfang des verfügbaren Spektrums für Mobilfunklizenzen.

Mehr verfügbare Bandbreite senkt die Betriebskosten, führt aber auch leichter zu Markteintritt und intensiverem (Preis)Wettbewerb. Durch die Einbeziehung von nicht linearen Beziehungen im Modell kann das Verhältnis zwischen verfügbarem Spektrum und Mobilfunkpreisen (mit einem Durchschnittsumsatz pro Benutzungsminute (MOU) als Proxy) geschätzt werden, insofern die anderen Variablen sich in mittleren Werten bewegen (Abbildung 1).

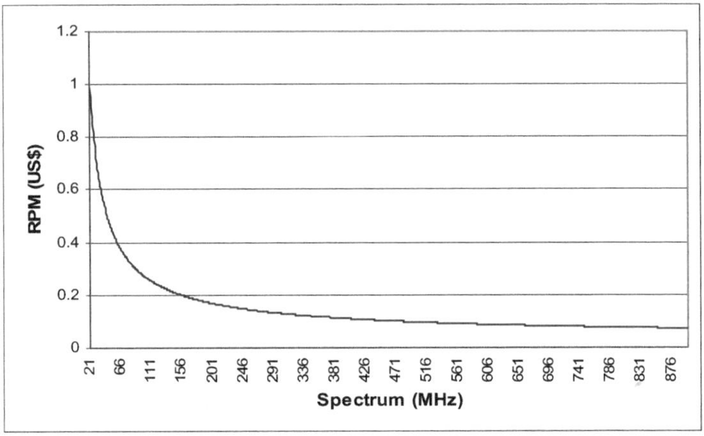

Abbildung 1 Geschätztes Preis-Bandbreitenverhältnis in globalen Mobiltelefonmärkten [HaMu04]

Die empirischen Ergebnisse, die man durch die geschätzte Entwicklung erhält, erlaubten es vorherzusagen, wie die Mobilfunkpreise reagieren, wenn das verfügbare Spektrum an weitere Mobilfunklizenzen verteilt wird. Da das frei werdende TV Spektrum auch für eine ganze Reihe von anderen innovativen Anwendungen genutzt werden könnte, die wir hier nicht berücksichtigen, ist dies eine eher konservative empirische Schätzung. Somit stellen die geschätzten Preisreduzierungen und erweiterte Nutzungsmöglichkeiten in bestehenden Mobilfunkmärkten nur eine Untergrenze der positiven Auswirkungen dar. Innovative Anwendungen, die daraus erfolgen könnten, werden ebenfalls nicht betrachtet, ebenso wenig die dort zu erzielenden Erlöse. Stattdessen werden plausible Schätzungen am ehesten unter der Hinzunahme von Daten aus bestehenden Mobilfunkmärkten generiert.

Damit sagen wir nicht voraus, dass das frei gewordne TV Spektrum immer für zusätzliche mobile Sprach- oder Datendienste genutzt werden würde. Vielmehr schätzen wir den gesellschaftlichen Nutzen der dann entstehen würde, wenn das freiwerdende Spektrum für diesen Markt benutzt würde (als untere Grenze des Schätzwerts für den gesellschaftlichen Nettonutzen einer früheren Digitalisierung). Das Spektrum im Wert von X für zusätzliche Mobilfunkdienste wäre *zumindest X* wert, wenn es auf die produktive Art und Weise genutzt werden würde.

Im August 2003 hat Berlin-Brandenburg als erste Regionen der Welt die analogen Sender abgestellt [Hazl03; Gao04]. Es gibt dort, auch terrestrisch, nur noch digital übertragene Fernsehsignale. Die örtliche Regulierungsbehörde MBB präsentierten den schätzungsweise 180.000 Haushalten, die von terrestrisch übertragenen Analogsignalen abhängig waren (ungefähr 9% aller lokalen Haushalte waren ohne Kabel- oder Satellitenanschluss), folgende Wahl: Entweder sie kaufen einen DTT - Decoder als Empfänger für digitale Signale oder sie abonnieren einen Kabelanschluss. Ungefähr 10.000 Haushalten mit niedrigem Einkommen wurde ein Subventionsprogramm (sprich Gutscheine für einen DTT Dekoder) angeboten (davon wurden ca. 6.000 eingelöst). Die politische Opposition gegen die Umstellung war damit besänftigt.

Was die Programmauswahl betrifft wurden die Zuschauer sofort belohnt: Früher waren 12 analoge Sendekanäle verfügbar, die nun Dank der Vorteile von digitaler Komprimierungstechnik durch 27 digitalen Programmkanäle ersetzt wurden.

Dabei sank die Anzahl der Kanäle, die für diese 27 Programme gebraucht wurden, von früher 12 auf heute 7 (Tabelle 4). Das impliziert einen 186% Anstieg der Spektraleffizienz[12].

Das Ziel dieser Studie ist, den Zusatznutzen der europäischen Konsumenten durch einen Wechsel vom analogen zum digitalen Fernsehen zu analysieren. In großen Maßen wurden dafür die Erfahrungen des *Berliner Abschaltens von analogen Frequenzen* verwendet. Die Annahmen für die Berechnungen sind die folgenden.

[12] Das bedeutet das 27 TV Programme von einer 42% geringeren Bandbreite geliefert werden, die zuvor benutzt wurden, um 12 Programme zu übertragen. Wirtschaftliche Effizienzbeurteilungen benötigen weiterführende Kostendaten.

	Vor der Umschaltung	**Nach der Umschaltung**	**% Änderung**
Zugeteilte Rundfunkkanäle	12	7	-42
Videoprogramm Kanäle	12	27	+125

Tabelle 4 Zusammenfassung des *Berlin Switch OFF*

KOSTEN

- Jeder Haushalt besitzt genügend Empfangsgeräte (CPE) um entweder Abonnementfernsehen (Kabel oder Satellit) oder DTT zu empfangen. Die Quelle dieser Zahlung (Haushaltsausgaben oder Regierungssubventionen) wird nicht betrachtet.
- Lediglich Haushalte, die über keinen Kabel- oder Satellitenanschluss verfügen, haben zusätzliche Auslagen. Es wird nach [Hazl01b] angenommen, dass diese Kosten für einen Kabelanschluss bei $300 pro Haushalt (einmalige Kapitalausgabe) liegen. Für diesen Betrag könnten solche Haushalte mit einem bestehenden Kabel- oder Satelliten-System verbunden werden, um entsprechende Übertragungssignale zu empfangen[13]. Die Kosten wären für europäische Kunden ähnlich[14]. Diese Übergangskosten für einen Kabelanschluss könnten alternativ dazu benutzt werden, um den Haushalten einen Dekoder zu finanzieren (wenn nötig wird eine Dachantenne hinzugefügt). In Berlin wurden die Dekoderboxen 2003 für ungefähr 129€ oder $158 verkauft [GAO04, 17][15].
- Es wird vorausgesetzt, dass der Übergang zu digitalem und/oder Abonnementenfernsehen sich nach der Investition für das anfängliche CPE selbst trägt.

[13] Kabel- oder Satellitenabonnenten sind in der Lage auf Programme der Rundfunkstationen zuzugreifen. In einem volldigitalem, post-analogem Markt würden Sendestationen weiterhin Rundfunksignale liefern. Darüberhinaus liegen die sozialen Grenzkosten des Empfangs über diese Singnale bei Null. Während einige Regierungs verordnungen eine kostenlose Verfügbarkeit von Rundfunk- und Fernsehsignalen via Kabel oder Satellit verlangen, ist in der Regel das Satellitenfernsehen bereits ohne Gebühren für die Benutzer verfügbar[GAO04, 9].

[14] "Die Kosten für eine Satellitenschüssel und die dazugehörende Ausstattung werden auf weniger als 200 Euro geschätzt ($246.04). Satellitenfernsehendienstleistungen versorgen die Zuschauer in Deutschland mit ungefähr 125 Kanälen, von welchen ungefähr 60 auf Deutsch gesendet werden.." [GAO04, 9].

[15] Dekoderboxen wurden 2003 in ganz Europa für einen Preis zwischen €99 und €299 verkauft [Shul03, 34].

Daher sind die Übergangskosten = (1-MVPD pen[16].) * Total TV Haushalte * $300.

- TV Sender, welche verpflichtet wurden, im digitalen Format zu senden, übertragen weiterhin OTA Signale. Mit digitaler Datenübertragung gibt es eine Zunahme in der Anzahl von Programmen. Wir bewerten hier aber die Wertzunahme, die sich durch zusätzliche Programme ergibt, in der folgenden Kosten-Nutzen Analyse mit null.

NUTZEN

- Die zusätzlich verfügbare Bandbreite, die durch die analoge Abschaltung für neue Dienstleistungen verfügbar geworden ist, wird in Analogie zum *Berliner Abschalten* festgelegt, wo 12 analoge Kanäle durch 7 digitale ersetzt worden sind. Diese Umwidmung wird proportional für die gesamte TV Bandbreite angewandt.
- Europäische Länder benutzen 469 MHz der UKW und UHF Frequenzen zur TV Übertragung. Verwendet man das 7:12 Verhältnis, das man bei dem Berliner Wechsel beobachtet hat, so würden beim Abschalten der analogen Übertragung ungefähr 200 MHz in jedem Land zusätzlich verfügbar gemacht. Wir nehmen in der Simulation an, dass diese Bandbreite sofort auf Mobilfunklizenzen für 2G und 3G Sprach- und Datendienste verteilt würden[17].
- Unter zu Hilfenahme des Simulationsmodells von [HaMu04] können wir nun den gesellschaftlichen Nutzen dieser zusätzlichen 200 MHz für Mobilfunksdienste in jedem der 13 EU Länder berechnen, die in unserer Datenbank auftauchen [Entnommen von Merr03][18].
- Die Konsumentenrente wird als gleich mit der marginalen Fläche unterhalb der Nachfragekurve (und oberhalb des Marktpreises) eingestuft, wenn die Preise sinken und der Output erweitert wird. (Preise werden gemessen in durchschnittlichem Ertrag pro Benutzungsminute, Output wird gemessen in Benutzungsminuten).

---

[16] Die entspricht (1-terrestrische Versorgung.)

[17] Erneut ist zu sagen, dass dies keine Vorgehensempfehlung ist, sondern eine Annahme um eine Untergrenze des Wertes des Spektrums durch alternative (Nicht-TV) Benutzung zu etablieren. Eine flexiblere Verwendung würde einen noch größeren Wohlfahrtseffekt schaffen, aber wird wahrscheinlich die Opportunitätskosten (der Verzögerung der Umstellung) erhöhen.

[18] Einige Länder in der Merrill Lynch Datenbank wurden nicht berücksichtigt, weil dort nicht alle benötigtenDaten verfügbar waren. Diese schließen die Tschechei, Ungarn, Norwegen, Schweden und die Schweiz ein. Es wurden keine Länder mit verfügbaren Daten ausgeschlossen.

- Die Produzentenrente wird als gleich zu den marginal erzielten Erträge (von dem Anstieg in Benutzungsminuten) gemessen, (vorausgesetzt, dass die Nachfrage in allen Märkten des Beispiels elastisch ist) abzüglich der marginalen Betriebskosten. Es wird angenommen, dass diese Kosten demselben Prozentsatz der Grenzerträge entsprechen, wie bei den historischen Erträgen zu beobachten (als Proxyvariable für dieses Verhältnis werden Merrill Lynch-Daten für das Verhältnis von Betriebsausgaben zu Gesamtgewinn verwendet).

- Der gesamtwirtschaftliche Nettonutzen ist die Summe der Veränderungen von Konsumenten- und Produzentenrenten. Dort wo positive Veränderungen in der Produzentenrente die negativen Veränderungen in der Produzentenrente übertreffen, ist der Wertzuwachs positiv.

Diskussion

Diese Analyse basiert auf einer einfachen Annahme. Das freigewordenen TV Spektrum kann für alternative Mobilfunksdienste genutzt werden. Kosten und Nutzen dieser Umstellung wurden auf der Basis der Umstellung in Berlin berechnet. Wir gehen davon aus, dass die Konsumenten nach wie vor TV Signale empfangen können. Die einzigen Kosten der Umstellung sind die zusätzlichen Investitionen der Kunden in die Decoder, um nun die digitalen Signale empfangen zu können.

Diese Kosten sollten unter den von Hazlett geschätzten Kosten von $300 liegen[19]: Dem steht der zusätzliche Nutzen aus der digitalen Signalübertragung gegenüber (geringere Fehlerrate, mehr Programme), den wir gar nicht geldlich bewertet haben.

Dazu kommen noch andere Übergangskosten, die auch ignoriert werden können. So mussten die europäischen Programme auch schon jetzt digital übertragen werden, so dass bei der Übertragung keine zusätzlichen Investitionen durch die Umstellung anfallen. Mit dem Abschalten der analogen Technik dürften die Betriebskosten für die Übertragung wegen der neueren Technologie sogar sinken[20].

---

[19] Wir nehmen auch an, dass der Übergang zu digitalem Fernsehen, wenn er erst einmal vollzogen ist, sich selbst trägt. Wenn die Konsumenten erst einmal DTC Sets haben oder über einen Kabel oder Satellitenanschluss verfügen, dann kostet das System ceteris paribus nicht mehr als das gegenwärtige analoge System.

[20] Ein Hinweis aus den USA besagt: "Durch Analog Switch Off (ASO) würden „öffentliche" TV Stationen $36 Millionen pro Jahr an Elektrizitätskosten sparen, die für gewöhnlich von

3 Empirische Ergebnisse

Bevor wir den Nettonutzen der Umstellung schätzen, berichten wir kurz über das dafür notwendige Simulationsmodell, welches zeigt, wie zusätzlich verfügbares Rundfunkspektrum die Preise und Mengen im Mobilfunkmarkt beeinflusst (und in unserem Beispiel für die EU-Länder). Wir benutzen die Modellparameter von dem von [HaMu04] für 29 Länder geschätzten Modells, welches die Preisentwicklung von Mobilfunkdiensten in Abhängigkeit von verschiedenen Parametern erklärt. Mit diesen geschätzten Parametern simulieren wir, wie sich die Preisentwicklung in den USA (oder in anderen ausgewählten Ländern) verändert, wenn zusätzliche Übertragungsfrequenzen bereitgestellt werden. Die wichtigsten Variablen sind das pro Kopf Einkommen und der durchschnittliche Drei-Minutenpreis für Ferngespräche über das normale Telefonnetz. Dazu kommen binäre Werte (0 oder 1), je nachdem ob das betreffende Land das Mobilfunkspektrum versteigert oder nicht, und ob der Anrufer für die Kosten aufkommen muss (*calling party pays*). Die Unternehmenskonzentration, die durch den Herfindahl-Hirschman Index gemessen wird, ist teilweise negativ abhängig von dem verfügbaren Übertragungsspektrum, da mehr Frequenzen automatisch auch mehr Anbieter bedeutet.

Die aktuellen Preise und Mengen sind die prognostizierten Ausgangsmengen der Simulation. Menge (und Preise) verändern sich durch zusätzlich verfügbares Spektrum und durch die veränderte Unternehmenskonzentration (die sich indirekt dadurch ergibt). Mit diesen neuen Preisen und der von [HaMu04] geschätz-

---

analoger Übertragung verbraucht werden. Diese Zahl entspricht beinahe 20% der gesellschaftlich Beihilfen (Community Service Grants) der öffentlichen TV Stationen im Haushaltsjahr 2003. " Es gibt 349 öffentliche TV Stationen in den Vereinigten Staaten. "Public TV stations study viability of early analog switch off",, Broadcast Engineering (17.11.2003); http://broadcastengineering.com /news/broadcasting_public_tv_stations/. Eine kleine Anzahl von öffentlichen TV Stationen hat bereits die analoge Übertragungen aufgegeben um Kosten einzusparen. Ein Beispiel ist WNVT, das ungefähr 60 Meilen von Washington, D.C. entfernt liegt. "Die unglaublich hohen Betriebskosten von gleichzeitiger analoger und digitaler Übertragung führten bei der öffentlichen TV Station WNVT-TV, in Goldvein, Va., zur Abstellung der analogen Übertragung und einer Konzentration der begrenzten Mittel auf digitale Fernsehübertragung (DTV). Dave Hurd, Chefingenieur bei WNVT-TV, sagte, dass diese Entscheidung ihnen ca. $5,000 pro Monat in Elektrizitätsausgaben einspart - die allein für den Betrieb des analogen Systems verbraucht worden waren. Die Station ist nicht besorgt darüber, dass sie dadurch Zuschauer verliert, denn die meisten Leute in ihrem Sendegebiet im Norden von Virginia erhalten ihr Fernsehen durch Kabel oder Satellit. "Hard economics cause WNVT to return to analog spectrum", Broadcast Engineering (Jul 21, 2003) http://broadcastengineering.com/news/broadcasting_hard_economics_cause/.

ten Preiselastizität werden die neuen Angebotsmengen (MOU = Minutes of Use) geschätzt. Damit kann die Veränderung der Konsumentenrente (die zusätzliche Fläche unter der Nachfragekurve über dem Preis) und der Umsätze geschätzt werden. Die Veränderung in der Produzentenrente berechnen sich aus dem veränderten Umsatz (dies kann negativ sein) und den günstigeren Angebotskosten (je telefonierter Minute).

Kontroll-Kennwerte	**Einheiten**	**Beginn**	**Ende**
Benutzung in Minuten	Millionen/Monat	78340	Erwartet
HHI	0-10000	1648	Konkludent
Bandbreite	MHz	170	370
Dichte	Einwohner/(km^2)	30.27	30.27
Auction (Versteigerung)	0-1	1	1
Notcpp	0-1	1	1
Gdppc	US$	37312	37312
fester Verbindungspreis (3 min. Anruf)	US$	0	0

Erwartete Kennwerte	**Anfänglich**	**Letzte**	**Veränderung**
Preis pro Minute	$0.112	0.055829	-49.97%
Benutzung in Minuten	78,340	153,038	95.35%
Δ Konsumentenrente	$Mrd./Jahr		+77,419
Δ Öffentliche Wohlfahrt	$Mrd./Jahr		+75,037

Tabelle 5 Simulierter Wert von 200 MHz neu zugeteiltem TV Bandenspektrum (Bsp. USA)

Hinweis: Δ = Veränderung; Variablen definiert im Anhang

Tabelle 5 beschreibt die Ergebnisse dieser Simulation. In dem amerikanischen Beispiel wurde der Minutenpreis am Anfang der Simulation auf 0,11 Cents pro Minute (MOU) für circa 78 Mrd. MOU im Monat geschätzt. Erhöht sich das Mobilfunk Spektrum um 200 MHz, so sinkt der Minuten Preis auf 5¢, während die Menge auf 153 Mrd. MOU monatlich ansteigt. Die sich daraus ergebende Konsumentenrente wird auf $77 Mrd. pro Jahr geschätzt. In der weiteren Simulation wird der entgangene Nutzen mit einem Zinssatz von 5% auf den Barwert diskontiert[21]. Der Rückgang in der Produzentenrente, der sich durch fallende Gewinne ergibt, die nicht durch niedrigere Kosten als Folge des zusätzlichen Spektrums ausgeglichen werden können, wird auf jährlich $75 Milliarden geschätzt.

Über die Ergebnisse dieser Simulationsrechnung für jedes der 13 europäischen Länder, für die wir die entsprechenden Daten zusammentragen konnten, berichten wir in Tabelle 6. Die Reihen (a) und (b) zeigen die Ergebnisse der Simulation als Barwerte (net present value), für jedes Land, während die Reihe (c) die Übergangskosten zur digitalen Übertragung darstellt.

Zwei Aspekte sind in diesem Zusammenhang bemerkenswert. In allen Ländern ergeben sich durch eine rasche Umstellung auf digitale Übertragung und die Verteilung der freiwerdenden Frequenzen im Mobilfunkbereich signifikante Zuwächse im Nettonutzen (Reihe (e)in Tabelle 6). Für Länder mit hoher Verkabelungsdichte wie Belgien gilt dies genau so wie für Italien, wo wegen der niedrigen Verkabelung die Umstellungskosten höher wären, weil dann mehr terrestrische Empfänger umgerüstet werden müssten. Durch die Umverteilung von 200 MHz Fernsehfrequenzen auf den Mobilfunkbereich ergibt sich ein Zuwachs an Nettonutzen, der zwischen $500 und $2100 pro Kopf variiert. Gleichzeitig gibt es noch eine Erhöhung der Frequenz von 269 MHz für zusätzliche digitale Programme.

Wichtig ist auch die Verteilung des Nettonutzens, der hauptsächlich auf die Konsumenten entfällt, während die Produzenten einen Teil ihrer Rente verlieren. Dies ergibt sich durch den Vergleich zwischen zusätzlicher Konsumentenrente (ΔCS) im Verhältnis zur Veränderung des Nettonutzens, der die reduzierte Produzentenrente mit beinhaltet. Im Länderüberblick ist ΔCS zwei bis viermal größer als $|\Delta SW|$ (Tabelle 6), weil durch die Erhöhung des verfügbaren Spektrums die Anzahl der Wettbewerber steigt und dadurch deren Gewinnmarge zurückgeht[22].

[21] Die ist eine Standardannahme, obwohl es in einigen Punkten nicht unumstritten ist [Hahn04]. Kritiker schlagen eigentlich niedrigere soziale Rabattpreise vor, die den Nutzen der Spektrumsreallokation in dieser Analyse eher erhöhen würden [Park03].

[22] Während niedrigere Einzelhandelspreise den Gewinn ceteris paribus senken werden, ist hier das Verhältnis von Gewinnen und Preisen unklar. Zusätzliche Spektrumverfügbarkeit senkt Kosten und steigert die Gewinne für eine gegebene Höhe der Einzelhandelspreise.

Country	(a) ΔCS ($MM)	(b) ΔSW ($MM)	Total HHs	Cable TV HHs	Sat TV HHs	Non MC HHS	(c) Cost Non MC HHS (MM)	(d) Population (2002, MM)	(e) Net ΔCS/person [(a–c)]/d] ($)
AUS	10,830	3,578	3.3	1.3	1.8	0.2	60	8.0531	1337.43
BEL	13,517	6,612	4.2	3.7	0.1	0.4	120	10.2964	1301.13
DEN	6,762	1,479	2.4	1.3	0.1	1	300	5.3872	1199.50
FIN	11,414	5,119	2.4	1	0.3	1.1	330	5.2130	2126.31
FRAU	91,282	41,069	24	2.8	2.7	18.5	5550	59.4660	1441.69
GER	52,733	23,499	39.2	20.6	12.8	5.8	1740	85.5246	596.24
GRE	10,892	4,381	3.8	0.8	0.1	2.9	870	10.9640	914.10
IRE	8,105	3,879	1.2	0.5	0.1	0.6	180	3.9789	1991.64
ITA	78,010	46,490	19.4	0.1	1.2	18.1	5430	57.6086	1259.88
NET	14,866	5,504	7	6.1	0.3	0.6	180	16.2172	905.59
POR	10,062	3,578	3.4	0.8	0.4	2.2	660	10.3558	907.94
SPA	26,240	14,866	12.8	0.5	1.6	10.7	3210	40.8474	563.81
UK	68,396	25,133	24.6	3.2	5.4	16	4800	58.7892	1081.77

Tabelle 6 Schätzung des gesamtwirtschaftl. Nutzens durch Umstellung des digitalen Fernsehens in Europa [BDRC01, CEPT97]

Diese Zahlen zeigen deutlich das Dilemma bei der gegenwärtigen Umstellung zu digitaler Fernsehübertragung in Europa (und natürlich auch anderswo) auf. Durch die bessere Frequenzverwertung (und die teilweise Umschichtung von Fernseh- zu Mobilfunkdiensten) ergäbe sich für die Konsumenten ein erheblicher Nettonutzen, während die Mobilfunkanbieter beträchtliche Federn lassen müssten. Natürlich sind die wenigen Mobilfunkanbieter politisch besser organisiert als die Vielzahl der Fernseh- und Mobilfunkkunden, so dass sie eine zu rasche Umstellung verhindern wissen. Dieses Gefangendilemma wird noch dadurch verstärkt, dass Teile der Wirtschaft den Druck, der sich durch zusätzliche

Frequenzvergabe an alternative Dienste ergeben würden, gerne noch etwas hinausschieben möchten.

5 Schlussbemerkung

Unseren Berechnungen zeigen, dass der Übergang zu digitaler Fernsehübertragung in Europa einen sozialen Nettonutzen von etwa $500 and $2100 pro Kopf ergeben würde. Dazu käme dann noch der Nutzen von größerer Programmvielfalt. Aber der Anreiz zur Umstellung ist beschränkt, wegen der Jahrzehnte alten Koalition, welche den Status Quo aufrechterhalten möchte. Selbst in Berlin-Brandenburg, wo die Umstellung auf digitales Fernsehen schon im August 2003 realisiert wurde, sind die freigewordenen Frequenzen nicht anderweitig vergeben worden[23].

Eine Simulation über die möglichen Folgen der Frequenzreallokation in den europäischen Ländern zeigt uns die ökonomischen Dimensionen dieses Regulierungsstaus. Wir wissen vom Beispiel des Gefangenendilemmas, dass die fehlende Koordination zwischen den Käufern von Endgeräten und den Investoren in Übertragungstechnologie zu beiderseitigen Verlusten führen kann.

Wir zeigen hier aber auch, dass die potentiellen Nutzer von zusätzlichen Frequenzen in Mobilfunkbereich wegen des damit verbundenen stärkeren Wettbewerbs hier zurückhaltend sind. Die dort zusätzlich verfügbare Bandbreite würde die Mobilfunkkosten erheblich reduzieren. Dadurch ergibt sich zwar ein größerer sozialer Nutzen für die Kunden, aber die Mobilfunkindustrie erwartet, wenn man 200 MHz zusätzlich verteilt, entsprechend niedrigere Gewinnraten. Würden die freiwerdenden Frequenzen im Mobilfunk Bereich versteigert, so ergibt sich noch ein zusätzliches Problem: die Anbieter müssen entweder hohe Summen zahlen, um sich entsprechende Frequenzen zu sichern, oder sie würden ihre Marktanteile an Anbieter verlieren, die bereit sind, in solche Frequenzen zu investieren[24]

Natürlich ist bekannt, dass sich die Besitzer von Rundfunkfrequenzen in der Regel gegen eine Frequenzumstellung stellen. Aber es handelt sich hier nicht um ein privates Gut, sondern das Ergebnis staatlicher Zuteilung. Zudem wäre diese

---

[23] In Deutschland haben Regierungsvertreter und Industrielle den Übergang zu DTV größtenteils unterstützt, um die Entwicklungsfähigkeit des terrestrischen Fernsehens zu verbessern; die Offiziellen erwarten nicht nach dem Übergang noch Radiospektrum zurückzubekommen [GAO04].

[24] Sogar Länder die nicht Auktionen durchgeführt haben verteilen typischerweise jetzt allgemeine Betreiberlizenzen gegen Gebühren. Abhängig von der Höhe des Erzielten, gleicht es einem Auktionsgebot.

Umstellung für die Einkommen der Fernsehgesellschaft neutral, beziehungsweise positiv, denn sie erhalten zusätzliche Programmkanäle und können billiger und besser produzieren.

Der andere Grund, warum die Umstellung so langsam geht, ist wahrscheinlich im Kuhhandel mit den potentiellen Nutzern der frei gewordenen Frequenzen zu finden. Die Rundfunkanstalten können nämlich ihre politische Opposition in die Waagschale werfen. Würden sie selbst über die Eigentumsrechte für diese Frequenzen verfügen, so könnten Sie die Gewinne der Umstellung auch selbst einstreichen und die nicht benötigten Frequenzen räumen. Stattdessen benutzen Sie den politischen Einfluss als Blockade, um andere politische Konzessionen zu erzielen, wie z. B. die Verpflichtung gewisser Programme auch in allen Netzen übertragen zu lassen (*must carry rule*).

Bei der digitalen Umstellung, die in den USA in den achtziger Jahren begann, kann man dieses Spiel deutlich erkennen. Die etablierten Fernsehanstalten versuchten damals, die neuen Mobilfunkanbieter am Zugang zu freien Frequenzen zu hindern, weil sie angeblich eine modernere Version des Fernsehens einführen wollten (HDTV) [HaSp00]. Nur wenn diese politischen Gruppen für die Aufgabe ihrer angestammten Rechte kompensiert werden, sind sie zu Kompromissen bereit und geben ihre Blockade auf.

Unsere Berechnungen zeigen den hohen gesellschaftlichen Nettonutzen freiwerdender Frequenzen, der aber auf tragische Weise nicht umgesetzt werden kann (*classic tragedy of the anti-commons*, [Hell98; Fenn04; Hazl05]). Dies erklärt zwar den Status Quo, aber wir zeigen auch, wie hoch die Kosten der gesellschaftlichen Blockade sind.

Literaturverzeichnis

[BDRC01] BDRC, The Development of Broadband Access Platforms in Europe, 2001.

[CEPT97] European Conference of Postal and Telecommunications Administrations (CEPT), Planning and Introduction of Terrestrial Digital Television (DVD-T) in Europe, 1997.

[EU05] Impact of Commission Communication on accelerating switchover on individual Member States MEMO/05/166, Brussels, 24 May, http://europa.eu.int/information _ society/ topics/ecomm/index_en.htm

[Fenn04] Fennell, L. A.: Common Interest Tragedies, 98 Northwestern U.L.R., 2004.

[Goa04] Government Accountability Office (GAO): German DTV Transition Differs from U.S. Transition in Many Respects, but Certain Key Challenges Are Similar, GAO-04-926T (July 21, 2004), 2004.

[Hahn04] Hahn, R. W.: The Economic Analysis of Regulation: A Response to the Critics, 71 University of Chicago Law Review 1021, 2004.

[HaMu04] Hazlett, T. W., Roberto Muñoz: A Welfare Analysis of Spectrum Policies, AEI-Brookings Joint Center for Regulatory Studies Related Paper No. 04-18 (August), 2004.

[HaSp00] Hazlett, T. W.: "Digital Television and the Quid Pro Quo" *2 Business and Politics* (2000), 115-159

[Hazl01a] Hazlett, T. W.: An Essay on Airwave Allocation Policy, 14 Harvard Journal of Law & Technology 335-567 (Spring), 2001.

[Hazl01b] Hazlett, T. W.: The U.S. Transition to Digital Television: Time to Toss the Negroponte Switch, AEI-Brookings Joint Center for Regulatory Studies Working Paper No. Working Paper 01-15 (Nov.), 2001.

[Hazl03] Hazlett, T. W.: Finally, Something Good on German Television, Slate (Oct. 7), 2003.

[Hazl05] Hazlett, T. W.: Spectrum Tragedies. 22 Yale Journal on Regulation 242, 2005

[Hell98] Heller, M.: The Tragedy of the Anticommons: Property in the Transition from Marx to Markets, 111 Harvard Law Review 621, 1998.

[Merr03] Merrill Lynch: Global Wireless Matrix 2Q03 (Sept. 22), 2003.

[Park03] Parker, R. W.: Grading the Government, 70 University of Chicago Law Review 1345, 2003.

[Shul03] Shulzycki, A.: DTT in Europe: Market Overview and Assessment, Presentation to DigiTAG Exploratory Meeting (Sept.), 2003.

Die Welt als Interface - Physische Interaktion zwischen Mensch und Computer

Daniel Gilgen

Vertretungsprofessor Audio-Visual Design
Fachhochschule Darmstadt, FB Media
Haardtring 100
64295 Darmstadt
gilgen@media.fh-darmstadt.de
mail@danielgilgen.com

Abstract: Physische Mensch-Computer-Schnittstellen können die Interaktion mit dem Computer verbessern. Besonders bei älteren oder in ihren Fähigkeiten eingeschränkten Menschen lässt sich der Umgang mit Informationstechnologie durch neue Formen der Interaktion verbessern. Der folgende Text setzt sich theoretisch mit physischen Schnittstellen im Kontext der Allgegenwärtigkeit von Computern (Ubiquitous Computing) auseinander und zeigt über die Kategorisierung von unterschiedlichen Lösungsansätzen eine Richtung für deren Gestaltung auf.

1 Einleitung

Wir leben in einer Gesellschaft, die innerhalb der nächsten Jahrzehnte einen deutlichen Anstieg der älteren Bevölkerung verzeichnen wird. Im Jahr 2050 wird nach Berechnung des Statistischen Bundesamts in Deutschland jeder Dritte 60 Jahre oder älter sein [Stat03]. Bereits heute stellen ältere Menschen eine zu unrecht vernachlässigte, stetig wachsende Nutzergruppe dar. Digitale Informationstechnologie kann für ältere und behinderte Menschen zu einer Verbesserung ihrer Lebenssituation beitragen. Eine adäquat gestaltete Interaktionsform, die den speziellen Anforderungen dieser Nutzergruppe gerecht wird, bildet hierzu den Schlüssel. Das traditionelle WIMP User Interface wird dieser Herausforderung nicht gerecht. Die Forschung und Entwicklung der letzten Jahre im Bereich des Ubiquitous Computing zeigt für eine Weiterentwicklung einer besseren Mensch-Computer-Interaktion (MCI) interessante Wege auf. Drei Bereiche eignen sich besonders für die Nutzung von physischen Schnittstellen für ältere oder behinderte Menschen [Jorg01]:

1 Persönliche Daten, wie zum Beispiel die Herzfrequenz und die Bewegung im Raum, können ohne zu stören aufgezeichnet und ausgewertet werden. Durch ein kontinuierliches Monitoring kann die Früherkennung von Krankheitsbildern unterstützt und autarkes Wohnen im Alter verlängert werden.

2 Vernetzte, intelligente[1] (smarte) Produkte können ältere Menschen bei ihren alltäglichen Tätigkeiten unterstützen: zum Beispiel die regelmäßige Einnahme von Medikamenten kontrollieren, bei dem Einkaufen und Essenzubereiten beraten oder bei der Orientierung in der Stadt helfen.

3 Mit eingeschränkter Mobilität verringern sich im Alter die sozialen Kontakte. Neue Kommunikationsformen, mit Hilfe von intelligenten Produkten, können dies zum Teil kompensieren.

Die Gestaltung einer Computer-Interaktion, welche den Einschränkungen im Alter gerecht wird, kann ebenso in Situationen, in denen unsere Wahrnehmung bereits durch andere Tätigkeiten belastet ist, sinnvoll sein. Viele Aspekte, wie eine höhere Sicherheit und ein höherer Komfort, sind für eine breitere Nutzergruppe von Interesse.

2 Die physische Mensch-Computer-Interaktion

Eine dreidimensionale, physische Schnittstelle (Interface) ist für uns eine alltägliche Erfahrung. Beim Autofahren, Telefonieren oder Verwenden einer Schere agieren wir mit physischen Schnittstellen. Die optische Erscheinung, die haptische und akustische Rückkopplung erlauben uns erst, Produkte zu nutzen. Dieser Text benutzt den Begriff der physischen Schnittstelle jedoch explizit für die Interaktion von Mensch und Computer. Er bezeichnet den Ansatz, digitale Informationen mit Hilfe von physischen Objekten, in einer für den Menschen sinnlich erfahrbaren Weise darzustellen.

Prinzipiell können alle Sinne mit einer physischen Schnittstelle angesprochen werden. In der Praxis spielt jedoch die audio-visuelle Darstellung von Informationen eine wesentliche Rolle und unterscheidet sich gegenüber multimedialen Bildschirminhalten am PC meist nur durch die zusätzliche haptische Wahrnehmung. Entscheidender als die Erweiterung der Sinneskanäle, obgleich dies Gegenstand von Forschungsarbeiten ist, ist jedoch der Gedanke, die Universalität des Computers als Produkt aufzugeben. Das heißt, eine spezielle Informations- oder Kommunikations-Software erhält ihre eigene spezifische Hardware und

[1] Intelligent im Sinne von einem lernfähigen Produkt, welches eine kontextbedingte Interaktion bietet.

Produktform. Nicht als herkömmliches Gehäuse-Design, sondern als eine dreidimensional erlebbare MC-Schnittstelle. Besonders unter dem Aspekt des *Calm Computing*, der nicht störenden Informationsdarstellung, ist diese Entwicklung von Bedeutung.

2.1 Produktklassen

Der Umgang mit realen Objekten und Produkten prägt den Menschen von früher Kindheit an. Nach ihren prägenden Merkmalen können wir Produkte in Produktklassen einteilen. So genannte Wesensanzeichen [FiMi84] sind hierbei genau die Distinktionen die notwendig sind, um eine Produktklasse von einer anderen unterscheiden zu können. So muss ein Stuhl z.B. nicht über vier Stuhlbeine verfügen, wohl aber über eine horizontale Fläche in entsprechender Größe und Position, um als Stuhl erkannt zu werden. Produktklassen können nicht festgeschrieben werden, sondern unterliegen einem stetigen Wandel. Sie sind vor einem soziokulturellen Hintergrund zu betrachten und können deshalb nicht allgemein gültig sein. Dennoch lassen sich typische Benutzergruppen definieren, die über vergleichbare Produktklassen-Systeme verfügen.

Die Besonderheit des Personal Computers besteht darin, nicht durch seine eigentliche Funktion charakterisierbar zu sein. Er ist eine universelle Maschine. Die Zuordnung zu einer Produktklasse kann auch im ausgeschalteten Zustand erfolgen, Monitor und Tastatur oder Maus reichen hierfür aus. Die eigentliche Funktion, z.B. das Schreiben eines Textes oder die Bearbeitung eines Bildes, können auf Grund ihrer Beliebigkeit nicht zum Charakterisieren des PCs beitragen. Aus diesem Grund nimmt die Produktklasse der Personal Computer eine Sonderstellung ein.

2.2 Unbekannte Produkte

Die Definition eindeutiger Produktklassen entstammt der mechanischen, physisch erlebbaren Welt. Das vielfach beschriebene Fortschreiten der Miniaturisierung elektronischer Bauteile hat zu einer Beliebigkeit in der Formgebung von Geräten geführt. Ein Ausbilden von deutlichen Produktklassen für elektronische Produkte wird hierdurch erschwert. Lediglich die Reduktion der dreidimensionalen Form auf ein möglichst flächiges Erscheinen von Produkten hat sich als Merkmal für Computertechnologie im Allgemeinen herausgebildete. Ende der achtziger Jahre versuchte man, dieser Gesichtslosigkeit der Produkte durch das Verwenden von Metaphern in der Produktform zu begegnen, was sich jedoch nicht etablierte. Das Bedürfnis, Dinge in Produktklassen einordnen zu können, zeigt sich in der Gestaltung von multifunktionalen Geräten. Diese stellen meist eine Funktion in den Vordergrund. Das Mobiltelefon, welches auch fotografieren kann und Adressen speichert, bleibt ein Telefon. Die Spielkonsole, mit der man auch Telefonieren kann, bleibt eine Spielkonsole. Was geschieht, wenn ein technisches Gerät sich nicht mehr als solches zu erkennen gibt, also die Form eines bekannten Produktes, wie z.B. eines Holzstuhls oder eines Sofakissens, annimmt? Einige Entwürfe für physische Schnittstellen gehen diesen Weg, um eine möglichst nahtlose Integration in ein wohnliches Umfeld zu erreichen.

3 Analog - Digital

In der Entwicklung und Gestaltung der physischen Interaktion für Informationstechnik spielt die Funktion einer analogen im Gegensatz zu einer digitalen Gestaltung eine wichtige Rolle. Die Armbanduhr mit digitaler Anzeige hat die analoge Anzeige nicht verdrängt, obwohl auch analoge Uhren überwiegend mit digitaler Technik arbeiten. Die digitale Anzeige hat den Vorteil, dass sich die Uhrzeit exakt auf die Sekunde ablesen lässt. Die analoge Anzeige bietet einen besseren Überblick und durch die kontinuierliche Veränderung der Zeigerstellung eine direktere Wahrnehmung der vergangenen Zeit.

4 Drei Kategorien des physischen Interface

Das von Mark Weiser angekündigte Verschwinden des Computers [Weis91] ist bereits Realität und wird in seiner Intensität weiter fortschreiten. Hierbei lassen sich zwei verschiedene Arten des Verschwindens unterscheiden [StNi05]. Zum einen kann Computertechnologie auf Grund ihrer Miniaturisierung nicht mehr sichtbar sein, oder sie ist versteckt. Das heißt, sie lässt sich aus Sicht des Benutzers nicht mehr mit einem realen Produkt in Verbindung bringen. Dies ist zum Beispiel der Fall, wenn beim Betreten eines Raumes die entsprechende Person unbemerkt erkannt wird und geeignete Aktionen ausgeführt werden. Zum anderen kann der Computer in zwei Varianten mental verschwinden. Entweder er verschwindet in ein bekanntes Produkt, (Produktklasse) zum Beispiel in einen Stuhl oder in eine Kaffeetasse, oder in ein neuartiges Objekt, welches wir nicht mehr mit Computertechnologie in Verbindung bringen. Diese Differenzierung wird im Folgenden detailliert besprochen und ihre Bedeutung für die Gestaltung von einer physischen Schnittstelle anhand von Beispielen illustriert.

- Das unsichtbare Interface. Eine Interaktion findet unbemerkt und ohne bewusste Entscheidung statt. Die Schnittstelle wird nicht wahrgenommen.
- Das mystische Interface. Eine bekannte Produktklasse mit klaren Wesensmerkmalen (z.B. eine Haustür, eine Kaffeetasse, ein Sofa) wird mit interaktiven Funktionen ausgestattet. Die neue Funktionalität entspricht nicht der Vorstellung von dem Produkt und ist daher unerwartet.

- Das eigenständige Interface. Eine neuartige Produktform, die sich nicht in eine bekannte Produktklasse einordnen lässt. Mögliche Interaktionen können intuitiv sein, müssen aber meist erlernt werden.

4.1 Das unsichtbare Interface

Das unbemerkte und automatische Erfassen von personenbezogenen Daten (z.B. Puls, Bewegung, Ort) ist besonders für das Anbieten von kontextsensitiven Diensten wichtig. Vom Benutzer ist keine zusätzliche Dateneingabe vorzunehmen. Erst durch das Speichern und Auswerten der Daten lassen sich persönliche Profile erstellen. Die Unsicherheit derartiger Systeme ist in einer mangelnden Kontrolle der automatisch erstellten Daten zu sehen. Diese vertraulichen Informationen sollten verschlüsselt übermittelt und abgelegt werden. Wünschenswert ist auch ein einfaches An- und Ausschalten der Datenerfassung sowie ein reziprokes Display, welches die übermittelten Informationen den betreffenden Benutzern zur Verfügung stellt.

4.2 Das mystische Interface

Die Verwendung von bekannten Produkten stellt ein häufiges Vorgehen in der Entwicklung von physischen Schnittstellen dar. Die Integration in ein wohnliches Umfeld scheint hierbei eine häufige Motivation zu sein. Entweder werden Produkte mit deutlichen Wesensanzeichen (bekannte Produktklassen) mit neuen und daher unerwarteten Funktionen ausgestattet, oder die Schnittstelle verwendet bekannte Produkte zur Bedienung. Die folgenden Beispiele zeigen auf, wie das Verwischen von realer und virtueller Welt die Vorstellung von Schnittstellengestaltung (Interface-Design) verändert. Der Tischdecke, dem Bierkrug oder dem Plüschtier würden wir im normalen Gebrauch keine weitere Funktion zutrauen. Was geschieht, wenn die Haustür mit uns redet und uns daran erinnert, dass wir voraussichtlich einen Regenschirm auf dem Rückweg vom Büro brauchen könnten, oder das Sofa durch sanftes Vibrieren einen vollen Terminkalender am morgigen Tag ankündigt? Je mehr wir diese intelligenten Produkte im Haushalt haben, umso schwieriger wird es, sie von normalen Gegenständen zu unterscheiden. Ein mystischer Umgang mit intelligenten Produkten ist auf Grund der mangelnden Nachvollziehbarkeit der technischen Funktion zu befürchten. Die nicht vorhandene Unterscheidbarkeit zu nicht intelligenten Produkten wird zur Verwirrung des Benutzers beitragen.

4.2.1 Nostalgia

Das Forschungsprojekt Nostalgia [Nil^{+}03] versucht, über ein neuartiges Interface älteren Menschen in einem Wohnheim den Zugang zu digitaler Informationstechnologie zu ermöglichen. Auf einem Tisch steht eine Kiste, die wie ein altes Radio aussieht (Abb.1). Sie verfügt über einen Lautstärkeregler und einem An-Aus-Knopf. Auf der Tischdecke, die vor dem Radio liegt, ist ein großes, längliches Rautenmuster zu sehen. Durch Berühren des Rautenmusters auf der Tischdecke werden Nachrichten oder Musik aus dem letzten Jahrhundert abgespielt. Von links nach rechts können Audiodateien von 1920 bis 1980 aufgerufen werden. Die Tischdecke verfügt über keine weitere Beschriftung, was zum Erkunden der Inhalte (Audio-Daten) anregt. Die gemeinsame Benutzung durch bis zu drei Personen hat zu einer stärkeren Kommunikation der Altenheimbewohner untereinander geführt.

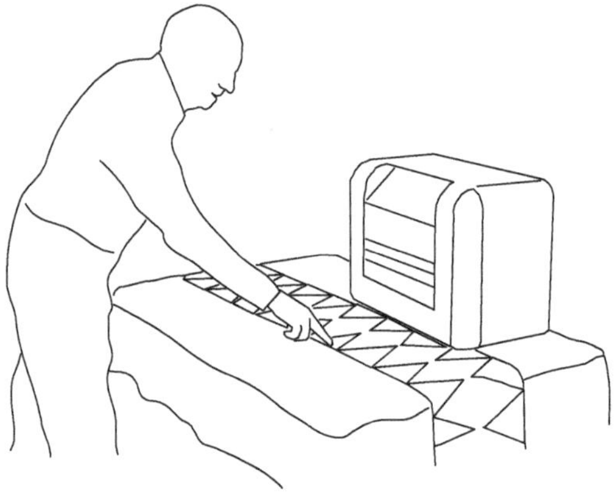

Abbildung 1 Nostalgia

4.2.2 Superphono

Die als Prototyp realisierte Diplomarbeit Superphono [Hofb05] verwendet metaphorische Objekte als Stellvertreter für Musik-CDs. Stellt man zum Beispiel einen intelligenten Bierkrug auf die weiß leuchtende Fläche, so ertönt die gewünschte Blasmusik. Durch Drehen des Krugs lässt sich die Lautstärke einstellen, durch Verschieben kann man zwischen den Titeln springen. Sobald man das Objekt von der Leuchtfläche nimmt, stoppt die Musik. Die nächste CD wird durch Aufstellen eines neuen Objekts, z.B. eines Flaschenschiffs für Hans Albers, gestartet. Die Arbeit verdeutlicht, wie anschaulich und leicht verständlich eine gesten-basierte Schnittstelle sein kann. Der spielerische Zugang lebt von der unerwarteten Steuerfunktion, der nicht als intelligent erkennbaren Objekte.

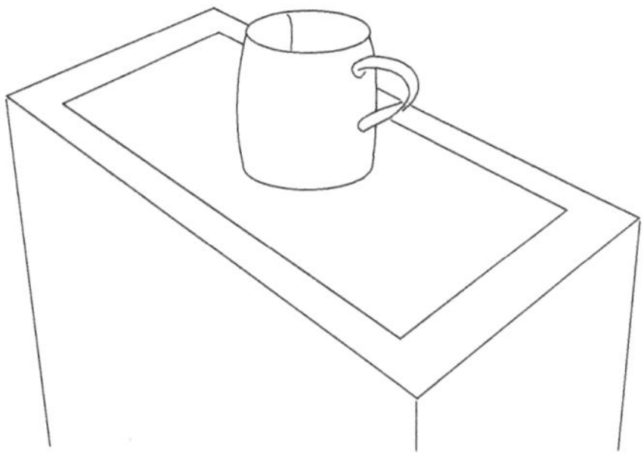

Abbildung 2 Superphono

4.2.3 Digital Family Portraits

Die Forschungsarbeit Digital Family Portraits [Myn+01] versucht, durch digitale Bilderrahmen eine dauerhafte Verbindung zwischen zwei oder mehreren Personen herzustellen. Insbesonders ältere Menschen, die entfernt von ihren nahen Verwandten oder Freunden wohnen, sollen das Gefühl der Nähe erhalten. Im Gegenzug können sich zum Beispiel Kinder mit einem Blick über ihre Eltern informieren. Die Evaluation der Arbeit hat gezeigt, dass Veränderung im Display häufig Anlass für verbale Kommunikation (per Telefon) war, diese also gefördert hat.

Ein digitaler Bilderrahmen stellt in der Mitte die betreffende Person dar und zeigt am Rand ein umlaufendes, animiertes Ornament (Abb.3). Drei verschiedene Kanäle sollen Auskunft über die entsprechende Person geben und werden jeweils in einem eigenen Bilderrahmen mit Icons dargestellt. Für Gesundheit kann ein Apfel oder ein Baum stehen, für Beziehung können Tierpaare verwendet werden, zum Beispiel zwei Schwäne oder Papageien. Aktivität wird durch flinke Tiere, wie Fische oder Schmetterlinge, symbolisiert. Der jeweilige Wert kann in vier Stufen durch die Größe des Icons dargestellt werden. Die vier Seiten des Bilderrahmens zeigen jeweils eine Woche durch je sieben Icons an. Weitere, hier nicht beschriebene, Informationsdarstellung ist vorgesehen.

Die Gestaltung der Information findet vergleichbar der Bildschirmgestaltung in der zweidimensionalen Ebene statt. Die physische Schnittstelle in Form eines intelligenten, digitalen Bilderrahmens gehört zur Kategorie der bekannten Produkte. Obgleich die Nähe zum Computermonitor hierbei eine Rolle spielt, könnten nicht intelligente Bilderrahmen falsch interpretiert werden.

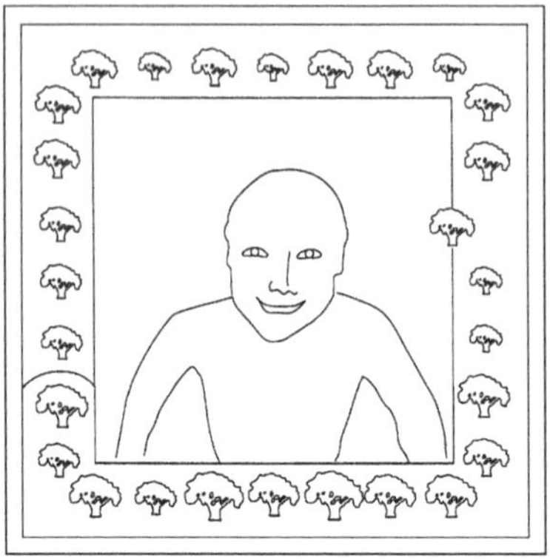

Abbildung 3 Digital Family Portraits

4.2.4 HOMIE

Der Entwurf Homie [KrWa05] ist ein künstlicher Hund als Begleiter für ältere Menschen. Ausgestattet mit unterschiedlichen Sensoren und einer Verbindung zum bereits vorhandenen Fernseher kann er, als physische Schnittstelle, die Kommunikation mit Freunden erleichtern oder den Gesundheitszustand seines Benutzers überwachen. Von seinen vielfältigen Funktionen werden hier nur einige für das Verständnis wesentliche beschrieben.

Die physische Schnittstelle sieht wie ein Spielzeug-Hund aus. Durch Anheben und Absenken der Ohren können verschiedene Gesichtsausdrücke erzeugt werden. Die Mimik kann Interesse, Ärger, Zufriedenheit und Trauer darstellen. Zum Beispiel zeigt der Hund nach längerem Kraulen, registriert durch Sensoren an seinem Körper, einen zufriedenen Ausdruck. Als wichtigste Schnittstelle verfügt er über Spracherkennung und Textwiedergabe. Analog zu Befehlen, die man einem Hund gibt, lässt sich mit Homie der Fernseher bedienen oder können Notizen aufgezeichnet werden. Empfangene Emails werden durch eine leuchtende Nase signalisiert. Sie können entweder vorgelesen oder am Fernseher als Text angezeigt werden.

Die Gestaltung als Plüschtier in Form eines älteren Hundes ist bewusst gewählt, um eine möglichst enge emotionale Bindung zu erreichen und hiermit älteren Menschen die Angst und die Vorbehalte vor der Nutzung neuer Kommunikationstechnologie zu nehmen.

Abbildung 4 „HOMIE: An Artificial Companion for Elderly People“

4.3 Das eigenständige Interface

Die dritte Gruppe der physischen Schnittstellen bilden neuartige Produktformen, die sich nicht in eine bekannte Produktklasse einordnen lassen. Sie sind jedoch immer als eigenständige Produkte erkennbar und unterscheiden sich hierdurch von ihrer Umgebung. Wie unter 4.2 müssen mögliche Interaktionen erst erlernt werden. Aufgrund ihrer formalen Unabhängigkeit gegenüber bekannten Produkten kann ihre Gestaltung leichter eine intuitive Benutzung erzeugen. Die Gestaltung der Schnittstelle ist hierbei vom Erfahrungshorizont und der Produktwelt der jeweiligen Nutzergruppen abhängig.

4.3.1 Vito

Die Diplomarbeit Vito - virtual together [Vald05] entwirft eine physische Schnittstelle, welche das Gefühl der Nähe zu Familienmitgliedern oder engen Freunden, ohne zu stören, unterstützen soll.

Das Gerät in Form einer Blume (Abb.05) kann für eine bis fünf Personen genutzt werden. Jeder Ballon ist mit einem individuellen Zeichen versehen und steht für eine Person. Die veränderliche Größe des Ballons informiert über die Aktivität der entsprechenden Person. Seine Farbe zeigt an, ob die Person unterwegs ist oder sich zuhause befindet. Ist der Ballon weiß, werden keine Daten übermittelt. Über die berührungsempfindliche, runde Leuchtdioden-Anzeige in der Mitte können nonverbale Nachrichten an ein weiteres Gerät gesendet werden. Das Tischgerät wird durch ein interaktives Armband ergänzt (nicht abgebildet). Dieses übermittelt persönliche Daten und erlaubt eine mobile Kommunikation mit den nahestehenden Menschen, die ebenfalls über Vito verfügen.

Das Berühren der weichen Ballons erhöht die Emotionalität der Interaktion. Dennoch ist klar zu erkennen, dass es sich hierbei um ein künstliches Produkt handelt. Das Gerät bedarf der Erklärung, obgleich es sehr leicht erlernbar und in seinen Parametern intuitiv ist.

Abbildung 5 „Vito: Connecting Remote Homes" Tischstation

4.3.2 Hello.Wall und ViewPort

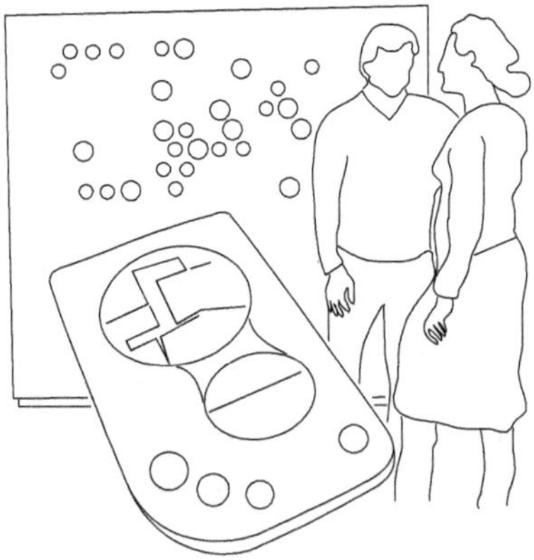

Abbildung 6 Hello.Wall und ViewPort (Vordergrund)

Die von der Gruppe Ambiente des Fraunhofer IPSI in Darmstadt [Pra+03] als Prototypen entwickelten Produkte dienen unter anderem der Übertragung von Stimmungs-Information an einem entfernten Standort und sollen die Kommunikation von z.B. zwei gemeinsam arbeitenden Teams unterstützen. Auf der Hello.Wall (Abb.06) werden dynamisch animiert, verschiedene Muster gezeigt. Diese können abstrakte Informationen symbolisieren. Mit dem Handgerät ViewPort können persönliche Informationen ausgelesen und es kann mit der Wand interagiert werden. Die Wand steht frei im Raum und kann so von der eigentlichen Architektur unterschieden werden. Die Leuchtpunkte der Matrix sind bewusst in ihrer Anzahl reduziert und entsprechend groß. Hierdurch lässt sich die Wand deutlich von einem konventionellen Großbildschirm unterscheiden und entwickelt einen eigenständigen Charakter.

5 Schlussfolgerung

Besonders ältere Menschen schrecken oftmals vor neuen technischen Produkten zurück. Dies ist hauptsächlich auf die, für sie unbekannte und komplizierte Bedienung dieser Geräte zurück zuführen. Eine Gestaltung, die ausschließlich versucht diese Vorbehalte durch ein freundliches und emotional ansprechendes Design der Produkte zu begegnen, wird den Bedürfnissen älterer Menschen nicht gerecht. Ein für diese Benutzergruppe leicht erlernbare, möglichst intuitive Interaktion sollte in der Gestaltung von physischen Schnittstellen im Vordergrund stehen.

Die Frage, wie emotional ein technisches Informations- oder Kommunikations-Produkt gestaltet sein soll, ist auch eine Frage nach den betreffenden Nutzergruppen. Jedes Produkt, welches ausschließlich von einer spezifischen Benutzergruppe verwendet wird, kann durch diese charakterisiert werden. Produkte, die sich ausschließlich an ältere Menschen richten, werden häufig mit negativen Assoziationen, wie z.B. eingeschränkten Fähigkeiten, in Verbindung gebracht. Aus diesem Grund sollte die Gestaltung von physischen Schnittstellen für ältere Menschen in der Lage sein, einer breiteren Zielgruppe gerecht zu werden.

Intelligente Produkte, deren Aussehen wir nicht mehr von konventionellen Produkten unterscheiden können, entziehen uns ein Stück Kontrolle und Orientierung. Besonders im Hinblick auf ältere Benutzer, kann die Gestaltung einer physischen Interaktion mit Informations- oder Kommunikations-Produkten unter diesem Aspekt von der gewünschten Unterstützung zur Bevormundung des Nutzers werden. Die Frage nach der Interaktion mit dem Computer ist auch eine Frage unseres Selbstverständnisses gegenüber der technischen Umwelt. Sehen wir uns selbst als Kapitän und wollen somit in Zukunft die uns umgebenden komplexen Systeme selbst steuern - oder lassen wir uns von einem scheinbaren Komfort verwöhnen und geben die Steuerung ab?

Literaturverzeichnis

[FiMi84] Fischer, R., Mikosch, G.: Grundlagen einer Theorie der Produktsprache, Anzeichenfunktionen, Hochschule für Gestaltung, Offenbach, 1984.

[Hofb05] Hofbauer, W.: „Superphono", Diplomarbeit, PG, Hochschule für Gestaltung (HfG-O) Offenbach, 2005.

[Jorg01] Jorg, J.A.: Adaptive Tools for the Elderly, WUAUC`01 May 22-25, 2001, Alcacer do Sal, Portugal. 2001, ACM 1-58113-424-X/01/0005.

[KrWa05] Kriglstein, S., Wallner, G.: HOMIE: An Artificial Companion for Eldery People, Student Design Competition, CHI 2005, April 2-7, 2005 Portland, Oregon, USA, ACM 1-59593-002-7/05/0004.

[Myn+01] Mynatt, E.D., Rowan, J., Jacobs, A., Craighill, S.: Digital Family Portraits: Supporting Peace of Mind for Extended Family Members, SIGCHI`01, March 31-April 4, 2001. Seattle, WA, USA. 2001.

[Nil+03] Nilsson, M., Johansson, S.; Hakansson, M.: Nostalgia: An Evocative Tangible Interface for Elderly User, CHI 2003, April 5-10, 2003 Ft. Lauderdale, Florida, USA, ACM 1-58113-637-4/03/0004.

[Pra+03] Prante, Th., Röcker C., Streitz N., Stenzel R., Magerkurth C., van Alphen D., Plewe, D.: Hello.Wall-Beyond Ambient Displays. 5th Intern. Conference on Ubiquitous Computing (UBICOMP'03), Seattle, Wash., USA, Oct. 12-15. 2003.

[Stat03] Statistisches Bundesamt, Wiesbaden: Pressemitteilung vom 06. Juni 2003.

[StNi05] Streitz, N., Nixon P.: „Te Disappearing Computer": Communications of the ACM, P. 33-35 March, 48 (3), 2005.

[Vald05] Valdes, L.: „Connecting Remote Homes", Diplomarbeit, FB Media, FH Darmstadt, 2005.

[Weis91] Weiser, M.: The Computerfor the twenty-first-century. Scientific American, Sept. 1991.

Anmerkung: Alle Abbildungen sind vereinfachte Darstellungen.

»Mobile Broker Platform«
Positions- und situationsbezogene Auswahl und Nutzung multimedialer Dienste

Michel Herzog, André Fiedler, Christian Halbach, Jürgen Sieck

Forschungsgruppe INKA, Projekt IKAROS
FHTW Berlin
Treskowallee 8
10313 Berlin
herzog@fhtw-berlin.de, andre.fiedler@fhtw-berlin.de,
c.halbach@fhtw-berlin.de, j.sieck@fhtw-berlin.de

Abstract: Mit der Mobile Broker Platform wird im Forschungsprojekt IKAROS an der FHTW Berlin derzeit ein Vermittlungsdienst für mobile Angebote entwickelt, der klein- und mittelständische Unternehmen in die Lage versetzt, eigene standortbezogene Informationen und Software-Anwendungen einem großen Nutzerkreis zugänglich zu machen. Zudem bietet das System jedem Nutzer öffentlicher Mobilnetze über Internet-Standards, den Zugriff auf ein persönlich abgestimmtes Portfolio von kontextabhängigen Angeboten, die das System bezogen auf Standorte und Interessen als Empfehlung bereitstellt. Dafür wurde eine serviceorientierte Software-Architektur basierend auf Recommender-Algorithmen, Auto-Synchronisation und Konnektoren für die Distribution von Multimediaanwendungen entwickelt.

1 Überblick

Das BMBF-Forschungsprojekt IKAROS befasst sich in einem Team aus Informatikern, Wirtschaftsinformatikern und Kommunikationspsychologen an drei Hochschulen im Verbund mit mehreren klein- und mittelständischen Unternehmen mit der Konzeption, Umsetzung und dem Einsatz von mobilen Technologien und Anwendungen. Am Forschungsstandort FHTW Berlin wird derzeit eine offene Client-/Serverplattform entwickelt, die verschiedenartige Informationen, Dienste und Applikationen an registrierte Nutzer kontextbezogen ausliefert. Diese Mobile Broker Platform ist als ein von Providern oder Mobilfunkanbietern unabhängiger Service geplant, der bei beliebigen Hosts stationiert sein kann.

Kleinere Anbieter von Produkten und Dienstleistungen mit mobilem Content oder mobilen Applikationen werden damit in die Lage versetzt, ihr Angebot einfach zu registrieren und Softwareprodukte über offene Standards an eine Vielzahl von unterschiedlichen Nutzern drahtloser Kommunikation auszuliefern. Eine wesentliche Komponente des Services ist die Filterung der Inhalte abhängig von den User-Interessen, einem Bewertungssystem und dem zeitlich-räumlichen Kontext, in dem sich der Nutzer gerade befindet. Darüber hinaus ist der Service in der Lage, Angebote mit Hilfe von multimedialen Teasern anzukündigen und komplette Flash- und Java- Anwendungen an die Endgeräte zu distribuieren.

2 Szenario und Einsatzfelder

Ein potentielles Nutzungsszenario stellt sich aus Konsumentensicht beispielsweise wie folgt dar:

»Sie sind als Fahrer eines PKW touristisch unterwegs. Ihr mobiler Service bietet Ihnen einen Regionalführer zum gerade befahrenen Gebiet für Ihr Gerät an. Dazu wird Ihnen eine multimediale Information (Teaser) angezeigt. Sie bestätigen das Angebot sowie die ggf. anfallenden Kosten und die Anwendung wird via GSM-Netz auf Ihr Gerät transferiert. Nach kurzer Zeit sind Sie in der Lage, diesen Regionalführer zu nutzen. Sie bewegen sich auf eine Großstadt zu und weil Sie einmal angegeben haben, dass Sie sich für Segeln interessieren, teilt Ihnen das Gerät mit, dass in dieser Stadt gerade eine Bootsmesse stattfindet. Sie signalisieren Interesse und lassen sich dorthin navigieren. Das Gerät wird Ihnen entsprechend Ihrer Gewohnheiten zur Mittagszeit vorschlagen, auf dem Weg dorthin ein Restaurant zu besuchen und wird abhängig von den verfügbaren Lokalitäten unter Berücksichtigung Ihrer Interessen und bisherigen Aktivitäten mehrere Angebote unterbreiten. An der Symbolik ist ablesbar, dass in einem Restaurant ein zusätzliches Angebot für Ihr Mobilgerät und eine kostenlose WLAN-Verbindung angeboten werden. Sie steuern dieses Lokal an. Dort wechseln Sie in das WLAN-Netzwerk und laden sich den bereitgestellten Restaurantassistenten herunter, mit dem Sie Ihre Speisen auswählen und sich informieren können....«

Außerhalb des in diesem Szenario beschriebenen touristischen Einsatzes wird die Plattform in der Lage sein, verschiedene branchenorientierte Anwendungen, etwa aus den Bereichen Logistik, Handel, Vertrieb und Service zu unterstützen.

Eine wesentliche Zielrichtung wird dabei die Integration von E-Business-Komponenten darstellen. Abhängig vom Ort, der Zeit, der Art der Fortbewegung und der aktuellen Aktivität kann der Service angepasste Angebote für den Benutzer vorschlagen. Zur Realisierung dieser Funktionalität wurde im Projekt das Konzept des Mobile Passport entwickelt, der mit statischen, semistatischen und dynamischen Anteilen auf dem Server realisiert ist.

Der Benutzer bestimmt durch Registrierung bei der Plattform seine persönliche Toleranzschwelle zur Proaktivität des Systems und gibt zu Anfang einige Interessen bekannt, die im Mobile Passport in einer Datenbankstruktur hinterlegt werden. Auf der Basis von Collaborative Filtering werden diese vom System mit den potentiellen Angeboten in Bezug gebracht. Zudem gewinnt das System durch Aktivitätsprofile weitere Kenntnisse über das Nutzerverhalten, die den Mobile Passport aktualisieren und aufwerten.

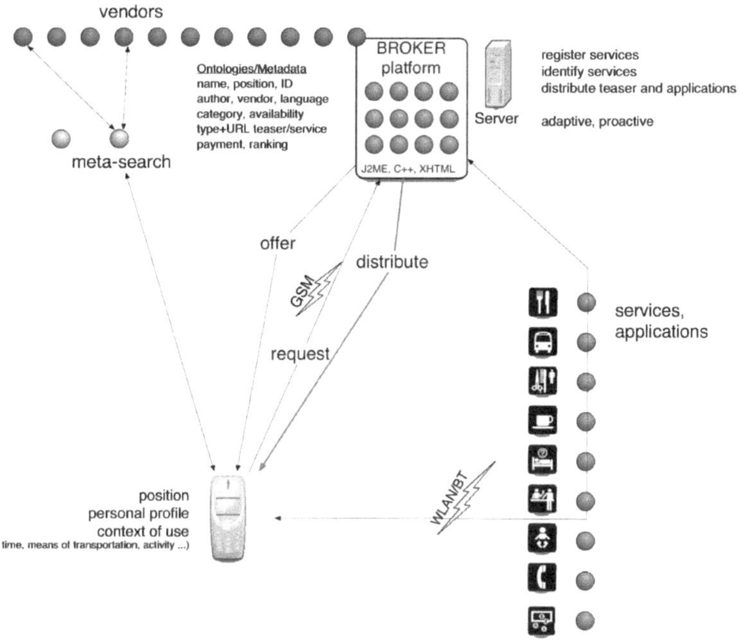

Abbildung 1 Mobile Broker Szenario

3 Herausforderungen und Lösungsansätze

Für die Realisierung dieser adaptiven und proaktiven Plattform relevante Herausforderungen liegen auf den Gebieten der Serverarchitektur, der technischen Versorgung einer vielfältigen Gerätelandschaft, damit verbunden multiplen User-Interfaces, der Aufbereitung und Filterung von Anbieter, Dienst- und Nutzerprofilen und der Realisierung von Micropayment.

Bisher werden kontextbasierte Dienste meist über eine Suchfunktion dem Endverbraucher angeboten. Das Mobile Broker Konzept kehrt dieses Paradigma um, und schafft damit einen Recommender-Service, der im mobilen Kontext fortwährend und selbstständig eine Datenbasis über Collaborative Matching-Funktionen filtert und die gewünschten Informationen gerätespezifisch aufbereitet distribuiert. Collaborative Filtering berechnet Empfehlungen auf Basis der Bewertungen von Benutzern mit ähnlichem Geschmack. Die Annahme ist, dass ein bestimmtes Verhalten in der Vergangenheit ein ähnliches Verhalten in der Zukunft impliziert. Der dem Collaborative Filtering zugrunde liegende Prozess lässt sich in drei Teile einteilen, das Profiling, die Selektion einer Nachbarschaft und die Erzeugung von Empfehlungen. Während des Profilingprozesses werden Informationen über Benutzer gesammelt. Bei der Neighborhood Formation werden andere Benutzer gesucht, die ähnliche Interessen haben. Benutzer werden hierbei als Vektoren repräsentiert. Zur Bestimmung der Ähnlichkeiten zwischen den Benutzern können typische statistische Methoden, wie das Messen von Kosinusdistanzen, die Berechnung der Pearson-Korrelation oder Spearmanns Koeffizienten benutzt werden.

Für dieses komplexe Konzept kristallisieren sich vor allem zwei Aspekte heraus: Zum einen gilt es, bestehende Ansätze des Semantic Matching zu vergleichen, die Kernaspekte für die programmiertechnische Umsetzung zu separieren und im Zuge der Realisierung zu optimieren, beziehungsweise zu erweitern. Das primäre Ziel bleibt dabei eine vom mobilen Gerät unabhängige Filterung der Angebote anhand von userspezifischen Kriterien. Diese bilden sowohl explizit getroffene Aussagen ab, als auch implizite Muster, deren Eigenschaften durch den jeweiligen Benutzerkontext ermittelt werden können. Zum anderen beeinflusst die standardnahe, vom Provider unabhängige Auslieferung des Angebots auf eine Vielzahl von mobilen Geräten die Entwicklungsrichtung. Je nach technologischer Basis wird auf dem mobilen Endgerät die Information verwaltet und visualisiert, wobei die zentrale Broker-Funktionalität vom Nutzerkreis ferngehalten wird.

Die technologische Umsetzung basiert im aufgezeigten Szenario vor allem auf folgenden Komponenten, die miteinander interagieren. Als zentraler Ort zur Verwaltung von Diensten und Usern wird eine Registrierungsdatenbank im System verankert, welche dynamisch die korrespondierenden Entitäten abbildet. Dabei wird kontextspezifisch über ein Anbieter-Frontend dem Serviceprovider eine eigens angepasste Sicht auf das System geboten, über die relevante Funktionen, wie das Registrieren neuer Dienste oder die kurzzeitige Deaktivierung von Produkten, zur Verfügung stehen.

Diese Aktivitäten können im praktischen Zusammenhang gegebenenfalls auch an einen Drittanbieter ausgelagert werden, wobei auch dieser in der Folge durch eine angepasste Sicht Zugriff auf die Plattform erhält. Ähnlich speziell aufbereitete Frontends für den Benutzer und einen Administrator generieren dabei gesonderte Zugriffsmöglichkeiten auf die Datenbank.

Im aufgezeigten Szenario erfolgt eine Identifikation von Services anschließend adaptiv und proaktiv über den Mobile Passport in Kombination mit dem Profil des Dienstes anhand seiner Metadaten. Im Resultat können dann sowohl Teaser als auch Anwendungen auf das jeweils adressierte mobile Gerät des Benutzers distribuiert werden. Die programmiertechnische Umsetzung bietet in dieser Phase diverse Freiheiten hinsichtlich des Einsatzes unterschiedlicher Medienformate. Neben verschiedenen Standardformaten sind beispielsweise Flash-Kurzfilme oder Java-Applikationen einsetzbar, die über das offene Java Network Launching Protokoll (JNLP) transferiert und ausgeführt werden und gleichzeitig eine Online-Kommunikation ermöglichen.

4 Location Based Services

Für die Schaffung und Nutzung des Mobile Broker Dienstes auf tragbaren Kleingeräten ist vor allem die Positionsbestimmung des Benutzers elementarer Bestandteil der Anwendung. Bereits auf dem Markt befindliche Produkte, beispielsweise GPS-basierte Navigationssysteme im Auto, implementieren dies heute schon recht einfach und komfortabel.

Im Resultat können dem potentiellen Anwender positionsabhängige Dienste, so genannte Location Based Services, offeriert werden. Diese werten dynamisch zur Laufzeit den Kontext, in dem sich ein Kunde befindet, aus und adaptieren mit Hilfe der Erkenntnisse die angebotenen Informationen.

Im Rahmen des Mobile Broker Konzepts basiert die adaptive Recommender-Dynamik auf selbst definierten Schwellenwerten, wonach die Angebote innerhalb des relevanten Einzugsgebiets offeriert werden und zur Auswahl stehen. Die Genauigkeit der Lokalisierung ist dabei die kritischste Komponente. Die zur Verfügung stehenden Mittel unterscheiden sich deutlich nach Ort, technischer Ausstattung und Bewegungsgeschwindigkeit.

Ausgehend von den frühen Lokalisierungsmöglichkeiten mit der Infrarottechnik entwickelten sich gerade in den letzten Jahren Erfolg versprechende Ansätze, um mit Hilfe der unterschiedlichsten drahtlosen Netzwerktechnologien Location Based Services zu realisieren.

Seit dem Jahr 2002 gelten standortbezogene Dienste, zunächst nur auf dem Mobiltelefon mittels GSM-Funkzellenortung, als zukunftsweisende Applikationen. Mobilfunkbetreiber und deren Partner bieten dem Handynutzer damit bereits positionsbezogene Dienstleistungen und Informationen an. Die Genauigkeit bei der Funkzellenortung ist jedoch abhängig von der Größe der jeweiligen Funkzelle. Während in Ballungsräumen die Positionsermittlung bis auf wenige hundert Meter genau möglich ist, kann in ländlichen Gegenden das Ergebnis leicht um mehrere Kilometer variieren. Das auf diese Weise realisierte Angebot umfasst vor allem Reisedienstleistungen wie Routenplaner, City-Guides, Hotel- und Restaurantführer sowie die Tankstellenortung.

Ist der Aktionsradius des mobilen Geräts eingeschränkt oder sollen positionsabhängige Dienste nur an relevanten Spots angeboten werden, so haben sich in den letzten drei Jahren zusätzlich auch die Nahfunktechnologien etabliert.

In einem Wireless Local Area Network (WLAN) erfolgt die Nutzeranbindung über verschiedene im Einzugsgebiet befindliche Access Points. Über das Matching der eindeutigen Gerätekennzeichnung jedes Access Points, den Informationen zu den derzeit angemeldeten Geräten und der Auswertung der Signalstärke und Dauer der einzelnen Verbindungen kann eine Aussage darüber getroffen werden, wo sich der Benutzer (bezogen auf die installierten Access Points) in etwa befindet. Ein im Jahr 2002 an der FHTW Berlin entwickelter Museumsführer [ViMu02] basierte bereits auf dieser Methode. Weitere Verfeinerungen wie Triangulation, Feldstärkematritzen, Auswertung von Zeitstempeln u.a. [Heis05], sind bereits in der Entwicklung, um eine größere Präzision zu erreichen.

Einige positionsabhängige Dienste können diese stärkere Präzision dadurch erlangen, dass sie Bluetooth als Übertragungstechnologie einsetzen, um ortsbezogene Angebote auszuliefern. Dabei beruht die grobe Lokalisierung ebenfalls auf der strukturierten Verteilung von Access Points, wodurch so genannte Hot Spots entstehen. Betritt ein Anwender den Einzugsbereich solcher Access Points und erlaubt das mitgeführte mobile Gerät den Empfang von Bluetooth-Nachrichten, so können für die Aufenthaltsdauer im Einzugsgebiet dem Verbraucher spezielle Dienste permanent bereitgestellt werden. Eine Angebotsänderung von Access Point zu Access Point kann in diesem Szenario aufgrund der Eigenständigkeit der Komponenten erreicht werden. Die Ermittlung der Position wird hier also eher passiv durchgeführt, indem das Gerät automatisch als Bestandteil des Sende- und Empfangsbereichs von Bluetooth-Access Points am Funkverkehr teilnimmt. Darüber hinaus kann im Einzugsbereich von mehreren Sendestationen eine Positionsermittlung über die Auswertung der verbrauchten Stromstärke zwischen Bluetooth-Sender und Empfänger über das Link Manager Protocol (LMP) verfeinert werden. Das Projekt Atlantis der Brown University [Yipi05] beschäftigt sich unter anderem derzeit mit dieser Thematik.

Eine großflächigere Installation von kontextabhängigen Diensten mit Hilfe von Bluetooth erfolgte bereits im Frühjahr 2005 im Berliner Stadtgebiet durch die Wall AG. Innerhalb eines definierten Bereichs können Kunden einerseits über Bluetooth spezielle Auskünfte erbitten, wobei die Antwort als SMS generiert wird. Auf der anderen Seite werden über einzelne Access Points Rabattgutscheine für die unmittelbare Umgebung distribuiert [BTI05].

5 Architektur

Die Anwendungsarchitektur des Mobile Broker basiert auf komplexen Algorithmen und einer serviceorientierten Struktur (SOA), die in drei Schichten organisiert ist: Datenhaltung, Geschäftslogik und Präsentationsebene. Die kritischen Anforderungen an das System sind Verteilbarkeit und Skalierbarkeit, um bei steigenden Benutzerzahlen eine gleich bleibende Systemqualität zu gewährleisten. Das Java-Backend wird plattformunabhängig entwickelt und über Konnektoren für unterschiedliche Protokolle und mobile Endgeräte nach und nach erweitert.

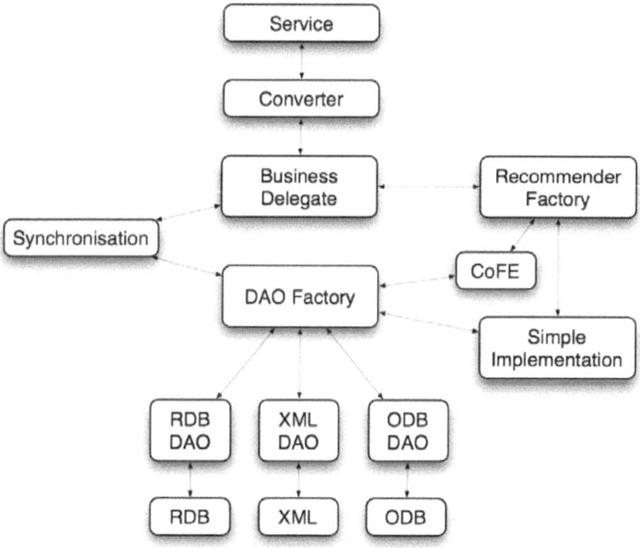

Abbildung 2 Architektur der Webapplikation

Dieses Implementierungskonzept sichert zum einen die Wiederverwendbarkeit der Komponenten in den verschiedenen Entwicklungsphasen und erlaubt zum anderen die Trennung der Anwendungslogik von der Präsentationsschicht über definierte Schnittstellen. Die Funktionsbausteine (Services) der Webapplikation stellen explizite Dienste (z.B. über HTTP, XML, SOAP oder AMF/RMI) für die Clients bereit und verstärken den Grad der logischen Entkopplung. Die Services nehmen Benutzeranforderungen entgegen und delegieren die Anfragen an die entsprechenden Komponenten der Geschäftslogik. Auf diese Weise dienen die Funktionsbausteine als erste Kontaktpunkte einer Clientanforderung und entscheiden in Abhängigkeit von der implementierten Logik über die Weiterverarbeitung, wobei die Resultate über Converter in ein für die Clients geeignetes Format konvertiert werden.

Mit dem Business Delegate Pattern wird die Kopplung zwischen der Präsentationsschicht und der Geschäftslogik der Anwendung weiter reduziert. Der Business Delegate verbirgt die Implementierungsdetails der Geschäftslogik in einer abstrahierten Ebene. Über eine Recommender Factory werden zur Laufzeit neue Klassen dynamisch mit den implementierten Algorithmen zur Dienstauswahl erzeugt. Der Vorteil der Factories im Mobile Broker liegt in der Tatsache, dass spezialisierte Klassen eines gemeinsamen Typs (hier Recommender Klassen) mit einheitlichen Schnittstellen erzeugt werden können. Somit können verschiedene Implementierungsansätze gleichzeitig verfolgt werden.

Als wichtigste Faktoren fließen derzeit drei Aspekte in den Recommender-Algorithmus ein: Das Benutzerprofil, existierende Bewertungen zu bereits genutzten Diensten und ein Schwellenwert zur geografischen Distanz. Um auch implizites Benutzerverhalten in der Recommender-Factory zu berücksichtigen, wird derzeit an der Adaption von Collaborative-Filtering-Algorithmen gearbeitet, die im CoFE-Projekt an der Oregon State Universität entstanden sind [Coll05, Sarw01].

Über Data Access Objects (DAO) – erzeugt durch die DAO-Factory – wird auch der Zugriff auf die Datenquellen abstrahiert und gekapselt. Sie laden und speichern alle von der Anwendung benötigten Daten. Die DAOs verbergen die Details über die Repräsentation eines Datensatzes in der Persistenzschicht und die Informationen über den Zugriff auf die Datenquelle. Diese Lösung zielt auf die Unabhängigkeit des logischen Datenspeichers (Relationale Datenbanken, XML oder ODB).

Beschreibende Daten der einzelnen Dienste werden in Java-Klassen ohne implementierte Geschäftslogik (Value Objects) zwischen den Schichten transportiert. Sie bündeln die Daten, verbessern die Performanz und minimieren die Netzwerklast.

Entkoppelte Synchronisationsklassen, welche unabhängig von den Converterobjekten agieren, synchronisieren die Value Objekte auf der Clientseite, sobald neue Dienste für den Benutzer angeboten werden. Bei einem Positionswechsel des Benutzers werden serverseitig die Menge der verfügbaren Dienste aktualisiert und lediglich die Änderungen zum Client synchronisiert. Die Sensitivität dieses Automatismus kann durch den Benutzer über den Proactivity-Factor festgelegt werden.

6 Ausblick

Das Konzept der Mobile Broker Platform und deren Umsetzung bietet künftig vor allem klein- und mittelständischen Unternehmen die Möglichkeit, eigene standortbezogene Dienste, basierend auf preiswerten Standardlösungen unabhängig von proprietären Mobilfunk-Dienstleistern anzubieten. Darüber hinaus sind mit der Mobile Broker Platform neue Geschäftsmodelle, durchaus auch für kleinere Serviceprovider verbunden. Zudem eröffnen sich für Software- und Multimedia-Dienstleister Perspektiven bei der Vermarktung spezieller standortbezogener Lösungen auf der Anbieterseite. Auf Basis der ontologiebasierten Beschreibung von Diensten wird zudem eine effektive Verknüpfung mehrerer unabhängiger Mobile Broker Installationen angestrebt, die eine Verstärkung des Nutzeffektes für Anbieter und Kunden über eine breitere Dienstebasis erreichen. Für die Realisierung der Plattform in einer feldtestfähigen Ausbaustufe wird das erste Quartal 2006 angestrebt.

Literaturverzeichnis

[ViMu02] Virtuelles Museum – Einsatz von mobilen Computern im Pergamonmuseum, URL: http://inka.f4.fhtw-berlin.de/INKA/MATERIAL/SHOWROOM/vmuseum.pdf, FHTW Berlin, 2002.

[Heis05] Heise Online, URL: http://www.heise.de/newsticker/meldung/63251, Stand: 31.8.2005

[Yipi05] Yipin Ye, J.: Atlantis: Location Based Services with Bluetooth. Department of Computer Science, Brown University, USA, http://www.cs.brown.edu/ publications/ theses/ugrad/2005/jye.pdf.

[BTI05] Berlin Tourist Information, URL: http://www.berlin-tourist-information.de/deutsch/presse/meldungen/d_pr_360_bluespot.html, Stand: 31.8.2005.

[Coll05] Collaborative Filtering Engine, Version 0.4: Algorithm Developer Guide. Intelligent Information Systems Group, Oregon State University. 2005

[Sarw01] Sarwar, B. et al.; Item-based Collaborative Filtering Recommendation Algorithms, GroupLens Research Group, URL: http://www.grouplens.org/papers/pdf/www10_sarwar . pdf, 2001.

[KiSi04] Kiryakov, A. K.; Simov, K. I.: Ontological Supported Semantic Matching. Bulgarian Academy of Sciences, Sofia 2004

[Reic02] Reichwald, R.: Mobile Kommunikation Wertschöpfung, Technologien, neue Dienste. Gabler, Wiesbaden 2002.

[Schi03] Schiller, J.: Mobilkommunikation. Addison-Wesley, München 2003

Glossar

AMF Action Script Message Format,
COFE Collaborative Filtering Engine
DAO Data Access Object
RMI Remote Method Invocation
SOA(P) Simple Object Arcitecture/Access (Protocol)

Kapitel 3:

Multimedia Visual – Audio - Interaction

Gliederung des Kapitels

Gängige Definitionen beschreiben Medien und Multimedia wie folgt: Unter Medien versteht man – speziell in Bezug auf das Lehren und Lernen – Objekte, technische Geräte oder Konfigurationen, mit denen sich Botschaften speichern und kommunizieren lassen. Die Lernenden haben es mit einem „medialen Angebot" zu tun, welches sich durch Botschaften, Codierungen und Strukturierungen auszeichnet, die medial kommuniziert werden. Letztlich aber ist dieses mediale Angebot immer Teil einer Lernsituation und wird zusammen mit dieser Situation wahrgenommen und genutzt [vgl. Issing & Klimsa 2002, S. 558].

Etwas anders gelagert ist der ebenso häufig anzutreffende Begriff Multimedia. Darunter verstehen wir vier spezifische technische Aspekte von Medien, die im Kontext von Anwendungen integriert werden. Dabei handelt es sich zuerst um den Medienaspekt, der sich in der Verknüpfung von zeitabhängigen und zeitunabhängigen Medien begründet, dann um den Integrationsaspekt in Form des so genannten Multitasking, d.h. der gleichzeitigen Realisierung mehrerer Prozesse. Hinzu kommen die Parallelität, d.h. die zeitgleiche Präsentation einzelner Medien und schließlich deren Interaktivität, die uns die Möglichkeit der Interaktion mit diesen Medien gibt [vgl. ebd., S. 559].

So hilfreich eine derart systematische und analytische Beschreibung ist, kann sie dennoch nicht die ausgesprochen kreativen Innovationen der neuartigen Formen der Mediennutzung im Detail vorhersehen. Im abschließenden Kapitel stellen wir ausgewählte Forschungs- und Entwicklungsarbeiten zu den Themen Visual – Audio – Interaction vor. Insbesondere kommt dabei dem Aspekt der Nutzung multimedialer Formate für die Kollaboration eine zentrale Rolle zu, die wiederum in ganz unterschiedlichen Kontexten stattfinden kann, vom Museum bis zum Aufbau kollaborativer Wissensnetze.

Die ausgewählten Beiträge dokumentieren aktuelle Entwicklungen und Überlegungen zum Aufbau kollaborativer Wissensnetze (Kahnwald et al.), zur Interaktion mit Neuen Medien in Museen (Sauter), zu Möglichkeiten einer automatisierten Illustration (Nienhaus & Döllner), der Recherche anhand visueller Kriterien (Keller & Fischer), der Rolle der Sprache für das eLearning (Ketzmerick et al.), Design Strategien für konvergierende Medien (Purfürst & Mahler) aber auch unserem Verständnis von Multimedia an sich (Grünenberg).

netart-datenbank.org - Eine Infrastruktur zum Aufbau kollaborativer Wissensnetze

Nina Kahnwald, Anna Kohler, Tilman Linden, Thomas Nösler, Robert Sakrowski

web.museum e.V.
Kollwitzstr. 71
c/o Sakrowski
10435 Berlin
info@netart-datenbank.org

Abstract: Die in diesem Beitrag vorgestellte Infrastruktur entstand aus dem Anliegen, ein Archivierungssystem für Netzkunst zu schaffen, das in der Lage ist, die besonderen Eigenschaften von Netzkunstwerken zu repräsentieren. Nach einer Analyse dieser Eigenschaften, sowie gängiger Sammlungs- bzw. Datenbankmodelle, wird das entwickelte Datenbankmodell sowie die Funktionalitäten des grafischen Interfaces zur dynamischen Visualisierung der Datenbank-Strukturen erläutert. Dem Paradigma der Automatisierung wird das Paradigma der Kollaboration gegenüber gesetzt. Abschließend werden mögliche Anwendungs-kontexte (CSCL) und Perspektiven aufgezeigt.

1 Entstehungskontext

Unter dem Namen netart-datenbank.org bildete sich 2000 ein interdisziplinäres Team aus Informatikern, Kunsthistorikern und Pädagogen, das in der Projektwerkstatt[1] net.art-Datenbank an der TU-Berlin zusammen arbeitete.

Zentrales Anliegen war es, ein Sammlungs- und Dokumentationssystem für Netzkunst zu schaffen, das in der Lage sein sollte, die besonderen Eigenschaften von Netzkunstwerken zu bewahren. Zu diesem Zweck wurde ein grafisches Interface zur dynamischen Visualisierung von Datenbank-Strukturen entwickelt. Dieses wird im Folgenden vorgestellt.

---

[1] Projektwerkstätten sind „TutorInnenprogramme für fachliche und didaktische Innovationen“, die es von studentischer Seite ermöglichen, Inhalte in die universitäre Lehre zu integrieren.

Neben dieser Entwicklung konzipierte und organisierte netart-datenbank.org mehrere Ausstellungen, Künstlergespräche und Videointerviews und nahm an Symposien und Konferenzen teil.[2] 2003 wurde der Verein web.museum e.V.[3] mit dem Ziel gegründet, eine Plattform zu bilden, die die folgenden Aktivitäten in einem weiteren Kontext ermöglicht. Die Arbeit des Vereins geht über die Archivierung von Netzkunstwerken hinaus, indem sie das Internet selbst als Sammlungsgegenstand betrachtet. Die bisher entwickelte Infrastruktur wurde dem Verein web.museum e.V. zur Verfügung gestellt.

2 Ziele und Anforderungen

Die Merkmale der Netzkunst werfen Fragen und Probleme auf, die für ihre Sammlung von Bedeutung sind. Dies betrifft sowohl die Problematik der Autorenschaft und des Werkbegriffs als auch die gesellschaftliche Bedeutung und Funktionsweise von Kunst im Allgemeinen und der Netzkunst im Speziellen. Eine Sammlung als kulturelles Gedächtnis ist entscheidend am Selbstverständnis der Kultur bzw. der kulturellen Identität beteiligt. Gerade vor diesem Hintergrund ist zu kritisieren, dass an dieser Identität stiftenden Funktion immer nur minoritäre Gruppen innerhalb der Gesellschaft beteiligt sind. Datenbanken sind digitale Formen von Sammlungen, das heißt: Ordnungsstrukturen. Da auch sie in ihren Datenmodellen immer einen Ausschnitt von Wirklichkeit abbilden [KeEi04], diese jedoch gleichzeitig durch ihre semantische und ordnende Kraft determinieren, trat neben dem Sammlungsgegenstand auch die Sammlungsform, d.h. die Datenbankstruktur in den Blickpunkt. Aufgrund unserer Analyse dieser beiden Problemfelder entwickelten wir einen Anforderungskatalog an das Datenbanksystem.

Ergebnisse der Analyse des Sammlungsgegenstandes Netzkunst:

- Netzkunst ist durch ihre medialen Eigenschaften per se kontextuell.
- Netzkunst ist nicht nur auf die Dimension des Netzes selbst beschränkt. Es finden sich Übergänge in den realen Raum und Schnittstellen zu nicht digitalen Artefakten.
- Werke der Netzkunst sind als ontische Entitäten nicht vorhanden.

---

[2] Eine ausführliche Dokumentation dieser Aktivitäten findet sich unter www.netart-datenbank.org

[3] http://webmuseum.trilithium.de

- Die Grenzen eines Dokumentes stellen aufgrund möglicher Verweise und generativer Softwareelemente nicht notwendigerweise die Grenzen einer Arbeit dar.
- Der Unterschied zwischen einem Werk und einem beliebigen anderen digitalen Dokument ist nur auf Grund seiner Verwendung und Erscheinung in der Aufführung festzumachen. Zudem ist die Beschreibung eines Kanons der Netzkunst infolge der zeitlichen Nähe noch nicht abgeschlossen. So können auch in Zukunft Dokumente die Bedeutung von Netzkunstwerken erlangen, die bisher nicht als solche bestimmt wurden.
- Die Aufführung ist von speziellen technischen Umgebungsvariablen (wie z.B. Browser, Betriebssystem und Verbindungsgeschwindigkeit) abhängig. Diese Faktoren bestimmen weitestgehend die Erscheinungsform der Arbeiten.
- Einige der Arbeiten besitzen eine zeitlich unbegrenzte Prozessualität.
- Der Begriff des Autors wird durch die kollaborative und interaktive Form der Arbeiten der Netzkunst in Frage gestellt.
- Authentizität sowie der Begriff des Originals werden durch die spezifischen Eigenschaften des digitalen Mediums aufgeweicht.

Ergebnisse der Analyse von Sammlungsmodellen:

- Die Struktur von Sammlungen wird durch die verwendeten Kategorien und deren Relationen konstituiert. Sammlungsstrukturen werden nach außen etwa durch Indizes, Thesauri, Kataloge und ähnliche Findmittel konstituiert.
- Die Administrations- und die Anwendungsseite unterscheiden sich. Das Verhältnis zwischen Eingabe- und Suchoberfläche ist dem zwischen Depot- und Präsentationsfläche vergleichbar.
- Die Suchmöglichkeiten in Sammlungssystemen beschränken sich größtenteils auf antizipierte Inhalte.
- Individuelle Nutzerprofile haben weder Einfluss auf andere Nutzer noch auf die Sammlungsstruktur.

2.2 Konzept für eine Datenbank zur Sammlung von Netzkunst

Die Datenbank sollte den einzelnen oben beschriebenen Problemen Rechnung tragen. So entstand das Konzept für ein Datenbanksystem, welches durch die speziellen Eigenschaften des Sammlungsgegenstandes und die Vorüberlegungen zu Sammlungsmodellen geprägt ist. Die der Datenbank zugrunde liegende Ordnungsstruktur soll für die Nutzer transparent sein und diesen so die Möglichkeit zur kritischen Auseinandersetzung bieten. Der Datenbanknutzer soll die Möglichkeit erhalten, in das System einzugreifen und es aktiv zu gestalten. Aus diesem Zusammenhang entstand die Überlegung, den Unterschied zwischen der Verwaltungs- und Nutzerebene aufzuheben. Die Verwaltungsprozesse sollen auch für den Recherchierenden transparent sein. Dieser integrative Ansatz ist die Basis für Partizipation und kollaborative Arbeit am Sammlungsbestand. Aus dem Datenbanksystem heraus soll für jeden anderen Nutzer nachvollziehbar sein, wer für welche Eintragungen verantwortlich ist, um so die individuellen Perspektiven und Ansätze sichtbar zu machen. Des Weiteren soll es möglich sein, sich über diese Positionen auszutauschen und direkt mit den anderen Anwendern in Kontakt zu treten. Um auch innerhalb einer gezielten Recherche über die verschiedenen, möglicherweise antagonistischen Eintragungen schnell zu den antizipierten Resultaten zu gelangen, soll es möglich sein, die verschiedenen Datenräume nach den für die jeweiligen Eintragungen Verantwortlichen vor der Suche selbst zu filtern. Die Recherche erstreckt sich dann nur über die vom Suchenden selbst ausgewählten Datenbereiche. Die unterschiedlichen, individuellen Standpunkte die in dem Datenbanksystem zum Ausdruck kommen können, werden dann Basis eines Metadiskurses über den konkreten Sammlungsgegenstand hinaus. Das Datenbanksystem kann so zu einer Anwendungsform finden, die weit über das eigentliche Sammeln hinaus, auf einen kulturellen Metadiskurs zielt.

Die Aktivisten und Arbeiten der Netzkunst lassen sich durch die Begriffe Autor, Werk, Original etc. nicht mehr adäquat beschreiben. Die der Netzkunst eigene Infragestellung der Bedeutungen dieser Begriffe stand im Zentrum unserer Betrachtung. Um diesen Sachverhalt entsprechend abbilden zu können, problematisierten wir gerade den Prozess der Bedeutungszuschreibung. Unsere Überlegungen führten uns zu der Auffassung, dass die Verwendung eines Begriffs ein Beziehungsgefüge generiert, aus welchem dessen Bedeutung erst entsteht. Die Beziehungen werden so zu den eigentlichen Bedeutungsträgern innerhalb der Sammlung. In einer Beziehung kann eine Entität, je nach Betrachtungsweise, verschiedene Funktionen erfüllen. Die Benennung dieser Funktionen bindet die Bedeutung in den Kontext des jeweiligen Verwendungszusammenhangs ein. Der Verwendungszusammenhang entspricht unterschiedlichen gesellschaftlichen Räumen, wie etwa dem ökonomischen, dem künstlerischen, dem religiösen oder politischen etc. Die beschriebene Problematik erfordert eine Sammlungsstruktur, in der Zusammenhänge aus all diesen Räumen abgebildet werden können und die Benennung der jeweiligen Funktion einer Entität frei verfügbar ist. Auch in der Darstellung auf Seiten des Frontends soll das Vernetzte, Perspektivisch-Offene, das sich aus den Bedeutungszusammenhängen der Sammlungsobjekte ergibt, erhalten bleiben und abgebildet werden. Die verschiedenen Diskursbereiche sollen dem entsprechend einheitlich dargestellt werden und durch assoziatives Navigieren und gezieltes Suchen im Zusammenhang erschließbar sein.

3 Überblick über die Funktionalität

3.1 Das Datenbankmodell

In der Datenbank bezeichnen die verwendeten Kategorien so allgemein und abstrakt wie möglich die Objekte, um eine neutrale Speicherfläche zu erzeugen (Aktivität, Person, Gesellschaft, Dokument, Buch, Journal, URL, Domain, Ort, Emailadresse, Nationalität, Mimetype, Netz, Topleveldomain). Die verwendeten Attribute innerhalb dieser Kategorien wurden auf das Nötigste reduziert, die genauere Bestimmung der Objekte erfolgt durch die relationalen Verknüpfungen der einzelnen Kategorien.

Es wird zwischen festen und offenen Relationen unterschieden. In festen Relationen haben die an der Relation beteiligten Entitäten eine definierte Funktion (oder Rolle). Sie beschreiben entweder triviale oder technisch bestimmte Zusammenhänge, wie zum Beispiel das Geburtsdatum einer Person oder den Mimetype eines archivierten Dokumentes. Bei einer offenen Relation sind die Funktionen der verknüpften Entitäten frei benennbar, die Benennungen werden als Rollenzuschreibungen in einzelnen Tabellen verwaltet. Diese Konstruktion der Relationen über eine Rolle ist kennzeichnend für das Datenmodell, und wird auch in zukünftigen Erweiterungen des Modells beibehalten werden.

3.2 Visualisierung und Interaktion

Das entsprechend dem oben dargestellten Konzept entwickelte Java-Interface zeichnet sich dadurch aus, dass es die Struktur eines Datenmodells graphisch abbildet. Durch die direkte Visualisierung des Datenmodells wird die ihm inhärente Semantik an die Oberfläche gebracht. Die, die Abfrage- bzw. Aussagemöglichkeiten einer Datenbank determinierende, Funktion des Modells steht so im Zentrum der Visualisierung. Dem entsprechend ist die Gestaltung des gesamten Frontends auf das Wesentliche reduziert. Wenngleich die Anforderungen an das Frontend aus der Analyse des Diskursbereiches Netzkunst und den Möglichkeiten ihrer Sammlung und Dokumentation erwachsen sind, ist aus dieser speziellen Analyse ein Interface entstanden, in dessen Gestaltung von dem konkreten Anwendungskontext abstrahiert wurde. Diese Abstraktion ist nicht zuletzt auch im softwaretechnischen Design des Interfaces angelegt. Es ist als universelles Tool konzipiert, dass sich mittels geeigneter Konfigurationsdateien und Erweiterungen auf jede beliebige Datenbank aufsetzen lässt.

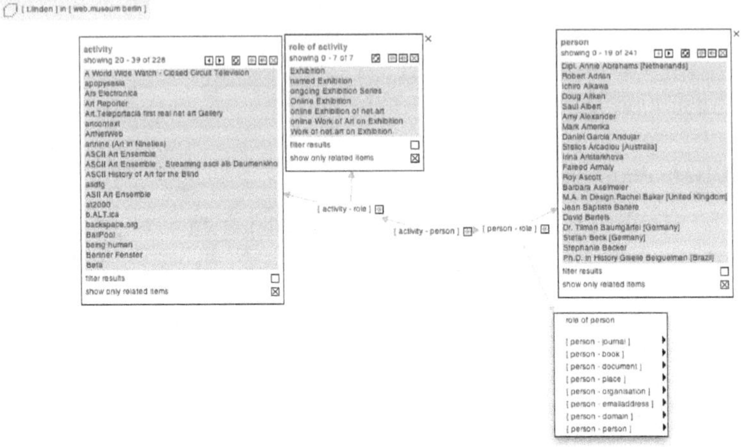

Abbildung 1 Interaktive Visualisierung einer Ansicht auf das Datenbankmodell

Das Datenbankmodell wird als Graph visualisiert, in dem die Knoten Tabellen (Kategorien) und die Kanten Referenzen (Beziehungen) zwischen den Tabellen darstellen. Der Benutzer kann im Rahmen der durch das Modell vorgegebenen Möglichkeiten eine individuelle Ansicht auf den Datenbestand interaktiv konstruieren (Abb. 1). Ausgehend von einer Tabelle aus einer vorgegebenen Menge von Einstiegspunkten kann die Ansicht durch Zeichnen von Verbindungen und der Auswahl verknüpfter Tabellen in nahezu beliebiger Komplexität verändert werden. Die individuellen Ansichten können darüber hinaus gespeichert und zu einem späteren Zeitpunkt wieder abgerufen werden.

Die Funktionalitäten des Frontends sind reduziert auf einen einfachen Satz von Basisfunktionen, die in beliebiger Kombination ausführbar sind und so den Benutzern eine Vielzahl von Ausdrucksmöglichkeiten bieten. Die Anwendungsmöglichkeiten des Frontends werden nicht explizit - etwa symbolisch oder textbasiert - formuliert, sondern ergeben sich implizit aus den Kombinationen der Basisfunktionen und der Semantik des Datenmodells. Die Basisfunktionen sind (1) Veränderung der Ansicht, (2) Abfrage von Datensätzen, (3) Eingabe von Datensätzen, (4) Änderung von Datensätzen und (5) Löschung von Datensätzen.

Die einzelnen Funktionen stehen je nach Autorisierung des Nutzers für jede einzelne Tabelle zur Verfügung. Abfrage und Pflege der Datenbank werden so zu einem integrierten Prozess, bei dem das Eine jeweils das Andere unterstützt:

Beim Einpflegen neuer Daten ist die Suche nach vorhandenen Datensätzen hilfreich, um die neuen Datensätze direkt mit vorhandenen zu verknüpfen. Dem gegenüber kann der mit entsprechenden Rechten versehene Nutzer den Inhalt der Datenbank während einer Recherchesitzung unmittelbar erweitern, falls er selbst über noch nicht in der Datenbank gespeicherte Informationen verfügt.

3.3 Gezielte und Assoziative Suche

Das Frontend bietet zwei verschiedene Suchmodi an. Zum einen die Filterung der Ergebnisse durch Eingabe von Suchkriterien (nicht-kontextbezogene Suche) und zum anderen die Filterung der Ergebnisse durch Auswahl verknüpfter Datensätze (kontextbezogene Suche). Beide Suchmodi können auch zusammen genutzt werden, so dass sich ein dritter Suchmodus ergibt, in dem die Ergebnisse sowohl nach Suchkriterien als auch nach verknüpften Datensätzen gefiltert werden.

Bei der Eingabe von Suchkriterien hat der Nutzer detailliert Zugriff auf alle Attribute der abgefragten Tabelle. In Verbindung mit der Filterung nach verknüpften Datensätzen steht dem Nutzer ein sehr mächtiges Recherche-Instrument zur Verfügung. Da sich kontextbezogene Suchanfragen über die gesamte vom Nutzer konstruierte Ansicht erstrecken können, ist die Formulierung von Anfragen in einer Komplexität und Tiefe möglich, wie sie sonst nur Datenbank-Administratoren in textbasierten Clients zur Verfügung stehen.

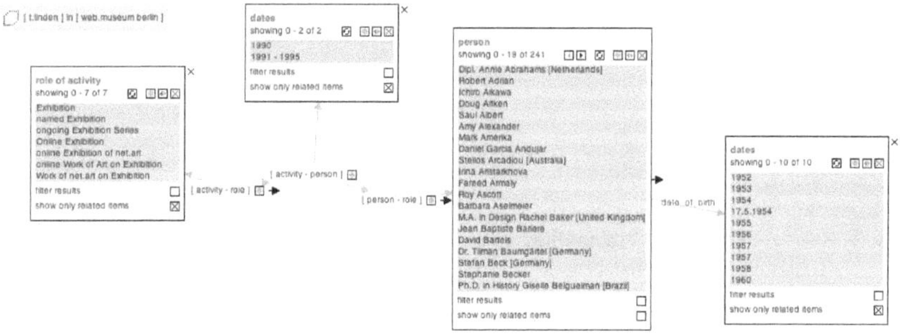

Abbildung 2 Kontextbezogene Suche - Die gezeigte Ansicht korrespondiert in Bezug auf die Tabelle *person* mit der Suche nach allen Personen, die im Jahr 1956 geboren wurden und im Jahr 1990 an einer Ausstellung teilgenommen haben.

Die in Suchanfragen ausgedrückten Beziehungen korrespondieren direkt mit der vom Nutzer konstruierten Ansicht und den innerhalb dieser Ansicht gemachten

Selektionen (Abb. 2). Unser Interface erlaubt damit die visuelle Konstruktion von komplexen Anfragen an eine relationale Datenbank, und bildet algorithmisch die in der Visualisierung formulierte Frage auf die Datenbank-Anfragesprache (SQL) ab. Dies erlaubt auch dem technisch nicht versierten Benutzer den Zugriff auf ein weites Spektrum der in einer solchen Anfragesprache liegenden Ausdrucksmöglichkeiten.

Neben der expliziten Suche nach Datensätzen unterstützt das Interface assoziatives Navigieren durch den Datenbestand. Dies wird durch visuelle Hinweise während der Erweiterung der Ansicht um neue Tabellen gewährleistet. Wann immer der Nutzer bestimmte Datensätze selektiert hat, werden bei einer folgenden Auswahl verknüpfter Tabellen diejenigen farblich hervorgehoben, in denen mit den Selektionen verknüpfte Datensätze gespeichert sind. Da beim assoziativen Browsen die gleichen Algorithmen zur Anwendung kommen, die auch aus der Visualisierung eine Anfrage an die Datenbank erzeugen, funktionieren auch hier die Verknüpfungen in beliebiger Tiefe (Abb. 3).

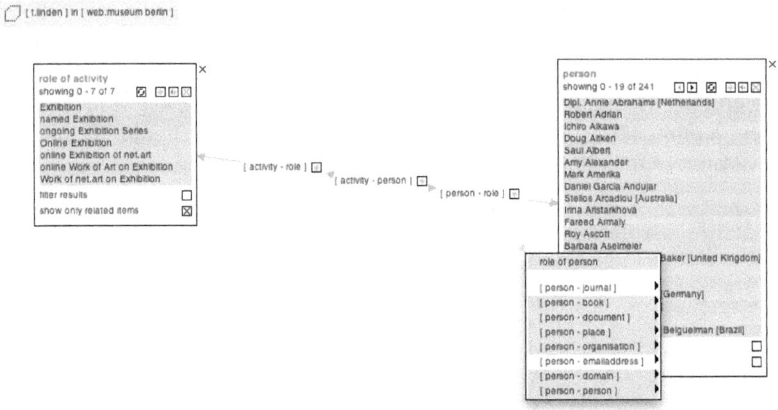

Abbildung 3 Assoziatives Navigieren - Hier werden die Tabellen farblich hervorgehoben, in denen Datensätze vorhanden sind, die mit einer Person verknüpft sind, die an einer Ausstellung teilgenommen hat.

3.4 Eingabe und Verknüpfung von Datensätzen

Zur Pflege des Datenbestandes können neue Datensätze eingegeben, verknüpft, geändert und gelöscht werden. Alle Änderungen am Datenbestand werden, wiederum verknüpft mit der Kennung des jeweils verantwortlichen Benutzers und dem Zeitpunkt der Eingabe, in der Datenbank als Metainformation gespeichert. In der nächsten Version des Frontends soll es möglich sein, diese Informationen in die Recherche mit einzubeziehen, um so den Suchbereich auch nach eingebenden Personen einzuschränken zu können.

Der Nutzer beginnt mit einer Eingabe an einer beliebigen Tabelle in der von ihm konstruierten Ansicht. Während der Eingabe eines oder mehrerer neuer Datensätze wechselt das Interface in einen anderen Modus, in dem es nicht möglich ist, die Ansicht manuell um neue Tabellen zu erweitern; statt dessen werden die für die Eingabe relevanten Tabellen der Ansicht halb-automatisch hinzugefügt. Die nicht-kontextbezogene Suchfunktion bleibt für alle relevanten Tabellen aktiviert, so dass auch während der Eingabe die Datenbank durchsucht werden kann. Dies ermöglicht und begünstigt die Verknüpfung neuer Datensätze mit schon vorhandenen.

Bevor eine Eingabe in der Datenbank gespeichert wird, prüft das Interface automatisch das Vorhandensein von ähnlichen Datensätzen. Die Doppelung von Eingaben soll möglichst vermieden werden, um wiederum die Verknüpfung von Diskursbereichen zu begünstigen. Bei der Feststellung der Ähnlichkeit werden auch aufgetretene Tippfehler und oder Abweichungen in der Schreibweise detektiert.

3.5 Diskursbezogene Funktionalitäten

Das softwaretechnisch offene und generische Design des Interfaces erlaubt die Einbindung spezieller Funktionalitäten, die über die beschriebenen Basisfunktionalitäten hinausgehen. Im Kontext unserer Netzkunst-Datenbank machen wir von dieser Möglichkeit bei den Tabellen Dokument und URL Gebrauch. In der Tabelle Dokument werden alle auf unserem Server vorhandenen digitalen Dokumente verwaltet, wie etwa archivierte Webseiten, digitale Videos, Photos etc. In der Tabelle URL werden relevante URLs verwaltet, wie zum Beispiel die URLs der archivierten Webseiten. Die bei einer Recherchesitzung gefundenen Dokumente und URLs sind direkt aus dem Frontend aufrufbar, wodurch das ganze System auch die Verwaltung von Dokumenten unterstützt. Nach diesem Prinzip lässt sich das Frontend um beliebige Funktionen erweitern.

3.6 Zwischenfazit

Das Frontend fordert durch seine Reduziertheit vom Benutzer die Auseinandersetzung mit dem Prozess der Strukturierung und Formalisierung seines Wissens sowie die aktive gedankliche Beteiligung an eben diesem Prozess. Im Unterschied zu statischen Frontends mit vordefinierten Dialogstrukturen und weniger abstrakten, explizit auf einen speziellen Diskursbereich formulierten Datenmodellen legt unser System keine vordefinierte Semantik nahe. Die Bedeutungszuschreibungen sollen soweit möglich dem Benutzer überlassen werden. Auf der anderen Seite ermöglichen die hier in Form und Zusammenstellung entwickelten Interaktionsmechanismen einen hoch dynamischen Umgang mit dem Bestand.

Der ansonsten aus Sicht des Nutzers eher als blackbox erscheinende Formalisierungsprozess wird in eine feinere Granularität aufgelöst und so insgesamt verfügbarer, wobei ein fließender Übergang zwischen Rezeption, Reflektion und Partizipation entsteht. Erst durch den verstärkten Einsatz von Interaktion und Kommunikation, erst in dem Moment wo die blackbox zur Interaktions- und Kommunikationsmaschine avanciert, kann sich der verwaltete Datenraum zu einem emergenten Gebilde entwickeln.[4] Dies unterscheidet unseren Ansatz von dem einer automatisierten Indizierung und Strukturierung eines großen Datenbestandes. Dem Paradigma der Automatisierung setzen wir das Paradigma der Kollaboration gegenüber. Anstatt der potentiell großen Menge von Daten allein durch festgelegte Algorithmen zu begegnen, soll unser Frontend die gemeinsame Arbeit von möglichst vielen Personen am Datenbestand und den Kategorien, die diesen ordnen und Bedeutungszuschreibungen vornehmen ermöglichen, und so eine Verknüpfung der individuellen Ansätze fördern. Die dadurch zustande kommende Strukturierung des Datenbestandes hat dann auch eine andere (soziale) Qualität als die durch eine automatisierte Indizierung hergestellte Strukturierung.

4 Anwendungskontexte

Da das Interface grundsätzlich für jede relationale Datenbank und jedes Themengebiet verwendet werden kann, ist es neben der Archivierung und Abbildung von Netzkunst-Aktivitäten auch in anderen Kontexten einsetzbar.

Parallelen lassen sich beispielsweise zum Ansatz semantischer Netze (bzw. light ontologies) herstellen, der vor allem im Bereich betrieblichen Wissensmanagements entwickelt und beforscht wird. Ziel dieser Bemühungen ist es, nicht nur isolierte Informationen, sondern auch Kontexte und Erfahrungen abzubilden, indem es den Nutzern semantischer Datenbanken ermöglicht wird, auch persönliche oder projektbezogene Erfahrungswerte einzustellen und abzurufen. Auch wenn Wissen niemals in Datenbanken gespeichert werden kann, erlauben semantische Netze wohl die größtmögliche Annäherung an die Abbildung komplexen Wissens, das sich durch seine Vernetzung und Personengebundenheit auszeichnet. Gerade letztgenannte Eigenschaften werden auch durch die oben beschriebene Infrastruktur (wenn auch ohne explizit semantische Technologien) in besonderem Maße berücksichtigt.

---

[4] Die Verwendung des Begriffs „interaction machine" bezieht sich auf Peter Wegner und seine Überlegungen zum Interaktions-Paradigma [Wegn97].

Aus einer etwas anderen Perspektive wird im Kontext von CSCL am Aufbau und der Abbildung geteilten Wissens mittels kollaborativer Datenbanken geforscht. Das Projekt Computer Supported Instructional Learning Environment (CSILE) beispielsweise beruht auf einer netzgestützten kooperativen Lernumgebung, mit der die Forschergruppe um Bereiter und Scardamalia die Konstruktion kollektiven Wissens optimieren will [ScBe94]. In CSILE sind alle Computerstationen des Klassenzimmers mit einer gemeinsamen Wissensdatenbank verbunden. Durch die Partizipation an der kollektiven Konstruktion externaler Wissensbestände soll, so die Annahme der Forscher, auch das individuell-kognitive Wissen erweitert werden.

Auch Visualisierungsstrategien, wie das Concept-Mapping-Verfahren, das von Novak und Gowin [NoGo84] speziell für Zwecke der Unterstützung von Lernen und Wissenserwerb entwickelt wurde, werden seit Jahren in einer Vielzahl empirischer Untersuchungen intensiv beforscht. So konnte inzwischen nachgewiesen werden, dass sowohl der Prozess des Concept Mapping selber als auch die Nutzung vorgegebener Maps Lernen anregen, unterstützen und zum Wissenserwerb beitragen kann[5].

Vor allem in diesem Kontext existieren, zum Beispiel in der universitären Lehre, nach Ansicht der Autoren Einsatzmöglichkeiten für das entwickelte Interface. Hier kann die grafische Darstellung helfen, Zusammenhänge zu erkennen bzw. kritisch zu analysieren. Die gemeinsame Erarbeitung eines Themenbereichs wird jedoch vor allem über die Eingabe von Daten und den Aufbau von Beziehungsstrukturen geschehen. Da die Bedeutungszuschreibung beim Eingebenden liegt, und Definitionen und Sichten anderer Nutzer einsehbar sind, wird die kooperative Auseinandersetzung mit dem Themengebiet gefördert. Durch den Einsatz in Lehrveranstaltungen könnte im Anschluss an die CSCL-Forschung aus erziehungswissenschaftlicher Perspektive das didaktische Potenzial der entwickelten Lösung experimentell geprüft und evaluiert werden.

Literaturverzeichnis

[KeEi04] Kemper, A., Eickler, A.: Datenbanksysteme. Eine Einführung. Oldenburg, 2004

[ScBe94] Scardamalia, M., Bereiter, C.: An architecture for collaborative knowledge building. In: De Corte, E.. et.al.: Computer-based learning environments and problem solving. Springer, Berlin 1994.

[NoGo84] Novak, J.D., Gowin D.B.: Learning how to learn. Cambridge 1984.

[5] Eine zusammenfassende Darstellung von Forschungsergebnissen findet sich unter anderem bei Fischer [Fisc98].

[Fish98] Fischer, F.: Mappingverfahren als kognitive Werkzeuge für problemorientiertes Lernen. Frankfurt/M. 1998.

[Wege97] Wegner, P.: Why Interaction is more powerful than Algorithm, in: Communications of the ACM, May 1997/Vol.40, No.5.

Dynamik in Bildern – Neue Wege der automatisierten Illustration

Marc Nienhaus, Prof. Dr. Jürgen Döllner

Computergrafische Systeme
Hasso-Plattner-Institut an der Universität Potsdam
Prof.-Dr.-Helmert Straße 2-3
14482 Potsdam
nienhaus@hpi.uni-potsdam.de
doellner@hpi.uni-potsdam.de

Abstract: Darstellungen von Dynamik in Bildern bieten ein großes Potential zur expressiven und effektiven visuellen Kommunikation. Sie haben eine lange Tradition sowohl in der Kunst als auch in der bildhaften Narration.
Dieser Artikel präsentiert einen neuen Ansatz zur automatisierten Illustration, ein System zur automatisierten Generierung von ausdrucksstarken Abbildungen von Dynamik in 3D-Szenen. Dabei berücksichtigt das System Konzepte und Leitlinien der Illustration, des Graphikdesigns und der Kunst, die traditionell in Storyboards oder Comics Anwendung finden. Basierend auf einer formalen 3D-Szenen- und Animationsbeschreibung analysiert das System die spezifizierte Dynamik und bildet diese geeignet auf bildgebende Elemente ab. Zur Generierung ausdruckstarker Bildinhalte mit einer speziellen Intention bietet das System Schnittstellen zur interaktiven Konfiguration und Manipulation der Darstellung an.

1 Einleitung

Graphische Darstellungen, wie z.B. Bilder, Diagramme und Skizzen, werden im zunehmenden Maße durch Computer generiert. Trotz des Einsatzes von Computern ist die Erzeugung von überzeugenden Bildinhalten zur Visualisierung von Informationen, Daten und Zusammenhängen oftmals nur durch beträchtlichen Aufwand und durch die Fertigkeiten eines Benutzers möglich.

Erfolgreiche computergraphische Systeme zur automatisierten Generierung von ausdrucksstarken Bildinhalten zur visuellen Kommunikation nutzen Algorithmen und Verfahren, die auf den Konzepten und Prinzipien des Graphikdesigns, der Kunst, der Wahrnehmungspsychologie und der Kognitionswissenschaften beruhen. Diese so genannten Smart Depiction Systems [AgDu05] generieren Darstellungen, die die menschliche Fähigkeit visuelle Informationen zu verarbeiten adressieren und gleichzeitig den benötigten Zeit- und Kostenaufwand reduzieren. Beispiele für Smart Depictions Systems sind Systeme zur automatisierten Erzeugung von Aufbau- und Montageanleitungen [Agr⁺03, Li⁺04] und zur automatischen Generierung von Anfahrtsskizzen [AgSt01].

Abbildung 1 Storyboardzeichnung einer Baseballschlagsequenz[1]

Dieser Beitrag präsentiert ein Smart Depiction System als einen neuen Ansatz zur automatisierten, bildhaften Illustration von Dynamik, die eine komplementäre und bedeutende Dimension von Informationsinhalten in 3D-Szenen repräsentiert. Um aussagekräftige Illustrationen von Dynamik in statischen Bildern [Cutt01] zu generieren, nutzt das System Prinzipien und Entwurfsrichtlinien des Graphikdesigns und der visuellen Narration, wie sie zum Zeichnen von Storyboards [Katz91] (Abb. 1) und Comics [McCl04] genutzt werden. Diese Medien bieten ein reiches Vokabular an Symbolen, die die visuelle Kommunikation einer Fülle von Abläufen und Ereignissen ermöglichen.

Künstler und Graphikdesigner stellen Dynamik skizzenhaft, manuell oder unterstützt durch Graphikanwendungen, dar. Die Herausforderung ist es, ein System zu entwickeln, das den Prozess der Interpretation von Dynamik in 3D-Szenen und deren storyboard-ähnliche Darstellung automatisiert. Das entwickelte System analysiert dazu allgemeingültige 3D-Szenen- und Animationsbeschreibungen und symbolisiert die darin spezifizierte Dynamik durch expressive und illustrative Bildzeichen, den so genannten Dynamic Glyphs, in statischen Bildern.

---

[1] Die Storyboarddarstellung illustriert die Schlagsequenz eines Baseball spielenden Jungen [Kat⁺91]. Die dargestellte Dynamik beinhaltet den Schwung mit dem Baseballschläger, das Treffen des Baseballballs und die Flugbahn des beschleunigten Balls. (*Storyboardillustration freundlicherweise zur Verfügung gestellt von Michael Wiese Production, www.mwp.com*)

Insbesondere können somit vergangene, andauernde und zukünftige Abläufe und Ereignisse in 3D-Szenen symbolisiert werden.

Das Gebiet der nichtphotorealistischen Computergraphik [StSc02] erforscht computergraphische Konzepte und Prinzipien, die durch den Einsatz von expressiven und illustrativen Darstellungstechniken bewusst vom Realismus abweichen. Gegenstand des nichtphotorealistischen 3D-Renderings ist die Erzeugung von verständlichen, attraktiven und aussagekräftigen Abbildungen von 3D-Szenen. Die bereits erforschten Renderingverfahren ermöglichen erst die Entwicklung eines Systems zur automatisierten Generierung von storyboardähnlichen Illustrationen von Dynamik.

2 Dynamics Glyphs

In ähnlicher Weise wie Abstract-Graphical Picture Elements [StSc02] oder Speed Elements [Mas⁺99] symbolisieren Dynamics Glyphs Dynamik, wie z.B. Abläufe und zeitbasierte Ereignisse, als Bildelemente in statischen Bildern [NiDö03]. Diese expressiven und illustrativen Bildelemente basieren auf den Prinzipien und Entwurfsrichtlinien, wie sie in Storyboards und Comics genutzt werden. Sie umfassen zum Beispiel Action- oder Motion-Lines [McCl04] zur Visualisierung der Fortbewegung eines Objekts, Pfeile zum Andeuten zukünftiger Bewegungen, Ghost-Images [McCl04] zur Darstellung der vergangenen, derzeitigen oder zukünftigen Position und Ausrichtung eines Objekts, Sprechblasen zur Repräsentation von Gesprächen oder Gedanken, Text zur Visualisierung von Geräuschen und Frames um dramatische Momente und Augenblicke zeitlich zu manifestieren.

Eine gezielte, intentionsgerechte Anreicherung von statischen Bildern mit Dynamics Glyphs erlaubt es, sowohl vergangene, andauernde und zukünftige Situationsabläufe darzustellen oder nicht-geometrische Informationen, wie zum Beispiel Spannung, Gefahr und Gefühle graphisch zu vermitteln. Eine Sequenz von aufeinander folgenden, durch Dynamics Glyphs angereicherten Bildern, ermöglicht zudem die narrative, bildhafte Darstellung von Handlungen.

3 Formale Beschreibung von Szenen und deren Dynamik

Das System zur Illustration von Dynamik basiert auf einer formalen Beschreibung sowohl der 3D-Szene als auch der Szene zugehörigen Dynamik und gewährleistet dadurch die automatisierte Analyse und Interpretation der Dynamik in Szenen.

3.1 Anforderungen an eine hierarchische Szenenbeschreibung

Hierarchische Szenenbeschreibungen haben eine lange Tradition in der Computergraphik. In einer typischen Szenenbeschreibung werden Szenengraphknoten, wie zum Beispiel geometrische 3D Objekte, graphische Attribute, geometrische Transformationen und Umgebungsparameter, in einer hierarchischen Struktur zusammengefasst.

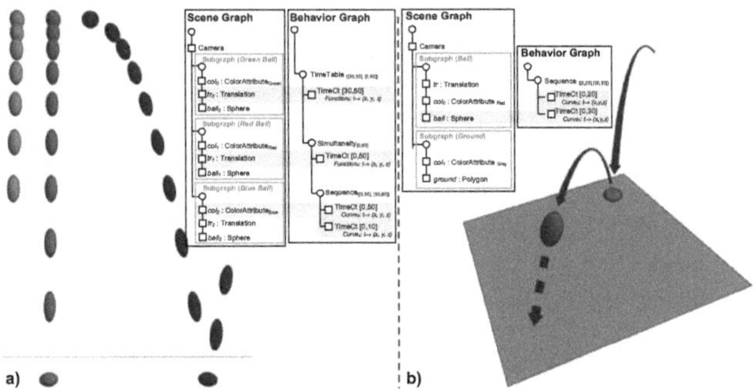

Abbildung 2 Formale Beschreibung der Dynamik[2]

Für unser System müssen die folgenden funktionalen Anforderungen durch die hierarchische Szenenbeschreibung erfüllt werden:

- Die Szenenbeschreibung muss eine generische Operation zur Traversierung unterstützen, um zum Beispiel auf einzelne Szenenobjekte, ihre aggregierten Komponenten und der sie beeinflussenden Szenengraphknoten zuzugreifen.
- Die Szenenbeschreibung muss es ermöglichen einzelnen Szenenobjekten bzw. einer Menge von Szenenobjekten eine Semantik zuzuweisen, um komplexe Szenenobjekte zu definieren.

---

[2] Szenen und Behaviorgraph spezifizieren die in einer Szene statt findenden Animation. Der Behaviorgraph definiert das zeitliche Layout einer Animation und steuert zudem die zeitbasierten Änderungen der Zustände von Szenengraphknoten.

3.2 Anforderungen an die Beschreibung der Dynamik

Die Dynamik einer 3D-Szene wird üblicherweise durch Animation der in der Szene enthaltenen Szenenobjekte beschrieben. Die Beschreibung der Dynamik beinhaltet somit insbesondere die zeitbasierten Zustandsänderungen von Szenenobjekte und der Attribute, die diese Szenenobjekte beeinflussen (z.B. geometrische Transformationen).

Für unser System müssen die folgenden funktionalen Anforderungen durch die Beschreibung der Dynamik erfüllt werden:

- Sämtliche zeitabhängigen Änderungen zu einem gegebenen Szenenobjekt müssen identifizierbar sein.
- Der Start- und der Endzeitpunkt jeder Animation müssen nachträglich bestimmbar sein.
- Der Zustand der Szenenbeschreibung muss zu jedem Zeitpunkt ermittelbar sein.

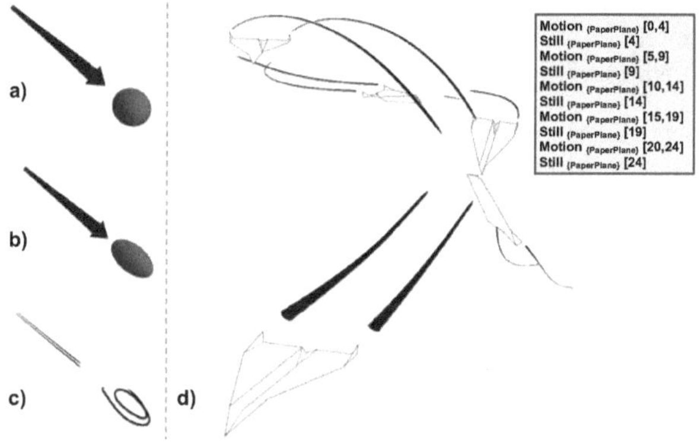

Abbildung 3 Darstellungen von Bewegungen[3]

[3] (a-c) Das System bietet verschiedene Dynamics Glyphs, um die Bewegung eines Balls zu symbolisieren. (a) Der Pfeil und der undeformierter Ball visualisieren die Bewegung des Balls in einer undynamischen Weise. Der Ball scheint sich nicht zu bewegen. (b) Die Deformation des Balls durch eine Squash-und-Stretch Renderingverfahren stellt die Bewegung des Balls glaubwürdiger dar. (c) Die skizzenhafte Darstellung entspricht einer schnellen, effizienten Strichführung und impliziert somit einen sich schnell bewegenden Ball. (d) In ähnlicher Wei-

Das vorliegende System nutzt zur Illustration von Dynamik die Szenen- und Behaviorgraph Bibliothek von Döllner und Hinrichs [DöHi02, DöHi97]. Beide Graphen werden durch Gerichtete Azyklische Graphen (DAG) repräsentiert.

Abbildung 2a illustriert eine Szene mit drei animierten Bällen. Die Geometrie und Position der Bälle wird durch einen Szenengraph spezifiziert. Die Animation der Bälle wird durch den Behaviorgraph spezifiziert. Dieser definiert sowohl das zeitliche Layout der Animationsabfolge als auch die Flugbahn der einzelnen Bälle. Abbildung 2b illustriert die Flugbahn eines springenden Balls. Zwei Knoten im Behaviorgraph definieren die kurvenförmige Bewegung des Balls. Die Knoten werden in sequenzieller Reihenfolge ausgeführt, wodurch sich die sprungförmige Bewegung des Balls ergibt.

4 Analyse und Interpretation der Dynamik in 3D Szenen

Um die Dynamik einer 3D-Szene zu symbolisieren, werden Szenen- und Behaviorgraph analysiert und anschließend graphisch interpretiert. In einem ersten Schritt wird der Szenengraph nalysiert und eine geordnete Liste von Szenengraphknoten ermittelt, die sich innerhalb dieser hierarchische Struktur auf ein spezielles Szenenobjekt auswirken. Diese Liste beinhaltet insbesondere die Transformationshierarchie, die Position und Orientierung des Szenenobjekts spezifiziert.

In einem zweiten Schritt wird der Behaviorgraph analysiert und zu der geordneten Liste die Menge der Animationen bestimmt, die zu irgendeinem Zeitpunkt einen Knoten der Liste manipulieren. Durch die formale Beschreibung der Animation lässt sich zudem ermitteln von welchem Typ der Szenengraphenknoten ist und welche Werte zu einer Zustandsänderung führen.

Die gesammelten Informationen dienen nun als Datenressource, an die Anfragen bezüglich des Zustandes eines Szenenobjekts im Szenengraphen zu einem beliebigen Zeitpunkt gestellt werden können.

Da sowohl die Transformationsreihenfolge zu einem Szenenobjekt als auch alle Animationen bekannt sind, die entweder direkt das Szenenobjekt manipulieren oder sich auf die geometrischen Transformationen auswirken, kann zum Beispiel zu einem beliebigen Zeitpunkt die Position und Orientierung des Szenenobjekts bestimmt werden. Innerhalb eines Zeitintervalls kann somit durch Anfragen bezüglich diskreter Zeitpunkte die Flugbahn eines Szenenobjekts im 3D-Raum rekonstruiert werden.

---

se illustrieren Motion-Lines, die an den Flügelenden starten, den rasanten Flug eines Papierfliegers.

4.1 Charakteristik der Dynamik

Nachdem sämtliche Informationen über die in der Szene statt findenden, zeitlichen Prozesse bekannt sind, muss die zu illustrierende Dynamik aus der Menge aller möglichen Dynamiken selektiert werden. Die Charakteristik der Dynamik klassifiziert die Art der Darstellung der Bewegung eines Szenenobjekts, dem *Depiction Target*, und bestimmt somit in informeller Form deren graphische Symbolisierung. Die Charakteristik ist lediglich ein Bezeichner, den der Benutzer des Systems gemeinsam mit Depiction Target definiert.

Grundlegende Charakteristiken einer erweiterbaren Menge von Bezeichnern sind:

- *Path:* Bezeichnet die schematische Beschreibung der Bewegung des Objekts.
- *Motion:* Bezeichnet die natürlichere Beschreibung der Bewegung.
- *Still:* Bezeichnet vergangene, gegenwärtige und zukünftige Positionen des Objekts.
- *Collision:* Bezeichnet die Kollision mit weiteren Szenenobjekten als ein punktuelles Ereignis.

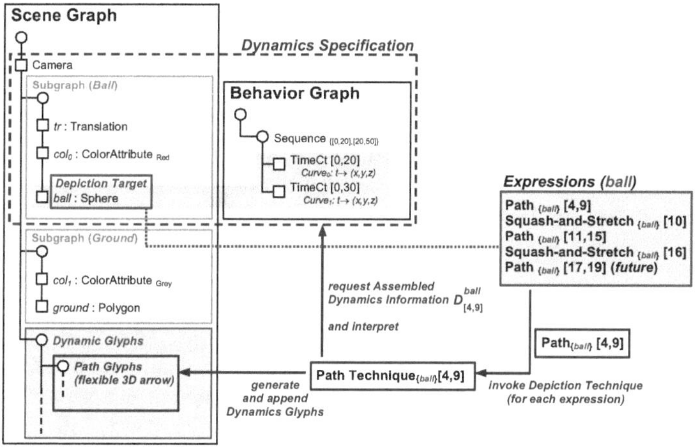

Abbildung 4 Systemüberblick[4]

[4] Der Systemüberblick illustriert den generellen Ablauf zur Generierung von Darstellungen von Dynamik in statischen Bildern. Szenen- und Behaviorgraph spezifizieren die Dynamik eines Balls, dem Depiction Target. Mit dem Ball assoziierte Expressions erlauben es einem Benutzer die graphische Repräsentation der Bewegung des Balls explizit zu modellieren. Das

4.2 Symbolisieren der Dynamik in 3D-Szenen

Ist die Charakteristik der Dynamik zu einem Depiction Target benannt, kann diese durch das System symbolisiert werden. Dieser Prozess ist gekapselt in Depiction Techniques, die einzelne Charakteristika illustrativ visualisieren, indem sie die Informationen über die Dynamik auf Dynamics Glyphs abbilden und diese anschließend dem Renderingprozess (z.B. über den Szenengraph) zuführen. Es existieren zum Beispiel Techniken für die Bezeichner Path und Motion. Die Path-Technique visualisiert die Flugbahn eines Objekts durch einen flexiblen 3D-Pfeil, der dem Betrachter zugewandt ist (s. Abb. 2b). Die Motion-Technique hingegen generiert Motion-Lines, um eine natürlicherer Bewegung graphisch anzudeuten (s. Abb. 3c,d).

Depiction Techniques automatisieren die Generierung der bildhaften Illustration von Dynamik. Sie erfragen für ein bestimmtes Zeitintervall sämtliche zur Generierung der Dynamics Glyphs notwendigen Daten indem Anfragen an die gesammelten Informationen über die Dynamik des Szenenobjekts gestellt werden.

4.3 Modellierung von Illustrationen

Grundsätzlich ist die Qualität einer Darstellung zu einem hohen Anteil von der Intention und den Fertigkeiten eines Designers abhängig. Um einen möglichst hohen Grad an Kontrolle über die Illustration der Dynamik zu gewährleisten stellt das System Expression bereit. Diese Spezifizieren ein Tripel, bestehend aus (1) der Charakteristik einer Dynamik, (2) einem Zeitintervall und (3) eventueller Parameter zur Steuerung der graphischen Darstellung der Dynamics Glyphs (z.B. den Text zur Visualisierung von Geräuschen), und werden mit einem Depiction Target assoziiert. Expressions ermöglichen somit die interaktive Modellierung, Manipulation und Nachbearbeitung der Illustration der Dynamik durch den Benutzer des Systems.

4.4 System zur automatisierten Illustration von Dynamik

Abbildung 4 skizziert den grundsätzlichen Workflow des Systems. Zur Modellierung einer Illustration von Dynamik zu einer gegebenen 3D-Szene, wählt der Benutzer ein Szenenobjekt im Szenengraph als Depiction Target aus und assoziiert mit diesem eine Menge von Expressions. Anschließend beginnt der Prozess zur automatisierten Illustration, indem die Menge von Expression wie folgt verarbeitet wird:

---

automatisierte Anreichern des statischen Bildes mit Dynamics Glyphs symbolisiert dann die Dynamik des springenden Balls in der Vergangenheit, der Gegenwart und in der Zukunft (s.Abb. 2b).

1. Für jede Expression ruft das System, basierend auf der spezifizierten Charakteristik der Dynamik, die zugehörige Depiction Technique auf.

2. Die Depiction Technique stellt für gegebene Zeitintervalle zu diskreten Zeitpunkten Anfragen an die gesamten Informationen über die Dynamik des Szenenobjekts.

3. Die Depiction Technique interpretiert die gesammelten Daten und konstruiert Dynamics Glyphs.

4. Die Dynamics Glyphs werden als Subgraphen an den Szenengraphen angehängt.

Anschließend rendert das System den Szenengraphen mit den enthaltenden Dynamics Glyphs; ignoriert allerdings das Depiction Traget, da dessen graphische Darstellung unwesentlich und sogar störend für die Illustration der Dynamik ist.

Der folgende Pseudocodeausschnitt beschreibt den automatisierten Illustrationsprozess für ein Depiction Target und einer assoziierten Menge von Expressions:

```
procedure evaluate(SetOfExpression exprs, DepictionTarget obj) begin
       for all expr ∈ exprs begin
         /* Find depiction technique for requested characteristic */
         DepictionTechnique dt ← findTechnique(expr.Characteristic)
         /* Invoke depiction technique for generating dynamics glyphs
           based on assembled dynamics information and optional pa-
           rameter */
         SceneNode dynGlyphs ← dt.depict(expr.Parameter)
         SceneGraph.append(dynGlyphs)     end  end
```

Abbildung 5 zeigt die Animationssequenz eines Baseballschlags und die durch Expressions modellierten Illustrationen.

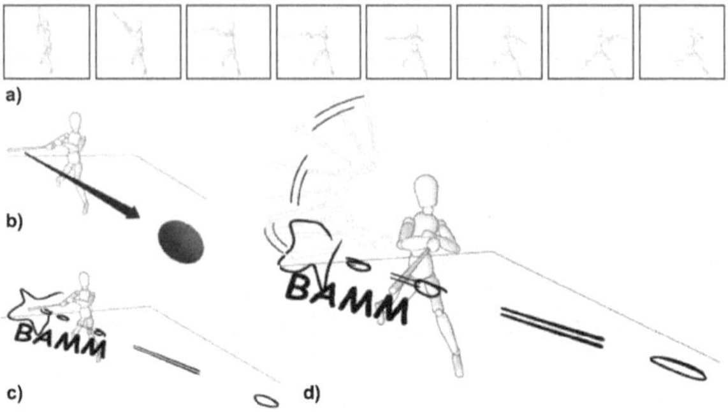

Abbildung 5 Storyboardstudien eines Baseballschlags[5]

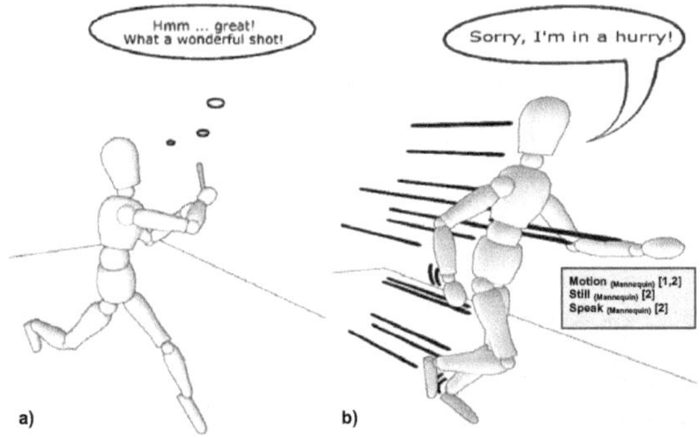

Abbildung 6 Illustrationen von Charakteren[6]

---

5 (a) Die Einzelbilder der spezifizierten Animation. (b) Schematische Darstellung der Flugbahn des Balles. (c) Skizzenhafte, storyboard-ähnliche Darstellung der Animationssequenz: sowohl das Treffen des Balles auf den Baseballschläger, als auch die Flugbahn des Balles werden durch Dynamic Glyphs symbolisiert. (d) Erweiterte skizzenhafte Darstellung, die zudem den Schwung des Baseballschlägers illustriert.

5 Semantikbasierte Illustrationen

Bisher wurde lediglich die Dynamik einzelner Szenengraphknoten (einzelne 3D Objekte) betrachtet. Im Allgemeinen sind jedoch semantische Informationen zu Szenenobjekten erforderlich, um ein Depiction Target hinreichend beschreiben zu können. Insbesondere sind Illustrationen von Abläufen und zeitbasierten Ereignissen abhängig von semantischen Informationen, da diese oftmals nicht so offensichtlich sind, wie im Fall der Charakteristiken Path und Motion. Zum Beispiel ist die Symbolisierung eines Gesprächs durch Sprechblasen erst durch explizites spezifizieren der virtuellen Charaktere und deren Köpfe möglich.

Die Spezifikation von Semantik zu Szenenobjekten ist Aufgabe der Szenenmodellierung. Die spezielle Attributklasse Identifier erlaubt es, semantische Informationen zu spezifizieren und hierarchische Beschreibungen zu entwickeln.

Ein Subgraph mit Identifier repräsentiert zum Beispiel den Charakter in Abbildung 6. Der Subgraph enthält weitere Subgraphen mit zusätzlichen Identifieren, die ihrerseits Teile des Körpers, wie zum Beispiel Kopf, Arm oder Hände, spezifizieren. Sämtliche Informationen über die an den Charakter anliegenden Animationen können nun gesammelt und durch Depiction Techniques interpretiert werden. Somit ist es, durch die hierarchische Komposition von Identifieren, möglich, die Illustrationen in Abbildung 5 und 6 automatisiert zu generieren.

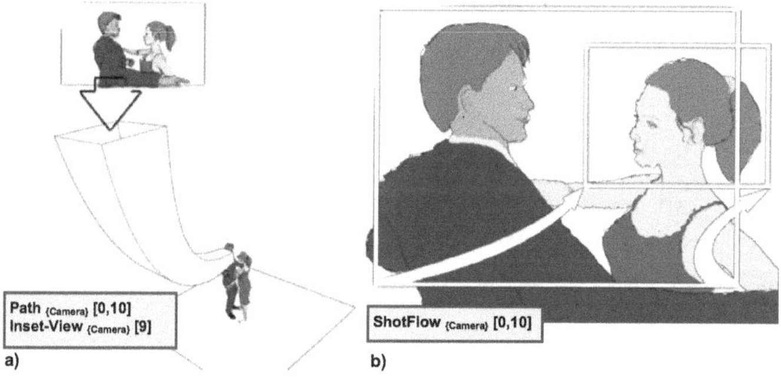

Abbildung 7 Illustrationen zur Kamerasemantik[7]

---

[6] (a) Die Sprechblase symbolisiert die Gedanken des Baseballspielers, nachdem er seinen Schlag ausgeführt hat (vgl. Abb. 5). (b) Expressions definieren die bildhafte Illustration der Dynamik eines rennenden Charakters.

[7] Depiction Techniques zu einer Kamerasemantik illustrieren (a) Crane-Shots oder (b) Close-ups in storyboard-ähnlicher Form. Die zusätzliche *Insight-view* Charakteristik in (a) illustriert

5.1 Semantikbasierte Depiction Techniques

Basierend auf semantischen Informationen lassen sich spezielle Depiction Techniques für einzelne Charakteristika entwickelt, um diese für das Depiction Target graphisch präziser auszudrücken, als es für ein allgemeines Szenenobjekt möglich wäre. Zum Beispiel kann eine Depiction Technique, die speziell für die Semantik einer Kamera entworfen wurde, die Wegstrecke einer Kamera (Path Charakteristik) als einen extrudierten, rechteckförmigen Rahmen symbolisieren (s. Abb. 7a). Storyboarder nutzen diese Art der Darstellung häufig, um einen langen Crane-Shot zu visualisieren [Katz91].

5.2 Semantikbasierte Charakteristika

Überdies führen semantische Informationen zu einem breiteren Vokabular an Bezeichnern für die Charakteristika einer Dynamik. Für eine Semantik können dazu passende Charakteristika und entsprechend die dazugehörigen Depiction Techniques entwickelt und dem System hinzugefügt werden.

Die Bildaufnahmefolge ist zum Beispiel eine Eigenschaft der Kamera. Diese kann als Shot-Flow Charakteristik in das System integriert werden. Eine entsprechend entwickelte Depiction Technique kann, basierend auf den Leitlinien zum Storyboarddesign, die Bewegung und Aufnahmefolge automatisiert illustrieren. Abbildung 7b zeigt eine Aufnahmefolge von einem Medium-Shot zu einem Close-Up. Beide Rahmen kennzeichnen die Position der Kamera und den Anteil der Kameraaufnahme zu bestimmten Zeitpunkten. Die Pfeile illustrieren zudem die Bewegung der Kamera zwischen diesen ausgezeichneten Punkten.

6 Musterbasierte Illustration

Zusätzlich zur expliziten, interaktiven Modellierung mit Expressions kann eine genauere Analyse der Dynamik in einer 3D-Szene Muster detektieren, die den Symbolisierungsprozess unterstützen und weiter automatisieren.

Der Aufbau von Szenengraph und Behaviorgraph und deren Beziehung zueinander können Muster offenbaren. Insbesondere die zeitbasierte Änderung von Transformationsknoten im Szenengraphen kann zu höher entwickelten Illustrationstechniken führen. Zum Beispiel kann eine Analysetechnik die Rotation eines Szenenobjekts um seine eigene Achse detektieren und das System kann diese entsprechend illustrieren (s. Abb. 8a).

---

einen Medium-Shot von der Szene. Die Szene selbst ist inspiriert durch den langen Crane-Shot in Notorious [Katz01].

Mehrere Depiction Targets in einer Szene können ebenfalls Muster aufzeigen. Die Bewegung des einen Szenenobjekts kann die bildhafte Darstellung der Dynamik eines anderen Szenenobjekts beeinflussen. Zum Beispiel werden Motion-Lines entgegen der Bewegungsrichtung eines Szenenobjekts platziert, um seine Fortbewegung zu symbolisieren. Wenn sich allerdings die Kamera in die gleiche Richtung mit ähnlicher Geschwindigkeit bewegt, werden Motion-Lines für den gesamten Hintergrund erzeugt, um somit die Dynamik beider Objekte zu illustrieren [Katz91] (s. Abb. 8b).

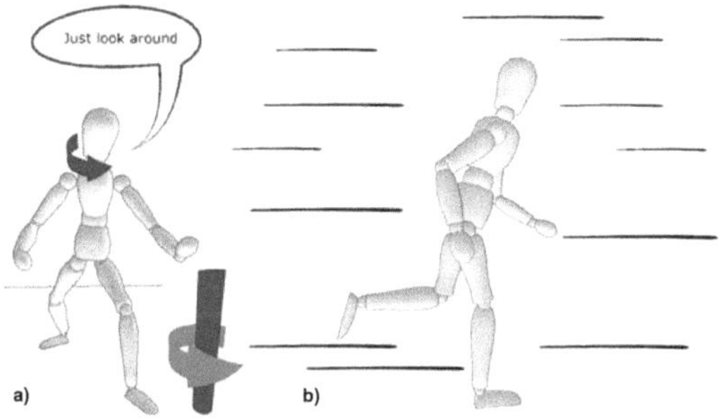

Abbildung 8 Musterbasierte Illustrationen[8]

7 Anwendungszenarien

Die folgenden Szenarien skizzieren mögliche Anwendungsgebiete für das System zur automatisierten Illustration von Dynamik:

- Nicht-Künstler können die vorhandenen Systemkomponenten nutzen, um expressive und illustrative Darstellungen von Dynamik zu modellieren.
- Im Planungs- und Diskussionsprozess kann das System zur kooperativen Illustration von Dynamik genutzt werden.
- In der Prä-Produktiosphase zu einem Film können, basierend auf der Previsualisierung, storyboard-ähnliche Abbildungen erzeugt werden, die dann als Diskussionsgrundlage zur Entscheidungsfindung dienen (z.B. in Storyboardkonferenzen).

[8] (a) Ein gebogener Pfeil deutet eine einfache Rotation an und illustriert somit einen sich umdrehenden Charakter. (b) Motion Lines streifen den Hintergrund und deuten somit die Bewegung von Kamera und Charakter an.

Danksagung

Wir danken der Hochschule für Film und Fernsehen „Konrad Wolf" (HFF) in Potsdam-Babelsberg und insbesondere Prof. Ulrich Weinberg für inspirierende Diskussionen.

Literaturverzeichnis

[AgDu05] Agrawala, M., Durand, F.: Guest Editors' Introduction: Smart Depiction for Visual Communication, IEEE Computer Graphics & Applications: Smart Depiction Special Issue, 25(3), pp.20-21, Mai/Juni 2005.

[Agr+03] Agrawala, M., Phan, D., Heiser, J., Haymaker, J., Klingner, J., Hanrahan, P., Tversky, B.: Designing Effective Step-by-Step Assembly Instructions, Proceedings of ACM SIGGRAPH 2003, pp.828-837, 2003.

[AgSt01] Agrawala, M., Stolte, C.: Rendering Effective Route Maps: Improving Usability Through Generalization, Proceedings of ACM SIGGRAPH 2001, pp.241-250, 2001.

[Cutt02] Cutting, J. E.: Representing Motion in a Static Image: Constraints and Parallels in Art, Science, and Popular Culture, Perception, 31(10), pp.1165-1193, 2002.

[DöHi02] Döllner, J., Hinrichs, K., A Generic Rendering System, IEEE Transactions on Visualization and Computer Graphics, vol.8, no.2, pp.99-118, 2002

[DöHi97] Döllner, J., Hinrichs, K., Object-Oriented 3D Modeling, Animation, and Interaction, Journal of Visualization and Computer Animation, vol.8, no.1, pp.33-64, 1997

[Katz91] Katz, S. D.: Film Directing Shot by Shot: Visualizing from Concept to Screen, Michael Wiese Production, 1991.

[Li+04] Li, W., Agrawala, M., Salesin, D.: Interactive Image-Based Exploded View Diagrams, Proceedings of Graphics Interface 2004, pp.203-212, 2004.

[Mas+99] Masuch, M., Schlechtweg, S., Schulz, R., Speedlines – Depicting Motion in Motionless Pictures, Proceedings of ACM SIGGRAPH'99 Conference on Abracts and Applications, p.277, 1999.

[McCl04] McCloud, S.: Understanding Comics – The Invisible Art, Harper Perennial, New York, 1994.

[NiDö05] Nienhaus, M., Döllner, J.: Depicting Dynamics using Principles of Visual Art and Visual Narrations, IEEE Computer Graphics & Applications, Smart Depiction Special Issue, 25(3), pp.40-51, Mai/Juni 2005.

[NiDö03] Nienhaus, M., Döllner, J.: Dynamics Glyphs – Depicting Dynamics in Images of 3D Scenes, Proceedings of Smart Graphics 2003, pp.102-111, 2003.

[StSc02] Strothotte, T., Schlechtweg, S.: Non-Photorealistic Computer Graphics – Modeling, Rendering, and Animation, Morgan Kaufmann, 2002.

Recherche in Bilddatenbanken anhand visueller Kriterien

Dr. Ivo Keller, Dr. Silva Fischer

Vis-à-pix GmbH
Hermannswerder Haus 17
14473 Potsdam
keller@visapix.com
fischer@visapix.com

Abstract: Konventionelle, schlagwortbasierte Suchverfahren sind der enormen Größe von Bilddatenbanken und der sprachlichen Variabilität nicht gewachsen. Besonders die *kreative* Suche setzt eine automatische Extraktion der visuellen Merkmale voraus. Diese so genannten Content-based image retrieval (CBIR)-Verfahren basieren häufig auf einer Merkmalsextraktion nach MPEG-7-Standard. Diese hochdimensionalen Merkmale müssen anschließend in Vektorräume transformiert und komprimiert werden. Bilder mit ähnlichen Merkmalen befinden sich dann auch in einer 3-dimensionalen Umgebung in Nachbarschaft und lassen sich so anhand ihrer Ähnlichkeit anordnen und intuitiv auswählen. Eine besondere Leistungsfähigkeit gewinnen diese Verfahren durch die assoziative Verknüpfung mit Schlagworten.

1 Einleitung

Spätestens seit dem Boom der digitalen Fotografie Mitte der 1990er Jahre wächst auch die Größe der Archive von Verlagen und Werbeagenturen. Millionen von Bildern müssen dabei anhand ihrer mehr oder weniger treffenden Schlagworte wiedergefunden werden.

Dabei ist die Frage, wie sich ein Bild textlich, strukturiert und vor allem eindeutig beschreiben läßt, bis heute nicht zufriedenstellend beantwortet. Es existiert kein internationaler Standard für die Verschlagwortung von Bildern. Probleme prinzipieller Natur, wie der Sprachwandel und Mehrdeutigkeiten bei Übersetzungen, Eingabefehler bei der Verschlagwortung selbst oder bei der Recherche zeigen trotz der Fortschritte ontologischer Textanalyse klar die Grenzen rein textbasierter Suchmaschinen.

Seit 1996 werden diese daher zunehmend durch CBIR-Suchmaschinen [BaFu96, ChBo97, FlSa95] ergänzt. Einen umfassenden Überblick gibt [ZhHu01]. Diese extrahieren selbstständig hochdimensionale visuelle Inhalte, häufig nach dem MPEG-7-Standard.

MPEG-7, die Standard-Beschreibungssprache für audio-visuelle Videoinhalte, bietet neben den einfachen so genannten Deskriptoren die Möglichkeit zur Beschreibung selbst sehr komplexer Szenen [Siko01]. Von einer internationalen Gemeinschaft wird die Algorithmenentwicklung dabei bis hin zu Hardware-Implementierungen vorangetrieben. Die zeitraubende Merkmalsextraktion kann dann bereits im MPEG-7-Chip in der Kamera vorgenommen werden [KeMe04].

Die Suchstrategie ist ein iteratives Query-by-example-Verfahren [Fal+94]. Hierbei werden einige wenige, besonders repräsentative Bilder ausgewählt, welche nach ihrer Ähnlichkeit angeordnet werden. Unter diesen Repräsentanten wählt der Benutzer dann diejenigen Bilder aus, die seiner intuitiven Vorstellung (bzw. vagen Erinnerung) am nächsten kommen. Anschließend wird die gesamte Datenbank nach deren Merkmalen, bzw. nach Kombinationen dieser Merkmale durchsucht. Die Suchmaschine wählt die dazugehörenden wahrscheinlichsten Bilder aus und präsentiert sie dem Benutzer erneut. Statistisch hat der Benutzer nach acht Durchgängen unter Millionen von Bildern sein Ziel gefunden.

Die Qualität einer Suchmaschine wird dabei an zwei Kriterien gemessen: der Suchzeit und dem zügigen Erfassen der Suchintention des Benutzers, dem sog. relevance feedback [RuHu97, RuHu98]. Besonders letzteres stellt eine Herausforderung dar, denn von den Bildern lassen sich Hunderte von Inhaltsmerkmalen ableiten. Wählt der Benutzer dann mehrere Bilder aus, ergeben sich zudem vielfältige Kombinations-möglichkeiten. Leider können von den vielen hunderttausend Bildern in der Datenbank nur etwa 150 in übersichtlicher Weise dargestellt werden [Rest01]. Es gilt daher, diejenigen Merkmale und ihre Kombinationen zu ermitteln, die den Benutzer möglichst schnell zum Ziel führen. Von psychologischen und entscheidungstheoretischen Ansätzen unterstützt, wird hierfür die Suchintention des Benutzers modelliert [Kel+01a].

Diese Suchintention muß bewußt unscharf modelliert werden und sich erst im Laufe der Suche präzisieren. Damit unterscheiden sich die ähnlichkeitsbasierten CBIR-Verfahren grundlegend von den klassischen Text-Vergleichsverfahren. Letztere verwendet die so genannten Inverse Suche, welche mit Hilfe von Entscheidungsbäumen die exakte Kopie eines eingegebenen Wortes findet. Wie die Internet-Suchmaschinen demonstrieren, lassen sich damit Milliarden von exakten Kopien verwalten.

Inhaltsbasierte Suchmaschinen dagegen suchen Bilder mit ähnlichen Merkmalen. Da ein einziges Multimedia-Objekt leicht mehrere Hunderte von Merkmalen generieren kann, steigen die Anforderungen an die Algorithmen, Speicherbedarf und Zeitverhalten drastisch an. Inhaltsbasierte Suchmaschinen beschränken sich daher meist auf die Verwaltung von etwa 60.000 Bildern [Ish+98].

Eine Fusion beider Suchstrategien ist auf zwei Wegen möglich. Einerseits kann die Vorauswahl über Schlagworte vorgenommen werden, gefolgt von der intuitiven Ähnlichkeitssuche. Größeres Potential haben jedoch CBIR-Suchmaschinen, die nicht nur Inhaltsmerkmale, sondern auch assoziierten Text verwalten. Es kann dann jeweils nach visueller Ähnlichkeit oder nach Schlagworten gesucht werden.

Dieser Beitrag beschreibt anhand einer grundlegenden Realisierung die typische Vorgehensweise einer solchen CBIR-Suchmaschine. Mit dieser Vis-à-pix-Suchmaschine lassen sich Datenbankgrößen bis in den Millionenbereich in Sekundenbruchteilen durchsuchen. Bei entsprechender Leistungsfähigkeit des Relevance Feedbacks gewinnt der Benutzer den Eindruck, mit einer intelligenten, anpassungsfähigen Maschine zu kommunizieren.

2 MPEG-7-Merkmale

Mit MPEG-7 wurde Ende 2001 der internationale Standard einer Inhaltsbeschreibungs-Sprache für Audio und Video verabschiedet.

MPEG-7 basiert auf robusten Deskriptoren und verknüpft diese über mächtige Interrelationen, den so genannten Description Schemes. Diese wiederum sind in die Description Definition Language (DDL) eingebettet [Siko01].

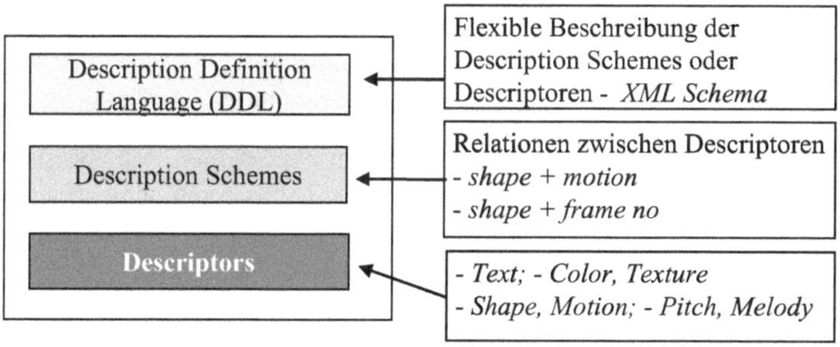

Abbildung 1 Struktur des MPEG-7-Standards

Für eine automatische Extraktion von Bildinhalten sind eine Reihe von Deskriptoren relevant [Man+01, Mei+00]. Diese Deskriptoren sind als Abstandsmaße definiert. Damit sind sie geeignet, um mit Hilfe einer symmetrischen Abstandsmatrix die relativen Ähnlichkeiten untereinander zu definieren. MPEG-7-Deskriptoren sind folglich auf Vergleiche unter wenigen hundert Bildern eingeschränkt. Für Millionen von Bildern wird die absolute Position ihrer Merkmale in einem Vektorraum benötigt. Einige der MPEG-7-Merkmale müssen daher derart in den Vektorraum transformiert werden, dass die relativen Abstände der Bildmerkmale untereinander als gewichtete Euklidische Distanz betrachtet werden können [Mei⁺03].

- *ColorHistogramm:* liefert das globale Histogramm für 256 verschiedene Farben. Der HSV-Farbraum wird mit Hilfe der Haar-Transformation enkodiert. Hierbei werden nur die relevanten Farbbereiche verwendet. Aus diesen 256 Werten lässt sich mit Hilfe der inversen Haar-Transformation das vollständige HSV-Histogramm rekonstruieren [Mei+01].
- *ColorLayout:* Hier wird die Szene in 48 Regionen zerlegt. Die drei signifikantesten Farben im CIELUV-Farbraum bilden dann jeweils die Vektorkomponenten.
- *EdgeHistogramm:* In 16 Regionen werden die Kanten aus fünf Richtungsfilterungen gezählt. Damit erhält man einen 80-komponentigen Merkmalsvektor.
- *ConturBasedShape:* überträgt eine Objektform in Polygone, differenziert sie und speichert die Nulldurchgänge.
- *RegionBasedShape:* beschreibt die Masseverteilung von Objekten als Übereinstimmung mit 36 Prototypen.
- *Texture:* ermittelt die Anordnung und Verteilung von räumlichen Frequenzen.

Die Bild erzeugt damit einen 300- bis 400-dimensionalen Merkmalsvektor.

Anschließend werden alle ermittelten Inhaltsinformationen dem originalen Datenstrom in Form einer Bit-codierten, bzw. XML-basierten Metasprache hinzugefügt und dienen der Genre-Klassifikation ebenso wie einer späteren schnellen Suche.

Die Beschreibung der MPEG-7-Deskriptoren verdeutlicht zugleich den Stand der Interpretationsfähigkeit von MPEG-7. MPEG-7 beschränkt sich auf die Normierung grundlegender, skalierbarer Analyseverfahren. Weitergehende, komplexe und hochspezialisierte Verfahren, wie etwa Segmentierung oder Biometrie, bleiben in der Hand des Endanwenders.

Die MPEG-7-DDL bietet jedoch auch die Möglichkeit zu sehr komplexer und differenzierter Szenenbeschreibung. Die Syntax umfaßt daher auch den gesamten Bereich der manuellen Verschlagwortung.

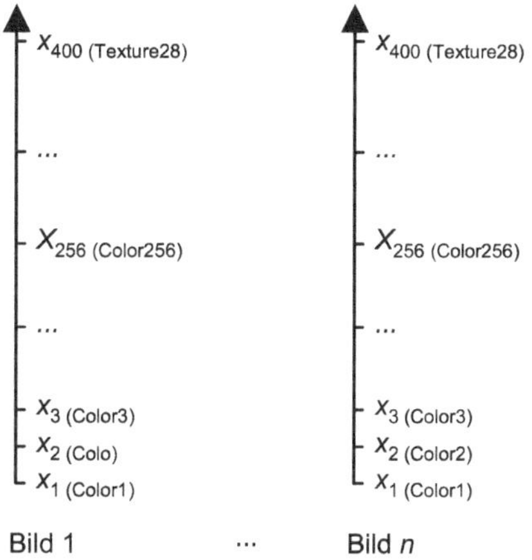

Abbildung 2 Extrahierte Merkmalsvektoren

3 Reduktion des Merkmalsraumes

Derartig hochdimensionale Merkmalsräume sind rechentechnisch nicht ohne weiteres handhabbar. Ein geeignetes Verfahren [NgSe96] zur Dimensionsreduktion ist die Hauptachsen-Transformation (Principal Component Analysis, PCA). Mit Hilfe der PCA lässt sich ein 400-dimensionaler Merkmalsraum in der Regel ohne größere Verluste auf 30 bis 40 Dimensionen reduzieren. Wie in [KeMe04] beschrieben, lässt sich der Merkmalsraum in der Praxis (verlustbehaftet) auch auf drei Dimensionen reduzieren. Benachbarte hochdimensionale Merkmale werden dann auch im 3-dimensionalen Raum benachbart dargestellt. Bilder mit ähnlichen Merkmalen lassen sich dann in räumlicher Nähe darstellen, wobei die 3-dimensionale Darstellung dem menschlichen räumlichen Vorstellungsvermögen am nächsten kommt.

Die PCA basiert auf der Berechnung der Kovarianzmatrix C.

Sei x(n) der Merkmalsvektor des Bildes n = 1,.., N. Die Kovarianzmatrix ist dann gegeben durch

$$c_{ij} = \frac{1}{N}\sum_{n=1}^{N}(x_i(n) - \langle x_i(n)\rangle)(x_j(n) - \langle x_j(n)\rangle). \quad (1)$$

Wenn λ_k für k = 1,.., K der größte Eigenwert der Kovarianz-Matrix C = (c_{ij}) und a_k mit k = 1,..,K der korrespondierende Eigenvektor ist, so werden die normierten Koordinaten $f_i(n)$ des dimensions-reduzierten Merkmalsvektors berechnet durch

$$f_i(n) = \frac{1}{\sum_{k=1}^{K}\lambda_k} \cdot \mathbf{a}_i^T \cdot \mathbf{x}(n) \quad \text{mit } i = 1,.., K. \quad (2)$$

Nach der Reduktion auf ca. 35 Dimensionen lässt sich der Abstand d^{desc} zwischen zwei Bildern bestimmen durch

$$d^{desc}(\text{image}(n), \text{image}(m)) := d(\mathbf{f}^{desc}(n), \mathbf{f}^{desc}(m)) := \left\| \mathbf{f}^{desc}(n) - \mathbf{f}^{desc}(m) \right\|_2 \quad (3)$$

Nun wird dieser Abstand wie folgt gewichtet [Maha36]:

$$d(\text{image}(n), \text{image}(m); \mathbf{w}) := \sum_{\text{all desc}} w_{desc} \cdot d^{desc}(\text{image}(n), \text{image}(m)) \text{ mit}$$

$$\sum_{\text{all desc}} w_{desc} = 1 \quad (4)$$

Diese Gewichte W_{desc} erlauben dem Benutzer die individuelle Gewichtung der Dimensionsreduktion entsprechend seiner Präferenzen [Rubn99].

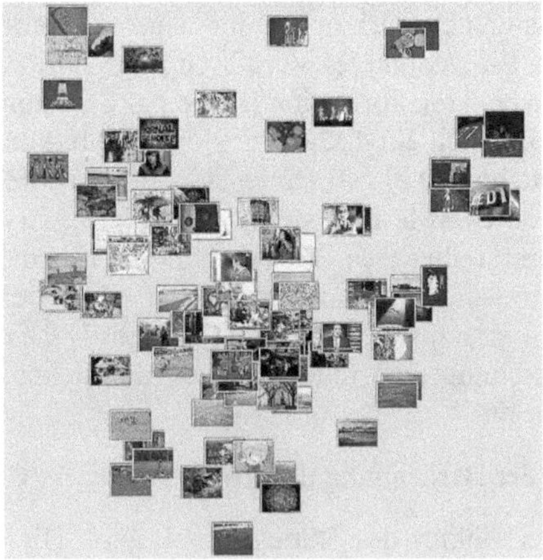

Abbildung 4 Anordnung von Bildern nach Farbähnlichkeit

4 Query-by-example mit Modellierung der Benutzerintention

In derartig reduzierten Merkmalsräumen lässt sich nun die Suchstrategie des Query-by-example verwenden. Diese schrittweise Prozedur dient der iterativen Verfeinerung.

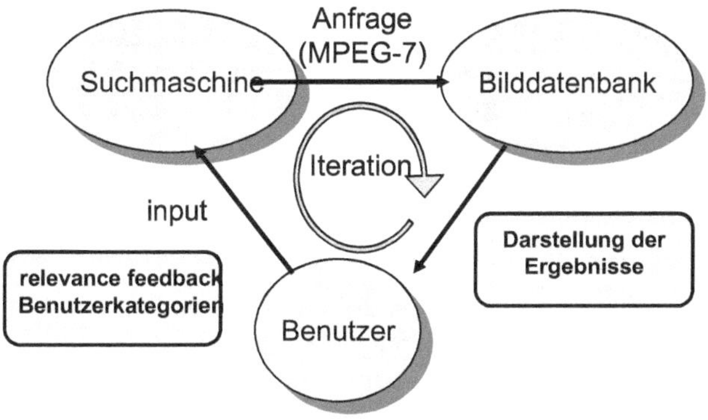

Abbildung 5 Vorgehensweise bei der Query-by-example-Suche

Für die Präsentation werden die Bilder entsprechend der ein- bis dreidimensionalen Merkmalsvektoren angeordnet. Damit dient die Merkmalsstruktur der Orientierung des Benutzers.

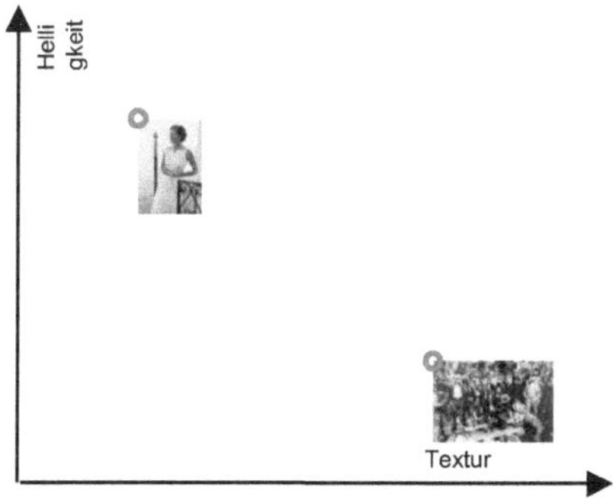

Abbildung 6 Zweidimensionale Darstellung der Suchergebnisse; Benutzer kann sich anhand der Helligkeit und Textur orientieren.

In der Praxis handelt es sich bei den Achsen dieser zweidimensionalen Darstellung nicht um zwei einfache Merkmale, sondern um 300 bis 400 Merkmale, die auf zwei Dimensionen reduziert wurden, wie Abbildung 6 veranschaulicht. Wurde dagegen lediglich auf 35 Dimensionen reduziert, verringern sich die Kompressionsverluste. Die zugrundeliegende Auswahl sollte demnach im 35-dimensionalen Raum vorgenommen werden.

Wenn bei der Präsentation des Datenbankinhalts alle Kombinationen der 35 Merkmale dargeboten werden könnten, würde man sehr schnell in die interessierende Zielregion gelangen. In der Praxis ist es jedoch unmöglich, alle Kombinationen der ca. 35 komprimierten Merkmale in übersichtlicher Weise darzustellen. So wurde aus Versuchen ermittelt, daß nur etwa 100-200 Bilder gleichzeitig wahrgenommen werden können. Jedes dieser Bilder verkörpert dann bis zu zehntausend andere. Bereits aus diesen Relationen wird klar, daß ein Überblick über die Datenbank unmöglich deren gesamte Vielfalt darstellen kann.

Fälle, wie die in Abbildung 6 für den 2-dimensionalen Fall gezeigte Kombination, sind zudem die Regel. Dem Benutzer werden hier lediglich zwei Bilder zur Auswahl angeboten, obwohl mindestens 4 verschiedene Gruppen in der Datenbank vorhanden sein müssen. Wählt der Benutzer beide Bilder als relevant aus, scheint dies ein logischer Widerspruch zu sein, da er sowohl ein helles Bild mit wenig Textur, als auch ein dunkles mit viel Textur gewählt hat.

Die Suchmaschine löst dieses Problem mit Hilfe verschiedener Modelle der Suchintention [Cox+98]. Sie wählt dann jeweils diejenigen Bilder für die Antwort aus, deren Merkmale in folgendem Bild durch dünne graue Linien umschlossen werden.

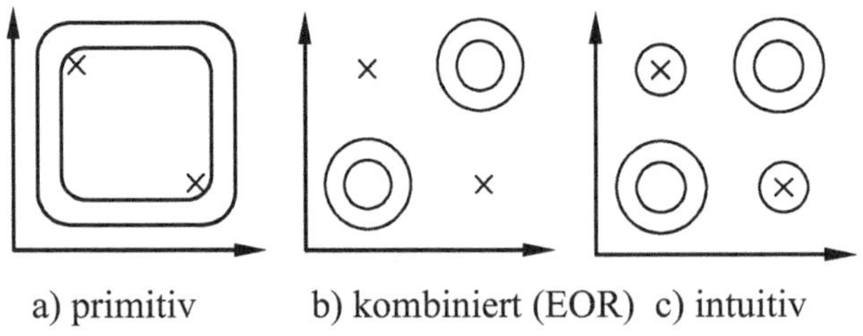

Abbildung 7 Problemlösung bei widersprüchlicher Spezifizierung der Zielregion

Im einfachsten Fall (a) werden alle Merkmale der gesamten Region ausgewählt. Für diese sehr häufig anzutreffende Variante wird zunächst der Mittelpunkt der

Merkmale bestimmt. Die Suchmaschine wählt dann alle Bilder innerhalb der Mahalanobis-Distanz aus.

Fall (b) löst den logischen Konflikt auf. Da der Benutzer einander widersprechende Merkmale ausgewählt hat, scheint er die entgegengesetzte Kombination zu bevorzugen. Leider entsteht dann im höherdimensionalen Fall auch wieder eine zu große kombinatorische Vielfalt. Das Verfahren ist daher in der Praxis nicht umsetzbar.

Das praktikable Optimum findet sich im Fall (c) [Kel⁺01a]. Hier werden schwerpunktmäßig neue, bisher unbekannte Kombinationen ausgewählt. Aber auch die bisherigen Bereiche werden nicht vernachlässigt. Das Verfahren wählt dennoch nur innerhalb eng umrissener Regionen aus und hält dadurch die Zielgruppe klein und präzise. Allerdings gilt die Implementierung dieses Verfahrens als mathematisch sehr anspruchsvoll.

Zusätzlich kommt eine Reihe weiterer Techniken, wie das Gewichten von Metriken und die Prädiktion zum Einsatz. Sie alle verfolgen das Ziel, den Benutzer auf sehr ergonomische Weise - und damit sehr schnell - zum Ziel zu führen. Dabei orientiert sich die Suchmaschine ausschließlich mit Hilfe der Deskriptoren.

An dieser Stelle zeigt sich die systembedingte Einschränkung inhaltsbasierter Suchmaschinen. Da hier oft innerhalb kürzester Zeit mehrere Tausend Bilder in die Datenbanken eingespeist werden müssen, muss sich die Inhaltsanalyse auf einfache, robuste Merkmale beschränken. Da die Suchmaschine nicht die 3D-Interpretation des mit umfangreichem Wissen ausgestatteten menschlichen Betrachters vornehmen kann, führen bereits Änderungen in Kameraperspektive oder Beleuchtung zu scheinbar unähnlichen Szenen. Dennoch ist dieses unscharfe Suchverhalten für Anwendungen, bei denen es vorwiegend auf gestalterische und konzeptionelle Gesichtspunkte ankommt, nicht nur ausreichend, sondern auch gewünscht.

Da bei der Vis-à-pix-Suchmaschine zusätzlich flexible Hierarchien aufgebaut werden, können bei einem Potential von mehreren Millionen Bildern Suchzeiten garantiert werden, die jeweils im ms-Bereich liegen.

5 Zusammenfassung

Konventionelle textbasierte Suchmaschinen verwenden die so genannte Inverse Suche für baumbasierte exakte Vergleiche. Inhaltsbasierte Suchmaschinen (CBIR) dagegen verwenden hochdimensionale Merkmalsextraktoren, die solche extrem komplexen Objekte wie Bilder abbilden.

MPEG-7-Deskriptoren liefern die hierfür geeigneten robusten Merkmale. Da sie numerisch optimiert sind, kann die Merkmalsextraktion in Zeiten von unter 500 ms pro Bild vorgenommen werden. Mit 300 bis 400 Dimensionen sind diese Merkmale allerdings für die Weiterverarbeitung zu hochdimensional.

Die PCA stellt hier eine geeignete Kompression dar, die die Merkmalsvektoren verlustarm auf ca. 35 Dimensionen reduzieren kann. Durch Gewichtung ist es zudem möglich, individuelle Präferenzen zu berücksichtigen.

Auf diesen Merkmalsvektoren mit 35 Dimensionen wird nun die Suchstrategie des Query-by-example angewendet. Der Benutzer wählt hierbei die Beispielbilder aus, die seiner intuitiven Vorstellung am nächsten kommen. Die Suchmaschine wählt nun aus Kombinationen dieser Merkmale entsprechende Zielregionen aus und liefert diejenigen Bilder zurück, deren Merkmale in der Zielregion lagen. Im nächsten Auswahlschritt verfeinert der Benutzer die Suche.

Obwohl inhaltsbasierte Suchmaschinen bei weitem nicht die menschliche Interpretationsfähigkeit erreichen, ermöglichen sie doch eine sehr fehlertolerante, intuitive Navigation in sehr großen Datenbeständen.

Aktuelle Weiterentwicklungen beschäftigen sich mit der Abbildung von Text auf Vektorräume. Dann lassen sich die Bildsuchmaschinen mit Relationen zum Begleittext versehen. Mit dieser Kombination von Schlagworten und Bildinhalt lassen sich dann deutlich gesteigerte Erkennungsleistungen erzielen.

Die hier beschriebene Technologie ging aus folgenden, durch das BMWA geförderten und am Fraunhofer-HHI bearbeiteten Projekten hervor und wurde bei Vis-à-pix weiterentwickelt.

a) „Intelligente Informationsverwaltung und Nutzerführung in Multimedia-Bildarchiven" („I2N") und

b) „MPEG-7-basierte Analyse- und Visualisierungsmodule für die Archivierung von digitalem Video" („MPEG7AVA").

Literaturverzeichnis

[BaFu96] Bach, J. R., Fuller, C. Gupta, A., Hampapur, A., Horowitz, B., Humphrey, R. Jain, R., Shu, C.: The Virage image search engine: An open framework for image management, in: *Proc. of SPIE Conf. on Vis. Commun. And Image Proc.*, Feb. 1996.

[Che+97] Chen, J.-Y., Bouman, C. A., Allebach, J. P.: Fast Image Database Search using Tree-Structured VQ, in: *Proc. of ICIP 97*, vol. 2, pp. 827-830, Santa Barbara, CA, Oct. 26-29, 1997.

[Cox+98] Cox, I.J., Miller, M., Minka, T., Yianilos, P.: An Optimized Interaction Strategy for Bayesian Relevance Feedback, in: Proc. IEEE Conf. Computer Vision and Pattern Recogn., Santa Barbara, USA, June 1998.

[Fal+94] Faloutsus, C., Equitz, W., Flickner, M., Niblack, W., Petkovic, D., Barber, R.: Efficient and Effective Querying by Image Content, in: Journal of Intelligent Information Systems, Vol. 3, No. 3/4, 1994, pp. 231-262.

[Fli+95] Flickner, M., Sawhney, H., Niblack, W., Ashley, J., Huang, Q., Dom, B., Gorkani, M., Hafine, J., Lee, D., Petkovic, D., Steele, D., Yanker, P.: Query by image and video content: The QBIC system, *IEEE Computer*, Sept. 1995.

[Ish+98] Ishikawa, Y., Subramanya, R., Faloutsos, C.: Mindreader: Query databases through multiple examples, in: *Proc. of the 24th VLDB Conference*, 1998.

[KeMe04] Keller, I., Meiers, T.: Intelligente Suche in Video-Datenbanken, FKT 10/2004

[Kel+01] Keller, I., Ellerbrock, T., Meiers, T., Sikora, T.: Fast User-adaptive Weighting of MPEG-7 Descriptors for a Visual E-Commerce Interface", 3rd European Workshop on Image Analysis for Multimedia Interactive Services (WIAMIS), Tampere, Finland, 2001

[Kel+01a] Keller I., Meiers T., Ellerbrock T., Sikora T.: Image Browsing with PCA-assisted User-interaction, IEEE Workshop on Content-based Access of Image and Video Libraries (CBAIVL-2001), 14. Dec. 2001, Lihue, USA.

[Maha36] Mahalanobis, P.: On the generalized distance in statistics, in: *Proc. Natl. Inst. Science*, 12: 49 - 55, 1936.

[Man+01] Manjunath, B.S., Ohm, J-R., Vasudevan, V.V., Yamada, A.: Color and Texture Descriptors, Special Issue on MPEG-7, in: *IEEE Trans. on Circuits and Systems for Video Technology*, vol. 11, no. 6, pp. 703 – 715, June 2001.

[Mei+00] Meiers, T., Czernoch-Peters, H., Ihlenburg, L., Sikora, T.: Image Visualization Based on MPEG-7 Color Descriptors, *IEEE Visual Communications and Image Processing, VCIP2000*, Perth, Australia, June 2000.

[Mei+01] Meiers, T., Keller, I., Sikora, T.: Image Visualization and Navigation Based on MPEG-7 Descriptors, *International Conference on Augmented, Virtual Environments and 3D Imaging*, EUROIMAGE2001, Mykonos, Greece, 2001.

[Mei+03] Meiers, T., Keller, I., Sikora, T.: Hierarchical Image Browsing System with Embedded Relevance Feedback, WIAMIS 2003 Int. Conf., April 2003, London, UK

[NgSe96] Ng, R., Sedughain, A.: Evaluating Multi-Dimensional Indexing Structures for Images Transformed by Principal Component Analysis, in: SPIE, Storage and Retrieval for Image and Video Databases IV, Febr. 1996, San Jose, USA, Vol. 2670.

[Rest01] Restat, J.: Psychologically Relevant Features of Color Patters, 3rd European Workshop on Image Analysis for Multimedia Interactive Services (WIAMIS), Tampere, Finland, 2001.

[Rubn99] Rubner, Y.: Perceptual metrics for image database navigation, *PhD thesis*, Stanford University, USA, 1999.

[Rui+98] Rui, Y., Huang, T.S., Mehrotra, S.: Relevance feedback technique in interactive content-based image retrieval, in: *Storage and Retrieval of Images/Video Databases VI*, EI'98, 1998.

[Rui+97] Rui, Y., Huang, T.S., Mehrotra, S., Ortega, M.: A relevance feedback architecture in content-based multimedia information retrieval systems, in: *Proc. of IEEE Workshop on Content-based Access of Image and Video Libraries, in conjunction with IEEE CVPR'97*, San Juan, Puerto Rico, 1997.

[Siko01] Sikora, T. The MPEG-7 Visual Standard for Content Description – An Overview, Special Issue on MPEG-7 in *IEEE Trans. on Circuits and Systems for Video Technology*, vol. 11, no. 6, pp. 696 – 702, June 2001

[ZhHu01] Zhou, X. S., Huang, T. S.: Exploring the Nature and Variants of Relevance Feedback, IEEE Workshop on Content-Based Access of Image and Video Libraries (CBAIVL) 2001, 14 Dec., Kauai, Hawaii, USA.

iSOUND ON!
oder
„WAIT A MINUTE,
YOU AIN'T HEARD NOTHIN' YET!"

Das Ende der Stummfilmzeit im Internet erfordert ein neues Verständnis von Multimedia

Dr. Reginald Grünenberg

Audiantis GmbH
Cotheniusstraße 3
10407 Berlin
rgruenenberg@audiantis.com
www.audiantis.com

Abstract: Das Internet ist jung. Es ist immer noch ein Bild- und Textmedium. Es kann noch nicht sprechen, es ist noch stumm. Audiantis hat eine Technologie entwickelt, die das Ende dieser Stummfilmzeit des Internets und aller Intranets bedeutet. Mit einem grundlegend neuen Verfahren, dem interaktiven Streaming, bekommen Websites auf allen Endgeräten eine sensible und intelligente Audiodimension. Das Internet und alle Intranets werden bald audio-interaktiv, das heißt: ansprechender, informativer, unterhaltsamer und spannender. Dazu muss die Multimediabranche eine bisher vernachlässigte Dimension für kreatives Design und Online-Interaktion neu entdecken: Audio.

1 Einleitung

Wir stehen als IT-Startup vor einem seltenen Problem, das immer nur dann auftaucht, wenn eine neue Technologie aus großer Innovationshöhe und mit enormem Gestaltungspotenzial an Bord sicher auf dem Markt zur Landung gebracht werden soll. Diese Technologie setzt nämlich, um sinnvoll eingesetzt werden zu können, ein umfassendes Wissen über das Medium voraus, das mit ihr in Zukunft besser gestaltet werden soll. In unserem Fall handelt es sich um ein grundlegend neues Streamingverfahren. Nun sind für die gelungene Implementierung von unserem *interaktiven Audio-Streaming*, mit dem alle Arten browsergestützter Anwendungen im Intra- und Internet *audio-interaktiv* gemacht werden können, gründliche Kenntnisse erforderlich auf einem Gebiet, das es als solches bis heute gar nicht gibt: interaktives Audio-Design. Die Multimediabranche hat das Medium Audio bisher kaum erschlossen. Das stellt uns nun vor das Problem, dass wir praktisch erst ein neues Berufsbild erschaffen müssen, bevor wir unser Produkt vertrauensvoll in die Hände unserer Vertriebs- und vor allem Integrationspartner legen können. Ich werde Ihnen im Folgenden unsere Verlegenheit beschreiben, in der wir uns befinden, weil wir zwar die Technik für eine neue Sounddimension des Internet liefern wollen, aber noch niemand an die dazugehörigen Mischpulte setzen können, weil Audio für die Multimediadesigner bisher keine Priorität hatte. Sie waren vielmehr ganz zufrieden mit der Herrschaft von Bild und Text im Internet. Die Multimediabranche hat es geschafft, mit dem Internet den Stummfilm wieder einzuführen. Wir versuchen hier dagegen den Tonknopf für das nächste Zeitalter im Internet zu finden.

2 Unterwegs zu einer neuen Online-Klangwelt

Die Idee war im Grunde ganz einfach. Man schrieb das Jahr 2000 und wir wunderten uns, dass das Internet auch in Zeiten der New Economy – von zügellosen Anlegerphantasien mit einer gefährlichen Droge versorgt, nämlich überflüssigem Kapital – so anspruchslos und still blieb. Wir hatten damals die Vorstellung, dass irgendwie mehr Sound in die Sache kommen müsste, dass ein medialer Sprung bevorstünde, der das Multi im großspurigen Begriff Multimedia endlich rechtfertigen würde. Als ein Kreis von Informatikern, Designern, Philosophen und Unternehmern sich zusammensetzte, kam tatsächlich etwas völlig Neues, völlig Unerwartetes dabei heraus.

Vielleicht haben wir damals einfach die richtigen Fragen gestellt. Wir wollten nicht wissen, mit welchem Audio-Codec wir mehr Sound im Internet übertragen können oder wie man die klassischen Streaming-Anbieter mit irgendeinem Kniff überholen könnte. Wir stellten uns die Grundfrage: Was für eine Technologie bräuchten wir, um Audio im Internet so selbstverständlich verfügbar zu machen wie im Fernsehen und im Kino? Dazu kam noch eine andere, nicht weniger wichtige Frage: Wie muss diese Form von Audio beschaffen sein, damit sie den neuen Kommunikationseigenschaften und- potenzialen des Internets entspricht?

Wir hatten natürlich alle anderen verfügbaren Audio-Technologien aufmerksam untersucht. Vor allem die großen Streaming-Anbieter Microsoft (Media Player), Real Networks (Real Player) und Apple (Quicktime) faszinierten uns. Wir fragten uns, wie sich diese Anbieter etablieren konnten, die ihren Nutzern vorab erst einmal viele Megabyte an Plugin-Software aufdrängten, bis man etwas zu hören bzw. zu sehen bekam. Selbstverständlich beobachteten wir auch, wie man mit Flash (Macromedia) interessante Audio-Effekte in Websites einbauen konnte.

Doch unser Anspruch wurde in kürzester Zeit so hoch, dass wir den Eindruck hatten, keine der bekannten Anwendungen würde unseren Vorstellungen entsprechen. Jeder von uns begann beim Surfen eine eigene Audio-Dimension zu vermissen, so als ob man den Tonknopf beim Fernseher nicht finden könnte.

Vielleicht spielte dabei auch unser Hintergrund eine Rolle. Die Techniker unter uns waren zu jung, um noch der Generation der geheimnistuerischen Informatiker anzugehören, für die jegliche kommerzielle oder nutzerfreundliche Gestaltung des Internets schlicht Verrat war und die niemals ihre Boxen angeschaltet hätten, um irgend einen Sound aus dem Internet ihr heiliges, kryptisches Online-Interface besudeln zu lassen. Die Designer im Team hatten schon zu viele teure, verspielte und unsinnige Darstellungsformen im Internet gesehen, so dass sie mehr auf nutzerzentrierte Anwendungen setzen wollten. Das Ganze ist also entstanden aus Unzufriedenheit, Inspiration und Vorsicht.

Wir meldeten im November 2000 ein Verfahrenspatent an, machten ein Demo (in Flash!), das uns selbst erstmals zeigte, wie sehr unsere Idee das Internet verändern würde und schrieben einen professionellen Businessplan. Bekommt man dafür schon einen Preis oder Startkapital? Nein. Es interessiert erst einmal niemanden. Wir gründeten im Frühling 2001 eine GmbH, machten eine bundesweite Roadshow bei den bekanntesten Venture Capital Firmen und bewarben uns gleichzeitig um Fördergelder. Und siehe da! Die tbg Technologie-Beteiligungsgesellschaft mbH, eine Tochter der Deutschen Ausgleichsbank, stellte uns 150.000 EUR zur Verfügung.

Damit konnten wir den Prototypen für unser neues Verfahren entwickeln. Das war nicht das Ende aller Sorgen, denn genau zu diesem Zeitpunkt ist der Neue Markt, der Venture Capital Markt und die Konjunktur eingebrochen. Es begann eine anstrengende und frustrierende Zeit. Niemand hatte den Kopf frei und die Ohren offen für unsere Technologie. Dazu gaben wir noch sprichwörtlich unser letztes Hemd, um die teure Durchsetzung und Internationalisierung unseres Patents zu finanzieren. Dabei hatten wir nicht einmal die Garantie, dass es erteilt wird. Denn die Ergebnisse der Patentprüfung durch das deutsche und das EU-Patentamt liegen erst vor, wenn die Fristen für die internationalen Anmeldungen längst abgelaufen sind.

Aber wir hatten Glück! Das Patent mit seinen weitgehenden Ansprüchen wurde vollumfänglich erteilt. Daraufhin wurde Prof. Dr. Karlheinz Brandenburg, der Erfinder von MP3, Gesellschafter des Unternehmens und die Investitionsbank Berlin stellte umfangreiche Fördermittel zur Verfügung. Mit Günther Jauch als weiterem Investor ist die Audiantis GmbH heute nach fünf langen Jahren endlich am Start.

3 Die neue Technologie: Interaktives Audio-Streaming

Doch nun zur Sache: Was ist interaktives Audio-Streaming? Die bisher bekannte Streamingtechnologie im Internet funktioniert wie die Fernseh- und Radioübertragung nach dem einfachen Sender-Empfänger-Prinzip. Vorproduzierte Dateien werden monoton und ohne weitere Interaktion von Servern auf Benutzerrechner gestreamt. Mit dem herkömmlichen Verfahren des monotonen Streaming (wir nennen es auch silly streaming) bleiben die Möglichkeiten des heutigen Internets ungenutzt.

Streaming heute

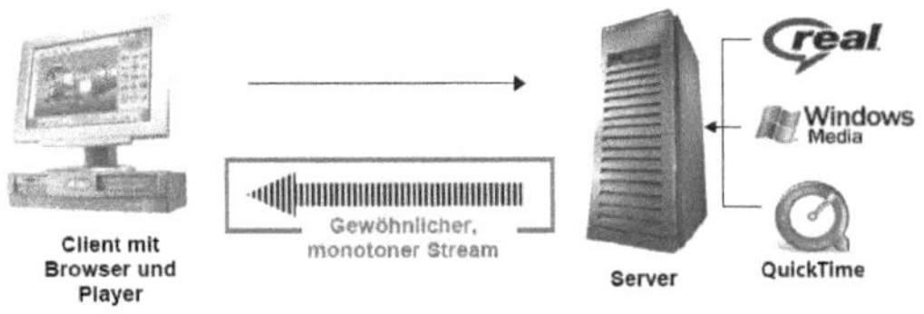

Abbildung 1 Streaming heute

Unser Verfahren kann da wesentlich mehr rausholen[1]. Es baut eine ununterbrochene Interaktion zwischen Client und Server auf. Statt dem einfachen An- und Abschalten einer angeforderten Stream-Datei wird aus dem Client-Server-System ein permanent navigierter Kreislauf, der vom Benutzer mit der Cursor- bzw. Pointerbewegung gesteuert wird. Der Stream hat eine neue Qualität, denn der Benutzer steuert und moduliert laufend seine Zusammensetzung.

Dabei liegt die Intelligenz des Systems und damit die Komplexität ganz auf der Serverseite. Auf der Client-Seite ist nur ein winziger Player erforderlich (40-200 kB), der auf der Spitze des Streams ankommt und automatisch installiert wird, wenn der User es zulässt. Da unser Verfahren alle Arten stationärer (PC, Workstation etc.) und mobiler Endgeräte (Laptop, PDA, Smartphone, etc.) betrifft, die mit einem Browser in einem Intra- oder Internet online gehen können, meine ich im Folgenden die Summe aller möglichen Endgeräte, wenn von „Clients“ die Rede ist.

[1] Eine gute Zusammenfassung des interaktiven Streamings vor dem Hintergrund von herkömmlichem Streaming findet man bei [Ihle04] .

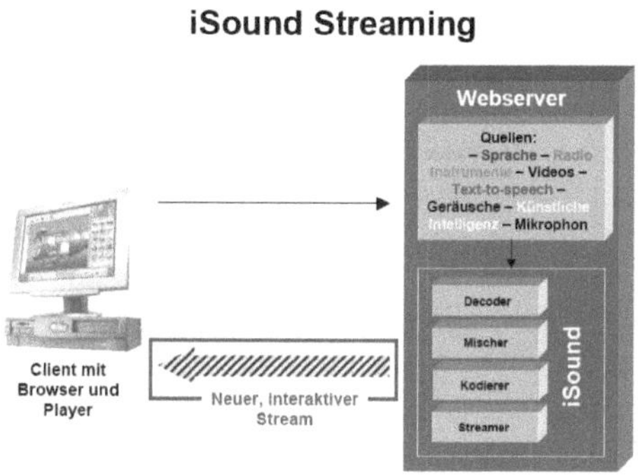

Abbildung 2 iSound Stream

Websites, die von iSound unterstützt werden, erhalten eine eigene Audiodimension, durch die Benutzer sich mit ihrem Mauszeiger bewegen und damit den Sound dirigieren können. Die Benutzer können je nach Angebot des Betreibers der Website bzw. nach Umfang der Betreiberlizenz ihr eigenes Audiomenü während der Laufzeit zusammenstellen, z. B. Ansprache durch Frauen- oder Männerstimme, Landessprache oder Stil der Hintergrundmusik, Hilfefunktionen für Seh- und Leseschwache, Text-to-Speech-Streaming oder Navigationshilfen bei komplexen Vorgängen wie Bestellungen oder E-Government. Das entscheidende bei diesem neuen Verfahren ist die unbegrenzte Auswahl von Audioquellen, die in Echtzeit in einem selben Stream gemixt werden können. Damit kann jeder User physikalisch seinen eigenen, ganz individuellen Stream bekommt - bezeichnet als „interaktives Audio“.

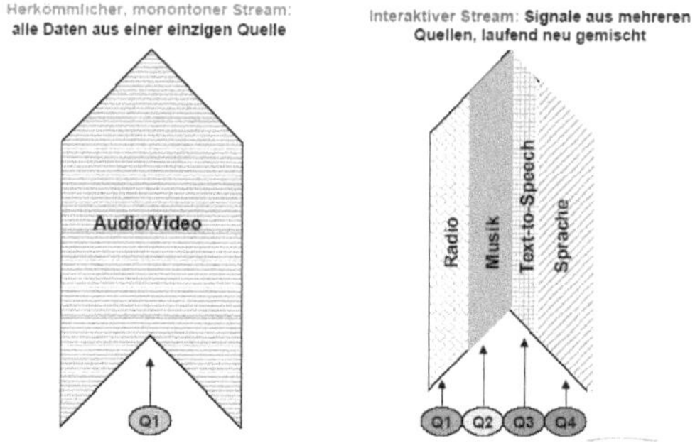

Abbildung 3 Herkömmlicher und interaktiver Stream

Insbesondere für die kleinen Displays mobiler Endgeräte wie PDA, Smartphones und Handys ist die Audiantis-Technologie geeignet. So kann sie jeden Bildpunkt mit in Echtzeit gemixten Audiodaten unterstützen. Die Anwendung Mobile iSound wird es Benutzern ermöglichen, ohne Seitenwechsel und –aufbau, bequem zusätzliche Informationen oder Unterhaltungsinhalte gestreamt zu bekommen. Außerdem ist die Streaming-Server-Software in der Lage, die gewünschte Plattform zu erkennen und damit jedes beliebige Endgerät entsprechend seiner technischen Möglichkeiten zu bedienen. Diese Steigerung der Nutzerfreundlichkeit von mobilen Endgeräten beinhaltet geringere Wartezeiten bei der Informationsübertragung. Wenn die mobilen Clients Voice-XML oder vergleichbare Speech-to-Text-Anwendungen verstehen, kann der Mobile iSound-Server mit Voice Response Sounds antworten. Mobile iSound ist bereits kompatibel mit GSM/CELP, HSCSD, GPRS, iMode und UMTS.

Die Zusammensetzung des interaktiven Streams steuert der User übrigens mit Mouse-over-Befehlen des Cursors bzw. Pointers. Dabei unterschreiten wir eine hohe Kommunikationsschwelle, die das geltende GUI-Paradigma „Point & Click“ aufgebaut hat. Das Erfordernis, jede Interaktion mit einem Mausklick zu starten, bringt den User jedes Mal in eine Entscheidungssituation. Klickhandlungen haben nämlich einen gewissen Verbindlichkeitswert. Wer klickt, der verlässt bei einem Banner oder Link entweder die Seite, oder er hat sich zumindest einverstanden erklärt, dass sich ein neues Browserfenster öffnet und das vorherige verdeckt. Wer klickt, der lässt beim Download zu, dass Daten auf seinen Computer geschoben werden oder sogar Buchungen von seinem Konto abgehen. Wer klickt, hat vielleicht sogar schon einen Vertrag damit unterzeichnet, wie bei Online-Auktionen oder dem Akzeptieren von Lizenzbedingungen. Klickhandlungen leiten also häufig Interaktionen von hoher Verbindlichkeit und mit weit reichenden Folgen ein. Das ist auch eine durchaus gewollte und nützliche Einrichtung, denn das Internet soll schließlich für werthaltige und juristisch abgesicherte Transaktionen eingesetzt werden. Doch es fehlt damit eine freiere, unverbindlichere Bewegungsform für Besucher von Websites. Da der interaktive Stream permanent verfügbar ist – gerade im mobilen Internet startet er häufig lange bevor die Seite aufgebaut ist – und Audioevents mit einer Latenzzeit von durchschnittlich 1,5 Sekunden ausgelöst werden können, haben wir uns für diesen Mouse-over-Ansatz entschieden.

Diese Art der Audiointeraktivität erfordert im stationären wie im mobilen Internet eine um den Faktor 5 geringere Datenmenge als bei der Länge nach vergleichbaren Videoübertragungen mit Streaming. Nicht nur die Produktions-, sondern auch die Storage- und Traffic-Kosten sind entsprechend niedriger. Und die menschliche Wahrnehmung ist beim Medium Audio wesentlich fehlertoleranter als bei Video, denn niemand schaut sich einen gestreamten Film an, wenn er rauscht. Man ist zu mehr Abstrichen bereit, wenn zum Beispiel wegen schwankender Bandbreite ein einfacherer Codec gewählt wird und damit die Übertragungsqualität vorübergehend sinkt. Damit hält unser Verfahren erhebliche Mehrwertpotentiale für Provider, Netzbetreiber und Anbieter von Online-Diensten aller Art bereit. Denn ihre Benutzer und Kunden wiederum erhalten einen großen Zuwachs an Nutzerfreundlichkeit und Komfort in kleineren und damit günstigeren Datenpaketen. Die Kosten für den Einsatz von iSound inklusive Produktion, Gestaltung, Lizenz- und Traffic-Gebühren betragen 0,2 bis 2,0 Eurocent pro Visit.

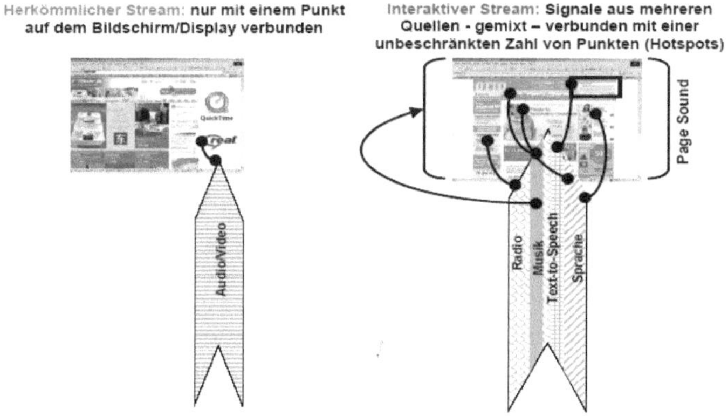

Abbildung 4 Signale aus mehreren Quellen

Der Kundennutzen liegt in der erheblichen Steigerung der Nutzerfreundlichkeit, der Usability und der emotionalen Ansprache von Websites. Die generelle Wahrnehmung des Internets verändert sich grundlegend durch die Einführung einer neuen, sinnlich ansprechenden und interaktiven Audiodimension. Sie erhöht die Transaktionsbereitschaft der Benutzer, denn audioaktive Websites sind persönlicher, unterhaltsamer und informativer. Sie erreichen auch die Menschen, die sich vom textbasierten Internet bisher nicht „angesprochen" gefühlt haben.

4 Das Audio-Problem von Multimedia

Nun haben wir diese Basistechnologie, von der wir glauben, dass sie in wenigen Jahren die Audio-Infrastruktur des Internets werden könnte – aber wir wissen noch nicht, wem wir sie anvertrauen können, um sie bei unseren direkten Kunden, d.h. meistens den Betreibern von Websites oder Intranets, zu integrieren. Das Backend, unsere Serversoftware iSound, ist sehr einfach zu implementieren. Doch wir wissen noch nicht, wer die dazugehörigen Frontends mit einem eigens dafür entwickelten Audio Content Management System ACMS professionell gestalten könnte. Denn im Laufe der Entwicklungsphase haben wir mit einer gewissen Beunruhigung festgestellt, dass es im Bereich Multimedia keine ausgeprägte Disziplin gibt, die man interaktives Audio-Design oder Audio-Usability nennen könnte. Und genau darum geht es beim interaktiven Streaming. Wir stellen damit schließlich eine Vielzahl neuer Gestaltungsmöglichkeiten für browserbasierte Interfaces zur Verfügung. Aber wer kann diese Gestaltungsmöglichkeiten entwickeln und im Interesse unserer Kunden anwenden?

Allmählich entdeckten wir eine gewisse Geschichte des Weghörens, ein Art von systematischem Ausschluss der Audiodimension aus dem Paradigma der multimedialen Kommunikation.

Das erste Programm einer für die bürgerliche Ästhetik maßgeblichen Kunst des Hörens wurde im 18. Jahrhundert formuliert. Johann Georg Sulzer ging in seiner 1771/74 erschienenen Allgemeinen Theorie der Schönen Künste von einem evidenten Zusammenhang zwischen Musik, Gefühl und Vernunft aus [Sulz67]. Die schönen Künste, von denen die Musik die höchste ist, haben die Aufgabe, den Menschen durch das Erlebnis angenehmer Empfindungen zum moralisch Guten zu erziehen. Das war eigentlich ein ganz guter Ansatz. Doch der große und in anderen Hinsichten sicher verehrungswürdige Philosoph Immanuel Kant war da vorsichtiger. In der Kritik der Urteilskraft, seinem monumentalen Werk zur Ästhetik, wunderte er sich erst einmal über die Wirkung von Musik auf Menschen, weil die rhythmische „Erzitterung“ ihres Mediums, der Luft, seltsamerweise vom menschlichen Gehörsinn nicht nur wahrgenommen wird, sondern unmittelbaren Einfluss auf die Empfindung hat.

Kant misstraute diesem direkten Zugang der Musik zu unserem Stammhirn und zu unseren Gefühlen. Auch kritisierte er an der Musik einen gewissen Mangel an Urbanität, wie er es ausdrückte, weil sie sich über den Kreis ihrer Zuhörer hinaus der Nachbarschaft aufdrängt und die unfreiwilligen Zuhörer ihrer Freiheit beraubt. Insgesamt schätzte Kant die Malerei viel höher, weil sie in das Reich der Ideen eindringt und sich nicht wie die Musik mit begriffsloser Empfindung zufrieden gibt. Genauso unheimlich war Kant die freie Rede, denn sie stand in dem Verdacht, nur eine mechanische Wirkung auf den Verstand der Zuhörer ausüben zu sollen, vor allem wenn sie von der Kanzel oder dem Katheder aus gehalten wurde [Kant88].

In einer freizügig ausgelegten Genealogie der darstellenden Künste wäre es daher möglicherweise statthaft, den audio-kritischen Philosophen Immanuel Kant der Ahnenreihe heutiger Multimedia-Designer hinzuzufügen. Denn diese haben noch weitere prominente Vorfahren, die eine Audiodimension höchstens als klimperndes Beiwerk der Kommunikation zulassen wollten. Harold Warner, Mitgründer von Warner Bros., hätte so 1927 beinahe eine multimediale Revolution verhindert. „Wer, zum Teufel, will Schauspieler sprechen hören?“ war sein Kommentar zur Produktion von The Jazz Singer, dem ersten Tonfilm der Geschichte. Glücklicherweise waren seine Brüder schlauer und in der Mehrheit. Sie ließen die Schauspieler, um die Kosten für ein Dialogskript zu sparen, improvisieren und immerhin 362 Worte zwischen den dominanten Gesangspartien sprechen, unter anderem den berühmten ersten Satz der Tonfilmgeschichte: „Wait a minute, you ain't heard nothin' yet!“

Ist es nicht verrückt, dass das emotionalste, mächtigste, viskoseste, am besten bearbeitbare, speicherbare und übertragbare Medium im multimedialen Spektrum bisher so stiefmütterlich behandelt wurde? Dass Webdesigner an Audio nicht einmal denken mussten? Es ist ja nicht so, dass wir die Ersten wären, die Sound auf Websites bringen. Aber kennt irgendjemand eine interessante und ansprechende Webpräsenz, die Audio intelligent und ernsthaft einsetzt? Wir nicht.

Der Audioeinsatz bei browsergestützten Anwendungen im Inter- und Intranet steckt noch in den Kinderschuhen. Wir kennen Hörbücher im Netz, Videostreaming, Radiosender und hier und da ein paar kleine Versuche, Audio als Klick-Feedback oder atmosphärisch einzusetzen. Das war's. Eines der wenigen brauchbaren Bücher zum Audiodesign ist Wolfgang Rossbachs Sound für Webdesigner [Ross03]. Es ist aufschlussreich, dass Rossbach, der sich auf die Integration von Audio in Flash konzentriert, nicht auf weiterführende Literatur verweisen kann.

Es ist wirklich unglaublich: Millionen von Menschen sind fasziniert von der musikalischen und im weiteren Sinne akustischen Dimension der Welt. Überhaupt ist das Gehör eines Säugetiers sein Sinnesorgan mit der höchsten spektralen Auflösung. In der Gehörschnecke sind einzelne Sinneszellen für eine große Zahl unterschiedlicher Frequenzen des Schalls enthalten. Doch wir haben nur wenige Experten gefunden, die über den mehrschichtigen Audioeinsatz in den neuen Medien systematisch nachgedacht haben. Gibt es etwa einen Wettbewerb, einen Preis für gutes Audiodesign? Uns ist jedenfalls keiner bekannt, so dass wir daran denken, demnächst selbst einen auszuloben. Wir kennen natürlich das Deutsche Institut für Akustik [DIAk], Professor Stephen Brewsters spannende Glasgow Multimodal Interaction Group [GMIG], die International Community for Auditory Display [ICAD], das berühmte Institut de Recherche et Coordination Acoustique/Musique von Pierre Boulez [IRCAM], die Arbeiten von Alfred Tomatis zur Psychologie des Hörens [Toma05] und die interessanten Studien und Experimente zu akustischen Täuschungen [AKT05]. Doch für unser Anliegen findet sich dort nur wenig Material. Übrigens: Bitte belehren Sie uns, wenn wir jemanden übersehen haben! Wir brauchen das Wissen, die Kreativität und die Unterstützung dieser Pioniere.

Das Wissen zur Natur, Wirkung und Gestaltung von Audio ist also spärlich gesät. Für unser Geschäftsmodell fehlt ein ganzer Beruf, dessen Bild wir erst mit aufbauen müssen: der Audio-Designer. Diese müssen eine ebenso neue Disziplin beherrschen, die wir hier provisorisch einmal Audio-Usability nennen wollen. Audio-Usability müsste unter anderem auf die Erkenntnisse aus der Psychoakustik, die als ein Teilbereich der Physik betrachtet wird, der Musiktheorie und der Kognitionsforschung zurückgreifen.

Um auf diese Situation zu reagieren, entwickeln wir zurzeit in Zusammenarbeit mit dem Fraunhofer Institut und der TU Ilmenau einen wissenschaftlich fundierten Styleguide für interaktives Audio-Streaming und vor allem Audio-Usability. Die ersten Ergebnisse sind bereits hochinteressant. In den einschlägigen ISO-Normen 9241-10 und 14915-1/-2/-3 für die Gestaltung und Produktion multimedialer Inhalte und Anwendungen finden sich einige Hinweise und Ideen für die Audiogestaltung. Am Ende soll ein Grundlagenwerk für Audio-Design herauskommen, das wichtige Empfehlungen für Multimedia-Profis bereithält. Doch der Weg ist noch lang. Wir müssen dafür erst eine ganze Reihe von Usability-Tests in Auftrag geben, die bisher noch niemand gemacht hat.

Ein paar Grundlagen haben wir uns inzwischen immerhin erschlossen. Das Gehirn etwa merkt sich 10 % dessen, was wir lesen, 20 % dessen, was wir hören, 30 % dessen, was wir sehen, 50% dessen, was wir sehen und hören, und 90 % dessen, was wir selber machen. Daraus können wir ableiten, dass unser Gehirn am besten lernt, wenn mehrere Sinne gleichzeitig angesprochen werden.

Wenn Emotionen geweckt werden, werden diese Effekte noch gesteigert. Interaktivität beim Lernen scheint noch wirksamer zu sein. Das heißt: selbst forschen, ausprobieren, unterhaltsam scheitern. Es ist die Natur des Menschen, Erfahrungen mit allen Sinnen zu machen. Es gibt bereits viele Ansätze, das Lernen von der einseitigen Ausrichtung auf Kognition und Intellekt zu emanzipieren und sowohl auf eine „gefühlsbetonte Logik“ wie auch auf einen multisensoriellen Ansatz auszurichten. Dazu muss man den Lernvorgang praktisch zum Ent-Lernvorgang machen. Es müssen mehr packende Lernspiele entstehen und diese unter wirklicher Nutzung der multimedialen Möglichkeiten aufbereitet werden. Ein intelligenter Einsatz von Audio ist in der Lage, die Lernbereitschaft des Gehirns dramatisch zu steigern.

5 Visionen

Wir stehen vor dem Problem, das Tonfilmzeitalter im Internet mit Hilfe von Stummfilmexperten einläuten zu müssen. Die visuelle Aufrüstung des Internets ist weitgehend abgeschlossen. Wir wissen, dass die 3-D-Visualisierung kommen wird und das wird noch einmal eine faszinierende Erweiterung der Browser-

Interfaces sein. Doch jetzt ist erst einmal das Zeitalter des interaktiven Sounds. Die Browser auf den Displays stationärer und mobiler Endgeräte sind in Zukunft die wichtigste Schnittstelle von Einzelpersonen mit der digital erweiterten Umwelt, in der sich humane und maschinelle Formen der Intelligenz bewegen. Sie werden die Funktion sekundärer Synapsen übernehmen in einer Welt, die Menschen über Datenleitungen vernetzt, und zwar nicht nur zur Informationsübertragung, sondern immer mehr zum Transport von Gefühlen.

Noch begreifen viele Menschen diese Entwicklung als eine Bedrohung, Entfremdung oder als einen Angriff auf die Substanz der Humanität. Es mag sein, dass wir auf diesen technologischen Grundlagen einen anderen Evolutionspfad eingeschlagen haben als die deutsche Romantik sich das vorgestellt hat. Wir hängen in Deutschland in einer verhängnisvollen Weise an einem romantischen Naturbegriff und fürchten oder verachten auf dieser Grundlage den Weltbegriff. Doch ist es nicht eine grandiose Erweiterung der Sinnlichkeit und des menschlichen Wahrnehmungsvermögens? Ist dieser Zugang zur Welt nicht eine wunderbare Aufhebung der atomistischen, in sich selbst eingeschlossenen und einsamen Individualität? Was für eine Errungenschaft, dass die Transaktionskosten für Kommunikation immer weiter sinken! Dass Konsumenten, Informationssuchende, e-Lernende, Behinderte, Unterhaltungsbedürftige oder politische Wähler jetzt immer und überall dort abgeholt werden können, wo sie gerade stehen! Es ist allmählich unübersehbar, dass eine Technik wie das Internet eine segensreiche Erweiterung der menschlichen Natur sein könnte. Vielleicht ist das der Weg, auf dem unser Planet anfängt zu denken. Was wir jetzt nur noch brauchen, das ist der Ton zu diesem großartigen Stummfilm.

Literatur

[AKT05] Studien, Experimente und weitere Links zu akustischen Täuschungen: www.psych.mcgill.ca/labs/auditory/bregmancd.html von der McGill University; auch, Leberecht, J. (2005) www.neander-regiert.de.

[Toma05] Tomatis, A. A. Literaturliste von Alfred A. Tomatis (HNO-Arzt, Gründer der APP *Audio-Psycho-Phonologie* (1920- 2001)); gefunden in der Deutschen Bibliothek unter http://dispatch.opac.ddb.de/DB=4.1/REL?PPN=119129426. Siehe auch www.mozart-brain-lab.de.

[Ihle04] Ihle, B.: *Interaktives Audio-Streaming: Vergleich mit anderen Audioübertragungsverfahren im Internet*, Bachelorarbeit im Studiengang Informations- und Medientechnik, TU Cottbus, Dezember 2004. Die Arbeit ist bei uns als pdf erhältlich.

[Kant88] Kant, I.: *Kritik der Urteilskraft*, Werkausgabe v. W. Weischedel, Band X, Frankfurt am Main 1988, (B212, B221), S. 263, 269-270.

[Sulz67] Sulzer, J. G.: *Allgemeine Theorie der Schönen Künste*, Leipzig 1771-74 u. 1777-79, 4 Bd., spätere Aufl. 1786-87, 1792-94, Nachdruck der Ausgabe 1792-94: Hildesheim 1967-70.

[Ross03] Rossbach, W.: *Sound für Webdesigner*, Bonn, Galileo Press, 2003.

Weitere Quellen

[DIAK] Deutsches Institut für Akustik, www.dega-akustik.de

[ICAD] International Community for Auditory Display, www.icad.org

[IRCAM] Institut de Recherche et Coordination Acoustique/Musique, www.ircam.fr

[GMIG] Glasgow Multimodal Interaction Group, www.dcs.gla.ac.uk/~stephen/

Technische und didaktische Aspekte beim Sprach- und Sprechereinsatz in eLearning-Modulen

Bettina Ketzmerick, Kathleen Platzk, Klaus Fellbaum

Lehrstuhl Kommunikationstechnik
Brandenburgische Technische Universität Cottbus
Konrad-Wachsmann-Allee 1
03046 Cottbus
beke@tu-cottbus.de
kathy.pl@gmx.de
fellbaum@tu-cottbus.de

Abstract: Sprachliche Komponenten können eLearning-Module inhaltlich und gestalterisch maßgeblich bereichern. Die Akzeptanz des Mediums Sprache in e-Learning-Modulen ist allerdings stark von optimalen technischen Parametern abhängig. Weiterhin spielen didaktische Aspekte, wie die Wahl geeigneter Sprecher oder die angemessene Anzahl an Sprechern je Modul, eine wichtige Rolle. In umfangreichen Untersuchungen wurden technische und didaktische Kriterien und Grenzen ermittelt, die bei der Entwicklung von eLearning-Modulen beachtet werden müssen, um eine hohe Akzeptanz zu erzielen.

1 Einleitung

Eine Analyse existierender eLearning-Module hat gezeigt, dass neben der meist noch nicht optimalen Kombination unterschiedlicher Medientypen (Audio, Video, Bilder, Text) vor allem die Sprache deutlich unterrepräsentiert ist.

Sprachliche Komponenten haben zwar meist nur einen begleitenden bzw. ergänzenden Charakter; sie können aber eLearning-Module bei einem gezielten Einsatz inhaltlich und gestalterisch außerordentlich bereichern.

An Sprachkomponenten in eLearning-Modulen werden hohe qualitative Anforderungen gestellt. Die Akzeptanz des Mediums Sprache ist einerseits maßgeblich von optimalen technischen Parametern abhängig, andererseits aber auch von didaktischen Aspekten. So sollten beispielsweise die Sprecher der Texte möglichst eine entsprechende Sprachausbildung haben.

Unsere Untersuchungen umfassten zum einem die Ermittlung der Möglichkeiten des Spracheinsatzes (Wiedergabe und Erkennung) in eLearning-Modulen, zum anderen Hörtests zur allgemeinen Stimmencharakterisierung, zur Sprechereignung und zum Sprechereinsatz. Parallel dazu wurden geeignete technisch-akustische Parameter geprüft.

2 Audiotyp Sprache

Sprache spielt in der Kommunikation eine dominierende Rolle. Hierfür gibt es eine Vielzahl von Gründen:

Sprache ...

- wird unmittelbar erfasst,
- hat einen hohen Informationsgehalt; mit ihr lassen sich auch komplexe Sachverhalte ausdrücken,
- hat einen individuellen Charakter,
- erreicht auch einen abgelenkten, unaufmerksamen Partner,
- benötigt nur einfache Ein- und Ausgabekomponenten (Mikrofon, Lautsprecher, Kopfhörer),
- kann auch für eine Kommunikation in beispielsweise dunklen, staubigen, feuchten Räumen eingesetzt werden,
- lässt sich auch zur Steuerung von Geräten und Systemen vor Ort oder auch über den Telefonkanal verwenden.

Die Sprachkommunikation bringt aber auch Probleme bzw. Nachteile mit sich:

Sprache ...

- hat einen flüchtigen, nicht dokumentierenden Charakter,
- zwingt dem Empfänger das Erfassungstempo auf,
- stört möglicherweise Unbeteiligte; der Austausch von vertraulicher Information ist problematisch,
- lässt sich nachträglich nur schwer ändern oder ergänzen,
- kann sehr lästig werden, wenn ein Benutzer eine Übersichtsseite aufruft und dabei z.B. einführende Worte stereotyp immer wieder ablaufen.

Ein besonderes Kennzeichen der Sprache ist ihre Zeitabhängigkeit oder – anders ausgedrückt – ihre Flüchtigkeit. Daraus ergeben sich wichtige Konsequenzen. Akustische Medien bestimmen das Erfassungstempo, d.h. der Benutzer ist gezwungen, die Information so aufzunehmen, wie sie dargeboten wird. Der Benutzer hat keine (oder nur sehr eingeschränkte) Möglichkeiten, gezielt Teile der dargebotenen Information genauer zu erfassen - so wie das z.B. bei einem Schrifttext durch wiederholtes oder langsameres Lesen, vor allem aber auch durch eine gezielte Blickwendung auf die gewünschte Information, möglich ist. Ein solcher Prozess ist bei einem flüchtigen Medium nicht oder nur sehr umständlich möglich. Da man sich flüchtige Information gewissermaßen *schritthaltend* einprägen muss, ist die Merkfähigkeit sehr schnell erschöpft.

3 Integration von Sprache in eLearning-Anwendungen

3.1 Allgemeine Bemerkungen

eLearning ist ein Ansatz, der verschiedene Internet- und Web-Technologien nutzt, um Lernprozesse zu ermöglichen bzw. auch zu fördern. Eigentlich sind damit die Hilfsmittel für den Lernprozess, nicht aber das Lernen selbst gemeint. eLearning ermöglicht individualisiertes Lernen, welches dezentral und arbeitsplatznah erfolgen kann. Der Lernende trifft somit selbst die Entscheidung, wann, wie lange und wo er lernen möchte. Allerdings werden die neuen Lerntechniken nur dann attraktiv, wenn sie effektiver, leichter und unterhaltender als traditionelle sind und darüber hinaus über interaktive Komponenten einen aktiven Austausch zwischen dem Lernmedium und dem Lernenden ermöglichen. Dies stellt an die eLearning-Module hohe qualitative Anforderungen.

Aus diesen Gründen sind eLearning-Module in besonderer Weise auf einen Medienmix angewiesen. Beispielsweise wirken sich zu textlastige Lernumgebungen nachteilig auf die Konzentration aus. Sie erscheinen schnell unübersichtlich und langweilig. Eine Steigerung der Aufmerksamkeit wird unterstützt, wenn entsprechend den Inhalten multimediale Gestaltungselemente zur Anwendung kommen. Das Material sollte dementsprechend aus einer sinnvollen Kombination unterschiedlicher Elemente wie Text, Grafik, Audio, Video, Animationen, Simulationen usw. bestehen. Allerdings gibt es bisher nur wenig gesicherte Kenntnisse darüber, wie sich der Einsatz unterschiedlicher Medien auf den Lernprozess auswirkt.

Es ist sehr sinnvoll, wichtige Aussagen durch Bilder bzw. Audio-Ausgaben zu veranschaulichen. Dabei ist darauf zu achten, dass keiner der beteiligten Medientypen die komplette Information vermittelt (denn dann könnte man sich die anderen Medientypen sparen!). Bilder dürfen nicht selbsterklärend sein; ihre

Bedeutung sollte sich erst im Zusammenwirken mit geschriebenem oder gesprochenem Text erschließen.

Allerdings sollte ein Zuviel an optischen und akustischen Reizen vermieden werden, da dies zu einer Reizüberflutung führen kann. Ein zu hohes Maß an eingebundenen Unterhaltungskomponenten fördert eher die unerwünschte *Fernsehhaltung*. Der Lernende konsumiert dann nur, statt aktiv am Lernprozess teilzunehmen. Jedoch ist die Erwartungshaltung der Nutzer gerade durch den starken Fernseheinfluss und den inzwischen erreichten Qualitätsstandard bezüglich Grafikdesign und Audioeffekte sehr groß geworden.

3.2 Untersuchungen zur Sprechereignung in eLearning-Modulen

Neben der grundsätzlichen Frage der Nutzung von Sprache ist natürlich auch die Auswahl geeigneter Sprecher für die Erstellung der Sprachaufnahmen wichtig. In den Untersuchungen galt es herauszufinden, welche Eigenschaften eine Stimme aufweisen muss, um für den Anwender als geeignet oder angenehm eingestuft zu werden.

Eine Stimme lässt sich dabei vielseitig charakterisieren. Auditive Parameter sind beispielsweise Stimmlage, Stimmeinsatz, Sprechtempo, Stimmklang, Stimmstärke und Stimmvolumen. Zunächst wurden verschiedene Stimmen in einem Hörtest nach diesen Kriterien beurteilt.

In eLearning-Modulen treten viele verschiedene Textarten und Möglichkeiten für sprachliche Ergänzungen auf. Bisher ist nicht bekannt, welche Stimmen sich für die einzelnen Textarten eignen. Dies sollte ebenfalls mit Hilfe geeigneter Hörtests untersucht werden. Akzeptanzuntersuchungen dienten der Beurteilung der Annehmlichkeit und zur Ermittlung der Eignung von Stimmen bei verschiedenen Textarten. Solche Textgruppen wie Sachtexte, Definitionen, Glossareinträge, Aufgabenstellungen, Kommentare, Erklärungen, Bild-, Animations- und Programmbeschreibungen wurden nach dem möglichen Vorkommen in einem eLearning-Modul ausgewählt.

Insgesamt wurden zwei große Testreihen mit verschiedenem Sprachmaterial von insgesamt 36 Sprechern durchgeführt. Die Untersuchungen haben gezeigt, dass das Kriterium Annehmlichkeit ein wichtiges Maß für die Eignung darstellt. Eine starke Differenzierung für die Eignung der einzelnen Textarten ließen die Ergebnisse nicht erkennen. Eine angenehme Stimme wies neben einer normalen Stimmlage und –härte, auch ein normales Stimmvolumen auf, hatte aber einen klaren Stimmklang und eine gleichmäßige Stimmstärke. Das Sprechtempo wurde als eher schnell eingestuft.

Geeignete Stimmen hatten einen ausgeglichenen, gleichmäßigen Verlauf und einen klaren Stimmklang. Ungeeignet dagegen waren vor allem männliche Stimmen mit einer tiefen Stimmlage und weibliche Stimmen mit einer hohen und zarten Stimme. Einige Sprecher eignen sich für alle Bereiche, andere wiederum sind für keine der vorgegebenen Textarten geeignet. Lediglich bei der Stimmhärte und beim Sprechtempo gab es unterschiedliche Beurteilungen je Textart. So sollten beispielsweise Aufgabenstellungen und Beschreibungen von Bildern und Animationen eher hart und schnell gesprochen werden, Glossare und Kommentare dagegen eher weich und langsam.

Erwartungsgemäß erhielten die professionellen Sprecher die besten Beurteilungen. Alle Stimmen dieser Sprecher wurden als geeignet für den Einsatz in e-Learning-Modulen eingestuft. Eine Voraussetzung für den Einsatz in einem e-Learning-Modul ist demnach eine deutliche Aussprache und eine gute Betonung des Inhalts.

3.3 Einsatzmöglichkeiten der Sprachwiedergabe

Die meisten Einsatzmöglichkeiten für Sprachwiedergabe in eLearning-Modulen bieten begleitende Sprachausgaben von Bildern und Animationen. Normalerweise ist die alleinige Einzel- oder Bewegtbild-Darstellung für das Verständnis eines Sachverhalts völlig unzureichend, so dass zusätzliche textliche oder sprachliche Erläuterungen zwingend erforderlich sind. Beim Einsatz des eLearning-Materials in einer Präsenzveranstaltung wird die Erklärungsfunktion vom Dozenten übernommen; diese Möglichkeit entfällt jedoch beim eigentlichen Selbstlernen.

Nachfolgend wird beschrieben, wie im Falle des eLearning Sprachinformationen eingesetzt werden können. Stellvertretend für viele Realisierungen wurde für die Betrachtungen eine Animation gewählt, die sich inhaltlich mit den einzelnen Etappen der Puls-Code-Modulation (PCM) und der Rekonstruktion des Ausgangssignals beschäftigt. In anderen Veröffentlichungen, wie [Ketz02] und [Göc⁺04], wurden bereits Ergebnisse dieser Untersuchungen dargelegt. Zunächst wird eine kurze Zusammenfassung zu den bisher realisierten Varianten gegeben.

I) Darstellung von Bildern und ausführlichem Text in separaten Fenstern

- Beim Lesen des Textes ist kein Blick auf das Bild möglich (Abbildung 1).
- Hin- und Herschalten zwischen den Fenstern ist zwar möglich, jedoch ist es schwer, die richtige Stelle im Text (wieder) zu finden bzw. sich Details des Bildes zu merken.

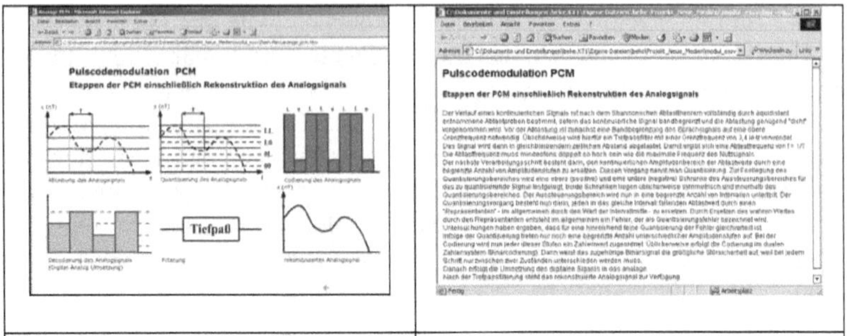

a) Reine Bilddarstellung	b) Zugehöriger ausführlicher Text

Abbildung 1 Prinzip der Puls-Code-Modulation

II) Ausgabe von Bildern und Text in einem Fenster

- Keine Verhinderung des Blickwechsels.
- Notwendige Verkleinerung der Bilder und des Textes durch eingeschränkten Platz im Browserfenster erschwert Lesbarkeit.
- Scrollmöglichkeit ist keine akzeptable Alternative.

III) Schrittweiser Aufbau des Bildinhalts und Anzeige des jeweils zugehörigen Textabschnitts

- Rücksprünge sind möglich.
- Überblick und logischer Zusammenhang bleiben erhalten, da alle vorherigen Teilbilder dargestellt bleiben.
- Nachteil des Blickwechsels bleibt bestehen.

IV) Bilddarstellung und gesprochener Text

- Volle Konzentration auf visuelle Darstellung, so dass Blickabwendungen entfallen.
- Erhöhte Anforderungen an Merkfähigkeit durch flüchtigen Charakter der Sprache.
- Beibehaltung des Prinzips der segmentierten Darstellung.

V) Einblendung von inhaltlichen Stichpunkten als Text und Sprachausgabe der vollständigen Textblöcke

- Einblendung von Stichpunkten vermittelt einen schnellen inhaltlichen Überblick und unterstützt das Erfassen komplizierter Wörter.
- Kombinierte Sprach-Text-Information und die Bildinformation laufen nebeneinander.
- Blickabwendung vom Bild ist weitgehend beseitigt (den Text kann man gewissermaßen aus den Augenwinkeln erfassen), jedoch fehlen explizite Bezüge zwischen Sprache und Bild.

VI) Explizite Bezüge zwischen Sprach- und Bildinformation

- Herstellung von direkten Bildbezügen (z.B. Farbmarkierungen, Rahmen).
- Einbindung von zeitveränderlichen Effekten (z.B. Blinken).

Im Folgenden wird nun auf einige Erweiterungen eingegangen. Die eigentliche (komplette) Sprachausgabe wurde um einige Steuerungsmöglichkeiten ergänzt. So wird ein variables Vor- und Zurückspulen in der Sprachausgabe und in der Bildanzeige (Abbildung 2) ermöglicht.

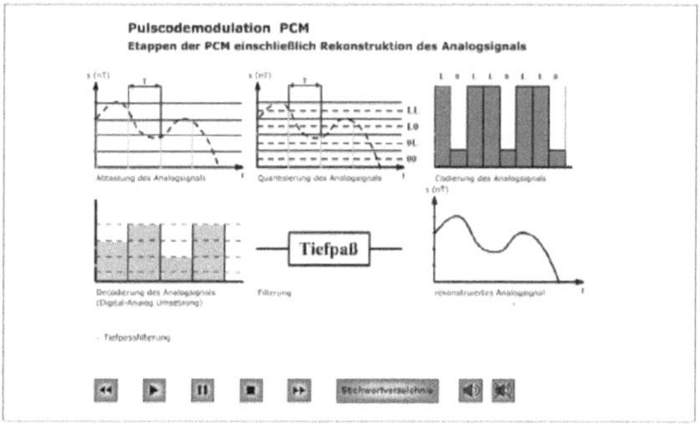

Abbildung 2 Erweiterung der Animation um Spulfunktion

Ein so genannter Pausen-Button dient für notwendige Unterbrechungen an gewünschten Ausgabepositionen, da ein langer Sprachfluss kaum strukturierbar ist. Der Nutzer hat somit die Möglichkeit, sein eigenes Lerntempo einzustellen. Er kann zum besseren Verständnis zurückspulen und sich die Sachverhalte nochmals erläutern lassen. Andererseits kann er ihm bereits bekannte Aspekte problemlos überspringen. Auf diese Weise lassen sich verschiedene Lernniveaus mit einer einzigen Anwendung realisieren.

Ein weiterer Zusatz ist die Bereitstellung eines Stichwortverzeichnisses. Analog einem Stichwortverzeichnis in Büchern werden Schlüsselwörter erfasst und in einer alphabetisch geordneten Übersicht zum Anklicken angeboten (Abbildung 3).

Der Verweis öffnet die Sprachdatei an der Stelle, wo auf diesen Begriff erstmals Bezug genommen wird. Bei mehrmaligen Vorkommen werden entsprechend viele Hyperlinks angeboten. Nachteilig ist, dass die Sprachausgabe am Satzanfang beginnt, in dem das Schlüsselwort vorkommt. Das bedeutet, dass möglicherweise wichtige vorangegangene Informationen nicht mitgelesen werden Die Situation bei der normalen Nutzung eines Stichwortverzeichnisses (bei der in einem Buch auf die Seite verwiesen wird, in der das Stichwort steht) ist naturgemäß anders. Mit dem Aufschlagen der entsprechenden Seite hat der Leser zugleich einen Überblick über die Umgebung, in der das Stichwort steht und kann damit zumeist die Bedeutung besser erfassen als bei der Sprachvariante. Welche Variante aber letztlich geeigneter ist, lässt sich nur durch weiterführende Untersuchungen ermitteln.

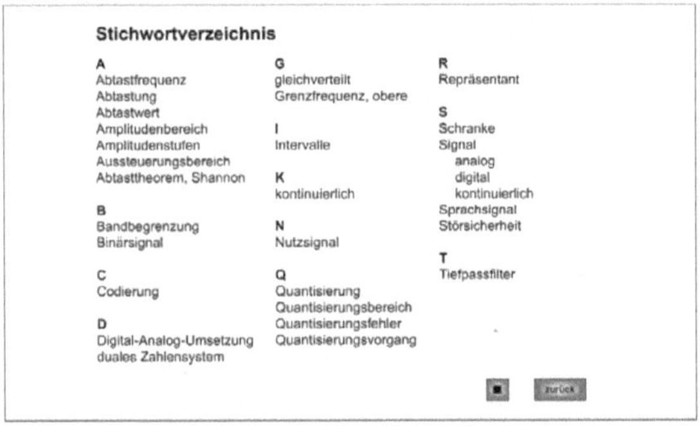

Abbildung 3 Anzeige des Stichwortverzeichnisses

Für Definitionen und kurze Erklärungen weiterer Begriffe, die für das Gesamtverständnis der Problematik dienlich sein können, eignet sich sehr gut ein Glossar, welches zusätzlich bereitgestellt wurde. Zunächst ist dabei eine textliche Realisierung denkbar. Die Begriffe werden da mit einem Hyperlink versehen. Nach dem Anklicken öffnet sich ein Pop-Up-Fenster, welches die Erklärung in

Textform anzeigt. Dadurch ist zwangsläufig eine Blickabwendung vom Hauptfenster erforderlich. Öffnen sich ungünstigerweise weitere Pop-Up-Fenster geht der Überblick völlig verloren. Eine Alternative ist die sprachliche Ausgabe für den jeweiligen Begriff. Vorteilhaft ist dabei, dass die Abarbeitung in einem Fenster verbleibt (Abbildung 4). Nachteilig ist allerdings der flüchtige Charakter von Sprache. Bei der Formulierung der Erklärungen muss auf Knappheit, geschickte Wortwahl und Konzentration auf relevante inhaltliche Schwerpunkte geachtet werden.

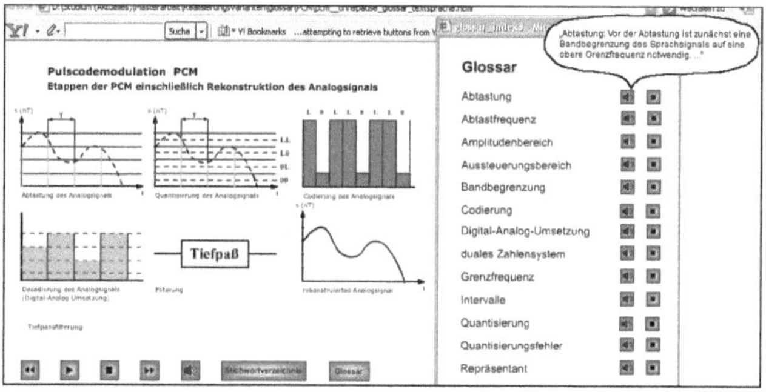

Abbildung 4 Sprachliche Realisierung des Glossars

Mit dieser komplexen Realisierung und dem Angebot verschiedener Möglichkeiten wie Stichwortverzeichnis und Glossar sind viele unterschiedliche Szenarien möglich.

Durch die Nutzung des Pausen-Buttons kann der Nutzer die Ausgabe unterbrechen und die Angebote Stichwortverzeichnis und/oder Glossar nutzen. So können bei Verständnisproblemen bestimmte Abschnitte wiederholt oder einzelne Begriffe näher erläutert werden. Die Weiterführung der Anwendung sollte dann natürlich an der Unterbrechungsstelle möglich sein. Dies ist vor allem für längere Applikationen zwingend notwendig.

Die Animation kann auch vollständig bis zum Schluss abgearbeitet werden. Danach wird die Vor- und Rückspulmöglichkeit für den Sprachfile angeboten. Während ein Rückspulen und gegebenenfalls auch wieder Vorspulen im Audiofile möglich ist, bleibt über die gesamte Zeit die End-Bildanzeige bestehen. Weiterhin ist aber auch ein synchrones Vor- und Zurückspulen von Bild- und Audioausgabe denkbar. Jedoch sind diese Szenarien nur bei zeitlich kurzen Anwendungen sinnvoll. Erfahrungen zeigen, dass beispielsweise 90-minütige Vorlesungsaufzeichnungen nicht zu handhaben sind. Ein Vor- und Zurückspulen ist derart ressourcenintensiv, dass selbst leistungsfähige Rechner überfordert sind. In einem solchen Fall ist eine Aufteilung in kapitel- bzw. themenorientierte Abschnitte unabdingbar.

3.4 Einsatzmöglichkeiten der Spracherkennung

Die Integration von Möglichkeiten der Spracherkennung in eLearning-Modulen ist für verschiedene Anwendungen denkbar. Erste Ansätze dazu sind in [Göc+04] zu finden. In der Abbildung 5 sind einige Einsatzmöglichkeiten aufgezeigt.

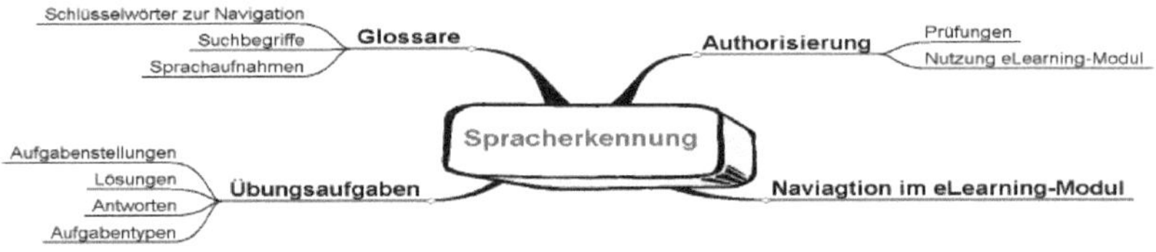

Abbildung 5 Einsatzmöglichkeiten der Spracherkennung

Zur Identifikation berechtigter Nutzer von eLearning-Modulen ist der Einsatz von Sprecherkennung möglich. Auch bei Online-Prüfungen kann die Abfrage des Namens und des Passworts mit der Authentifizierung mittels Sprecherverifikation verbunden werden. Die Navigation innerhalb des eLearning-Moduls bietet Möglichkeiten zur Spracheingabe. So sind der Start und die Beendigung der Abarbeitung von Animationen bzw. Audiodateien, die vergrößerte Darstellung von Bildern und die Steuerung innerhalb der Kapitel oder Themengebiete denkbar.

Bei der Lösung von Übungsaufgaben ist ein sprachbasierter Dialog denkbar. Realisierbar sind z.B. allgemeine Steuerungen wie weiter oder nächste Aufgabe. Aufgabenstellungen sollten dagegen eher schriftlich präsentiert werden. Die mündliche Form würde gerade bei größeren Aufgabenkomplexen zu Fehlinterpretationen führen. Zu Einschränkungen kommt es auch bei der Wahl der Aufgabenart. Multiple-Choice-Tests bieten durch ihren strukturierten Aufbau gute Möglichkeiten.

Allerdings sollten die möglichen Antworten auch in Textform angeboten werden. Die Lösungen sind durch Spracheingabe abrufbar. Problematisch sind Aufgabentypen, die als Antwort einen variablen Fließtext erfordern. Auch recht leistungsfähige Systeme sind mit einer korrekten inhaltlichen Erkennung oft überfordert. In diesem Bereich gibt es noch einen großen Forschungsbedarf.

Auch für die Nutzung eines sprachbasierten Glossars ist der Einsatz von Spracherkennung sinnvoll. Durch Sprache kann die aktuelle Anwendung gegebenenfalls gestoppt (Anwendung anhalten), das Glossar geöffnet (Glossar öffnen), der Suchbegriff eingegeben (Suche Begriff) und die Glossarnutzung beendet (Glossar schließen) werden. Es ist anzunehmen, dass eine solche Realisierung des Glossars bei Akzeptanzuntersuchungen die größte Zustimmung bekommen würde. Voraussetzung für all diese Anwendungen ist das Vorhandensein einer Spracherkennung beim Client. In [Göc+04] wird beschrieben, wie der Client über ein Java-Applet auf einen Speech-Server zugreifen und das dort bereitgestellte Erkennungssystem nutzen kann.

4 Empfehlungen

Der Einsatz von Sprache in multimedialen Lehr- und Lernprogrammen erfordert die Einhaltung einiger technischer und didaktischer Kriterien, die für die Akzeptanz der eLearning-Module eine entscheidende Rolle spielen.

Der Benutzer erwartet eine hohe Sprachqualität (Telefonqualität mit einer Bandbreite von 300 bis 3400 Hz reicht meist nicht aus!). Es sollte ein geschulter Sprecher die entsprechenden Texte sprechen; Dialekte, eine unkorrekte Sprechweise, Versprecher, Hesitationen („äh...“), syntaktische oder semantische Unkorrektheiten werden nicht akzeptiert. Dieser Sachverhalt ist so gravierend, dass entsprechende Mängel auch nicht durch eine noch so gute bildliche Präsentation kompensiert werden können.

Unabhängig von einer geschulten Stimme gibt es - wie erwähnt - angenehme und unangenehme Stimmen. Mitunter ist es auch vorteilhaft, verschiedene Stimmen zu verwenden, damit die Sprache nicht langweilig wirkt. Zugleich kann man dann auch jeder Stimme spezielle Inhalte zuordnen. Diese Verknüpfung von Stimme und Inhalt sollte jedoch nicht gewechselt werden; der Sachverhalt ist vergleichbar mit einer durchgehenden Farblogik bei einem Text oder der Verwendung von Logos.

Sprachinformationen kann man sich nur in sehr begrenztem Umfang merken; sie müssen daher zeitlich begrenzt sein. In vielen Fällen ist es sinnvoller, Kernaussagen bzw. Schlüsselinformationen visuell darzubieten und sprachliche Erläuterungen zur Ergänzung oder Interpretation zu verwenden. Außerordentlich bereichernd sind die erwähnten Möglichkeiten einer variablen Steuerung der Bild- und Sprachausgabe. Für die Sprachausgabe muss die Möglichkeit einer individuellen Lautstärkeeinstellung bestehen.

Bei der Bereitstellung von eLearning-Angeboten sind die Internet-Einwahlbedingungen der Nutzer zu beachten. Lange Ladezeiten wirken sich negativ auf die Akzeptanz aus. Daher ist es sinnvoll, verschiedene Stufen anzubieten. Jedoch ist mit einer geringeren Dateigröße auch ein Qualitätsverlust verbunden. Ein Hinweis an die jeweiligen Nutzer ist unbedingt erforderlich. Bei der Produktion der Sprachdateien sind Abtastrate und Auflösung wichtige Parameter, die bereits bei der Aufnahme optimal eingestellt werden sollten.

5 Schlussbemerkungen

Unsere Untersuchungen haben gezeigt, dass die Sprachkomponente eine überaus wichtige Rolle in eLearning-Modulen spielt. Zugleich wurde auch deutlich, dass die sprachliche Information fast immer nur einen ergänzenden, erläuternden oder veranschaulichenden Charakter hat. Die Möglichkeiten des Einsatzes von Spracherkennung müssen durch praktische Realisierungen getestet werden. Problematisch wird der Einsatz von Sprache, wenn es um die Einhaltung der Richtlinien zur Barrierefreiheit im Internet geht. Es ist daher zwingend notwendig, unterschiedliche Anwendungen für einzelne Nutzergruppen (ohne und mit Behinderungen) zu entwickeln.

Literaturverzeichnis

[Cri+97] Crispien, K., Fellbaum, K.: Virtuelle akustische Umgebungen – Realsisierungsmöglichkeiten und Anwendungen, Wissenschaftsmagazin BTU Cottbus 1997.

[Fell89] Fellbaum, K.: Anwendungsaspekte der sprachlichen Mensch-Maschine-Kommunikation, Informationstechnik it 31, 6, 1989.

[Fel+99] Fellbaum, K., Richter, J.: Human Speech Production Based on a Linear Predictive Vocoder – An Interactive Tutorial, Proc. MATISSE, London, 1999.

[FeKe02] Fellbaum, K., Ketzmerick, B.: Über die Rolle der Audio-Komponente bei der Multimedia-Kommunikation, Studientexte zur Sprachkommunikation, 24, 2002.

[Göc+04] Göcks, M., Fellbaum, K.: eLearning an der Hochschule Shaker Verlag, Aachen, 2004

[Jarz97] Jarz, E.: Entwicklung multimedialer Systeme, Gabler Verlag, Wiesbaden, 1997

[Ketz02] Ketzmerick, B.: Zum Einsatz akustischer Komponenten im eLearning-Modul „Elektronische Sprachsignalverarbeitung“, Studientexte zur Sprach-kommunikation, 24, Dresden, 2002.

[Leh+98] Lehner, F., Braungart, G., Hitzenberger, L.: Multimedia in Lehre und Forschung, Gabler Verlag, Wiesbaden, 1998.

[Lehn01] Lehner, F.: Einführung in Multimedia, Gabler Verlag, Wiesbaden, 2001.

[Stel00] Steinmetz, R.: Multimedia-Technologie, Springer Verlag, Berlin, 2000.

Design Strategies for Converging Media

Sebastian Purfürst, Christian Mahler

LEM – NewMediaResearch.com
purfuerst@lem-NewMediaResearch.com
mahler@lem-NewMediaResearch.com

Abstract:

Marshall Mcluhan:// *In the name of progress, our offical culture is striving to force the new media to do the work of the old.*

Das gesellschaftliche Erlernen und Begreifen der unter dem Begriff *Multimedia* zusammengefassten technischen Errungenschaften bilden die Grundlage für eine neue Kulturtechnik, die neben den etablierten als eine gesellschaftliche Ausdrucksform Bestandteil unseres Lebens ist. Durch die zunehmende Digitalisierung oder digitale Erstellung von Informations- und Unterhaltungsmedien, wie Printmedien, Onlinemedien, Kino, Fernsehen, DVD, Computerspielen usw. lassen sich komplexe Mischformen von Medien beobachten. Die *Hybridisierung* der Medien beinhaltet eine Hybridisierung ihrer innewohnenden gestalterischen und kulturellen Codes. Dies bedingt nicht nur die Herausbildung neuer Anforderungen an unsere Seh- und Denkgewohnheiten. Daraus resultiert auch ein komplexes mehrdimensionales Aufgabenfeld für die Gestaltung. Es geht um eine Überführung der etablierten Systemsprachen und Codes in die Sprache der konvergenten Medien. Um das Potenzial digitaler Arbeiten erfassen und bewältigen zu können, ist es notwendig, sich grundlegend mit dem Komplex digitaler Gestaltung auseinander zu setzen und diese in den wesentlichen Prinzipien zu erfassen.
Die Arbeit untersucht die Auswirkungen der Prinzipien der digitalen Medien im Vergleich mit traditionellen Gestaltungsstrategien.
Entstanden sind fünf audiovisuelle Essays, hybride Kollagen aus Analysen, Fallstudien und Interviews. Die Arbeit wurde aus Archivmaterial und Werken der Bereiche Film, Design, Kunst und Popkultur generiert und mit den Kommentaren einer Vielzahl von Experten aus verschiedenen Fachbereichen wie etwa Lev Manovich, Friedrich Kittler, Peter Sloterdijk, Heiner Göbbels ergänzt. Das Werk ist sowohl in Form einer nichtlinearen *Narrative Database* als auch in einer DVD-Edition mit einer Gesamtlaufzeit von 212 Minuten umgesetzt.

ARE THE CULTURAL CODES MERGING INTO EACH OTHER? >>

John Nelson:// *Popular culture is always a moving target.*[1]

C:// Technikgeschichte, so erinnert uns Friedrich Kittler, ist zugleich immer auch Kulturgeschichte. Die Vermutung Marshall McLuhans, dass Medien vor allem andere Medien enthalten, hat sich mit dem Einzug der digitalen Medien einmal mehr bestätigt. Mit der Überführung der analogen Medienformate in die digitalen ergibt sich, bedingt durch deren numerische Repräsentation eine technische Gleichwertigkeit der Medien. Diese technische Gleichwertigkeit äußert sich in einer Vielzahl von Symptomen.

Lev Manovich bemerkt: „In short, a media object becomes soft" und weist uns damit auf die Programmierbarkeit der Medien hin. Die Verwendung von grafischen Interfaces für die Erfahrbarmachung, Verwaltung, Erstellung und Bearbeitung der Medienobjekte führt dazu, dass alle klassischen Formate wie Schrift, Fotografie, Film, Video aber auch digitale Medien, wie etwa das Internet oder Computerspiele, von der Grafik subsummiert werden. Da sich die Interfaces der Software ähneln, beginnen die Produktionsmethoden der verschiedenen Medien zu konvergieren.

Lev Manovich:// *Media simply becomes another type of data on which you can run any kind of algorithms. So media simply becomes a software. You are basically interacting with a software program. The images which you see, the sounds which you hear, virtual spaces you enter are all produced by the software. and to me this is a very fundamental change*[2]

C:// So ist selbst die Produktion von Musik, wenn auch in einem eingeschränkten Grad, eine visuelle Disziplin geworden. Auch wenn wir die Medien neuerdings als Grafik behandeln, bedeutet deren Konvergenz jedoch nicht, dass wir sie auch als solche verstehen. Vielmehr eröffnet dies die Möglichkeit, Medientypen zu etablieren, die sich in einer Fusion entwickeln. Die Hybridisierung der Medien beinhaltet eine Hybridisierung der gestalterischen und kulturellen Codes der etablierten Medien. Dies bedingt nicht nur die Herausbildung neuer Anforderungen an unsere Seh- und Denkgewohnheiten. Aufgrund der babylonischen Vielfalt der einfließenden Codes geht es um die Bewältigung der sich stellenden Anforderungen an einen neuen Typus des Gesamtkunstwerks und verlangt nach erweiterten Konzepten und Gestaltungsstrategien. Gestaltungsstrategien für konvergente Medien.

---

[1] (01 Hdrd / Pop Is A Moving Target / Tc: 0:00:20)
[2] (High Dynamic Range Design / Converging Media / Tc: 0:04:56)

Lev Manovich:// *The principle of cultural transcoding is the most substantial consequence of the computerization of media.*[3]

B:// Aus gestalterischer Sicht ist die Konvergierung der Medien ein höchst interessanter Vorgang, denn nicht nur die technischen Plattformen verschmelzen, sondern auch deren gestalterische Codes gehen interessante Mischformen ein. Die heutige Ästhetik der neuen Medien ist somit zum einen eine hybride Form aller digitalisierten oder digital simulierten traditionellen Medien. Die Computerisierung unserer Medien hat aber nun zur Folge, dass kulturelle Konzepte durch computerbezogene Modelle erweitert werden. Dieses Prinzip des Cultural Transcoding ist laut Manovich die tiefgreifendste Konsequenz der Neuen Medien. Es entsteht eine neue Kultur der digitalen Medien, in der eine menschliche und eine maschinelle Ebene miteinander verschmelzen. Unser kultureller Code wird digitalisiert, der digitale Code wird zum kulturellen Code transkodiert. Ein digitales Bild ist nicht länger nur noch ein Bild mit einer kulturellen Bedeutung für den Betrachter. Ein digitales Bild ist auch eine für Maschinen lesbare Datei, eine organisierte Sammlung von Bits und Bytes, die Farbwerte repräsentieren. Diese Dualität der Deutungsebenen prägt uns in unseren Erfahrungen mit den neuen Medien. Unsere Kultur verändert sich maßgeblich durch das rekursive Zitieren traditioneller und maschineller Codes. Dieser Umbruch ist derart radikal, dass sogar traditionelle, nicht-digitale Medienformate sich diesem Einfluss nicht entziehen können.

Friedrich Kittler:// *Die Maschinen sind so dumm und so unadaptiv, und weil sich die Maschinen uns nicht anpassen, passen wir uns den Maschinen an.*[4]

B:// Eine Kultur der Neuen Medien bedeutet somit auch eine neue Kultur traditioneller Medien. Die zentralen Fragen, die in der Arbeit gestellt werden, lauten: welche neuen gestalterischen Strategien ermöglichen die Neuen Medien, welche traditionellen Gestaltungsstrategien lassen sich übernehmen oder müssen neu betrachtet werden?

. . . DO WE LIVE IN A WORLD OF >>

Erwin Panofsky:// *In welcher Schicht wir uns auch bewegen: Unsere Identifizierung und Interpretation hängen von unserer subjektiven Ausrüstung ab, und aus diesem Grund müssen sie durch eine Einsicht in historische Prozesse ergänzt und korrigiert werden, deren Gesamtsumme man Tradition nennen könnte.*

---

[3] (High Dynamic Range Design / Cultural Transcoding / Tc: 0:00:13)
[4] (High Dynamic Range Design / Database - Dataspace / Tc: 0:01:41)

C:// Medienumbrüche bedingen nicht nur neue ästhetische Konzepte, sondern wirken sich auch auf die Methodiken zur Gewinnung und Vermittlung von Erkenntnissen aus. Nicht nur in unserer Pop-, sondern auch in der Hochkultur, Forschung und Wissenschaft ist die Tendenz der Ablösung der literarischen Welt durch die der technischen Bilder deutlich spürbar. 1992 verkündet William J. Mitchell den Pictorial Turn und betont damit die Verschiebung vom Text zum Bild in der Konstruktion unserer nun wörtlich zu nehmenden Weltbilder. Im selben Jahr erinnert uns Mitchell in seinem Reconfigured Eye jedoch auch an die Manipulierbarkeit und den damit endgültig in Frage gestellten Wahrheitsgehalt der Bilder im postfotografischen Zeitalter.

. . . REMIXED >>

C:// Dieses soll jedoch nicht unsere Freude über das Potenzial, Bilder für einen erkenntnistheoretischen Prozess und Beweis zu nutzen, trüben. Vielmehr öffnet die Möglichkeit, in ein Bild einzugreifen, ein Tor zu einer kulturwissenschaftlichen Bildanalyse, wie sie traditionell nicht denkbar wäre. Die seit dem Beginn des 20. Jahrhunderts durch Aby Warburg eingeleiteten Bemühungen, die Kunstwissenschaft in eine Bildwissenschaft zu entwickeln, bildet zwar eine methodisch stabile Basis, ist jedoch noch immer der Distanz zwischen Werk/Autor und Betrachter verhaftet. Verglichen mit medizinischen Diagnosen könnte man am ehesten Parallelen zur asiatischen Tradition finden, in der die Öffnung des Körpers untersagt war. Zwar musste sich auch in der abendländischen Kultur die Sektion als wissenschaftliches Instrument von der Stigmatisierung befreien, sie ermöglichte jedoch erst die heutige Schulmedizin.

. . . REEDITED >>

C:// Bezogen auf die digitalen Medienobjekte ist eine Sektion, oder vielmehr Vivisektion aufgrund des problemlosen Klonens der Dateien möglich, ohne das Objekt im eigentlichen Sinne beschädigen oder zerstören zu müssen und gestattet so, neue Formen des Erkenntnisgewinns zu praktizieren. Auffällig sind in diesem Zusammenhang die Parallelen zwischen der ethischen Debatte um das medizinische Klonen und der wirtschaftlichen Diskussion um das digitale Copyright. So stehen Wissenschaftler vor ähnlichen Problemen. Zum einen ist es die Frage nach dem Schutz vor Missbrauch, zum anderen aber die nach dem befürchteten Verlust der Aura, die einem Erkenntnisprozess beim Umgang mit entwurzelten Dingen entgegenzustehen scheint.

Christian Steyer:// *Es tritt die Frage auf: Werden wir alle zu Teillieferanten, zu Detaillieferanten? Und was spielt der integrierte gesamte Mensch dabei für eine*

Rolle und was ist, wenn er nicht mehr integriert ist? Kann er dann noch Details liefern?[5]

. . . RELAUNCHED >>

C:// Werden in der Literaturwissenschaft noch Texte über Texte geschrieben und in der Kunstwissenschaft Texte über Bilder, so klingt es verlockend, den klassischen Weg wissenschaftlicher Arbeit zu verbreitern und Formate zu entwickeln, in denen Bilder über Bilder, Bilder über Töne, oder Töne über Bilder verfasst werden. Die Erklärung der digitalen Medien in sich selbst bedeutet dann jedoch, aufgrund der Adaption und Assimilation der bisherigen Medienformate, in aller Konsequenz die Herausbildung einer alles vereinenden, audiovisuellen, interaktiven Darstellungsform, mit Stilelementen und Codes aus Wissenschaft und Kunst. So kann etwa die Schule des vergleichenden Sehens, die Heinrich Wölfflin zu Begin des 20. Jahrhunderts mittels der Doppelprojektion von Dias in die Kunstgeschichte einbrachte, mit den cinematographischen Codes der Splittscreenmontage der 60er und 70er erweitert werden. Solche Hybride aus wissenschaftlicher und künstlerischer Praxis führen uns auf den Weg in eine fröhliche Medienwissenschaft, die den toten Textgott hinter sich lässt. Das Aufweichen der traditionellen Trennung von Gestaltung und Analyse hätte zur Folge, dass auch die Grenzen von User/Consumer/Autor unschärfer werden. Vilém Flussers Vision von einer telematischen Gesellschaft, die sich in einem Universum der technischen Bilder entwickelt, beschreibt deren Kultur als Synthesen vorangegangener Informationen und sieht den Menschen nicht mehr als Schöpfer, sondern als Spieler. Lev Manovich behauptet gar, die authentische Schöpfung sei heute fast völlig der Auswahl aus einem Menü gewichen. Die Kehrseite dieser Entwicklung sind veränderte Rezeptionsszenarien. Die Vorstellung einer statischen Form bzw. festen Botschaft ist abgelöst. Jeder Moment wird zur Version. Jeder Endzustand wird wiederum Ausgangspunkt. Im Zuge dieses radikalen Postmodernismus wird die Definition von inhaltlichen und ästhetischen Rahmenbedingungen die entscheidende Aufgabe, in denen die User/Autoren tätig werden können, ohne die Intention der Arbeit zu verlassen, sondern im spielerischen Umgang eine eigene Anschauung zu entwickeln.

. . . REMADE >>

B:// Die Split-Screen Montage ist ein wichtiges gestalterisches Mittel, um offensichtliche visuelle Zusammenhänge zwischen verschiedenen Quellen darzustellen. Allerdings ist bei dieser Art der Darstellung eine medientrainierte Wahr-

[5] (High Dynamic Range Design / Modularity And Sampling / Tc: 0:01:23)

nehmung absolut erforderlich, denn der Zuschauer ist einer doppelten Reizflut ausgesetzt.

Der Verdacht von Bildpropaganda liegt bei diesem Ansatz nahe, denn der oft trügerische Schein einer visuellen Zusammengehörigkeit muss nicht unbedingt wahr sein. Hier liegt es vor allem bei der wahrgenommen Verantwortung der Autoren, eine manipulative Beweisführung zu vermeiden.

Ethische Probleme, die im Generellen bei der Arbeit mit digitalen Tools auftreten, sind somit auch in dieser Arbeit in Frage zu stellen. Wenn der Komponist Christian Steyer in einem Interview darüber sinniert, ob denn Sampling als "Teil- und Detaillieferung" fruchtbar sein kann für eine dauerhafte inhaltliche Legitimation und künstlerischen Bestands eines digitalen Werkes, dann ist dies eine zentrale Fragestellung, die in dem ersten Kapitel High Dynamic Range Design verfolgt wird, die man aber auch an das gesamte Werk selbst richten könnte. Es zeigt sich daher, dass man als digitaler Gestalter seine Operationsumgebung beschreiben und systematisieren kann, dieser aber gleichzeitig auch unterliegt.

... REVISITED >>

B:// Ein integraler Bestandteil der Arbeit sind die Interviews mit den Experten. Die Interviewpartner berichten über ihre Thesen, Arbeiten und Weltanschauungen. Die Arbeitsbereiche und Schwerpunkte könnten unterschiedlicher nicht sein und dennoch scheinen alle in einer gemeinsame Diskussion vereint. Dies ist kein Zufall, denn die Wahl der Gesprächspartner versucht der Komplexität der gestalterischen Sprache der Neuen Medien gerecht zu werden: Der Programmierer trifft auf den Philosophen, der Sounddesigner auf den Typographen, der Regisseur auf den Special FX Advisor, der Musiker auf den Kameramann.

... RELOADED >>

Carl-Frank Westermann:// *Übergreifend modular zu denken ist das Entscheidende. Nicht separat zu konzipieren, sondern die Vielfalt zuzulassen.*[6]

B:// Umberto Eco bemerkte bereits in den 1990er Jahren, dass wir in den Zeiten des Internets eine neue Berufsgruppe der Informationsvermittler dringend benötigen, denn Überinformation ähnelt in seinen Phänomenen der Zensur. Der drohenden Überinformation wurde entgegen gewirkt durch das Schaffen von Sinn-

---

[6] (High Dynamic Range Design / Modularity / Tc: 0:00:24)

einheiten. Die Filme und Texte wurden pro Kapitel in eine Mindmap eingepflegt. Die Karte ist somit Recherche- und Navigationstool gleichermaßen. Das Projekt hat so zu jeder Zeit eine hybride Daseinsform: Die Hypertextebene, die sich in der Anwendungsphilosophie und im Layout noch immer stark an das traditionelle Printmedium anlehnt und die filmische Ebene, die, entkoppelt von der Benutzerebene, mit den Elementen des Kinos arbeitet.

Durch die Mindmapstrukturen kann sich der Betrachter in den Autor hineinversetzen, somit werden Argumentationsstrategien und individuelle, assoziative Zusammenhänge deutlich: vom Externalized Memory zum Open Storyboard. Die offene Struktur der Mindmaps erlaubt theoretisch sogar die Umorganisation und die zusätzliche Verzweigung der Strukturen und die Anreicherung mit individuellen Informationen und Verbindungen: vom Open Storyboard zum Open Source Storyboard.

Der User wird selbst Autor, (oder vielleicht sogar zum Cultural VJ), denn die Benutzung der Mindmap ist absolut frei. Hier kommt es also zu mehr als einer nicht-linearen Filmvorführung, ein individueller Medien- und Formatmix mit Filmen, Storyboardeinträgen, Screenshots und Web-Hyperlinks ist so möglich. Die einer Mindmap eigenen Pfade sind somit Regieangebote, die ein User wahrnehmen kann, aber nicht muss. Durch die offene Plattform stehen einem Benutzer so wiederum alle Tools zu Verfügung, die eine digitale Plattform für die Recherche so interessant machen: Von der Volltextsuche bis zu Loop- und Zeitlupenfunktionen ist alles verfügbar.

. . . UPDATED DREAMS OF THE PAST >>

Wim Wenders, Until The End Of The World:// *But the fruit of their labour seemed to be nothing more than a chaotic rhythm of digital noise, colors and lights. But eventually shapes began to emerge.*[7]

B:// Die Verfügbarkeit unser Medien ist gleichermaßen verlockend und lähmend, angesichts der quantitativen Ausmaße. Die Digitalisierung unserer audiovisuellen Kultur macht diese frame-genau verfügbar. Die zunehmend besser sortierten DVD-Verleihe erleichtern die Recherche genauso, wie die gigantischen Public Domain Archive im Netz. Vor allem in Amerika ist hier ein Sinneswandel zu beobachten, durch den viele Schätze unserer audiovisuellen Kultur zum Gemeingut erklärt und der Webgemeinschaft zugänglich gemacht werden. Nur so war es möglich, Filme wie Dickson Experimental Sound Film von 1874 von der Edison Manufacturing Company überhaupt zu bekommen und zu benutzen.

---

[7] (Aesthetic Aspects Of The S-N-R / Perception Of Noise / Tc: 0.01.22)

Bei der Montage der filmischen Beispiele wurden verschiedene gestalterische Techniken angewandt. Um eine zeitliche Verschmelzung verschiedener Filmszenen möglichst zu vermeiden, wurden alle Filme mit Quellenangaben versehen.

Bei vielen Filmen wurden bestimmte gesondert gestaltete Szenen extrahiert: die Computerterminals aus Alien, die Traumsequenzen aus Until the End of the World oder die Ascii-Sequenzen aus Matrix. Hier handelt es sich gewissermaßen um eine Rückwärtsmontage. Szenen wie diese werden im Allgemeinen an einem Stück produziert, um dann im Film verflochten zu werden. Die so erzielte Verdichtung durch die Rekonstruktion kann viel über ein ästhetisches Gesamtkonzept aussagen.

Viele aktuelle Produktionen basieren mit ihrer Geschichte auf medientechnischen Ideen und Abbildungsverfahren. Es wird in unzähligen Filmen das Mensch-Maschine-Verhältnis diskutiert (Matrix, Ghost in the Shell). Betriebssysteme und Datenbanken werden zu Handlungsorten, die digitale Maschine ist Mitspieler, Gegenspieler, Freund, Feind, Schiedsrichter.

Jede Art von analoger und digitaler medialer Abbildungstechnologie inspirierte Filmemacher zu diversen Plots (Blow Up, 1 Hour Phot, E-Mail für Dich), und sogar Computerspiele werden zitiert oder verfilmt (eXistenz, Final Fantasy, The Beach). In diesen Arbeiten werden gestalterische Zitate integriert, die auf ein entsprechend vorgebildetes Publikum bauen. In Filmen wie diesen kommentiert und zitiert sich das Medium selbst. Dieses Phänomen wurde als gestalterisches Prinzip in die Arbeit übertragen. Nicht die Autoren, sondern das Medium selbst kommentiert sich.

. . . IF THE CULTURAL CODES ARE MERGING INTO EACH OTHER, ARE WE MELTING WITH THEM? >>

Christian Steyer:// *Sinn ohne Sinnlichkeit, das ist sinnlos, schädlich und gefährlich.*[8]

B:// Ein weiterer wichtiger Aspekt ist das Verhältnis von Sinnlichkeit und mathematischen Modellen. Wenn es um die digitale Modellierung und Simulation analoger Phänomene geht, oder man die bereits sprichwörtliche analoge Wärme im Digitalen vermisst, dann stellt sich die Frage nach reellen Gründen dafür, jenseits einer neuen Mediennostalgie. Ein Mittel, wovon die Arbeit regen Gebrauch macht, ist die Nutzung von Histogrammen (Bild) und Spektrogrammen (Ton). Eine Visualisierung von Phänomenen, die äußerst subtil wirken und

[8] (High Dynamic Range Design / Expert For The Senses / Tc: 0:01:06)

durch unsere Wahrnehmung bedingt wenig auffällig sind, lässt sich so überzeugend realisieren. Die quantisierte Aura einer analogen Medienkunst offenbart so manche Eigenheit, die sich im Digitalen modellieren und somit gestalterisch nutzen lässt.

... WHERE ARE YOU GOING IF YOU CAN GO ANYWHERE? >>

01 HIGH DYNAMIC RANGE DESIGN

Lev Manovich:// *From media studies, we move to something that can be called "software studies" - from media theory to software theory.*[9]

Geht es um die Überführung gestalterischer und kultureller Codes in die Neuen Medien, ist zunächst ein Verständnis der Technologie Grundlage der Untersuchung. Welche Prinzipien wirken auf die Gestaltung ein? Welche Gestaltungsstrategien lassen sich weiterführen? Welche müssen überdacht werden? Wo sind Neuansätze möglich?

Die Betrachtung des Wandels von analoger und digitaler Gestaltung und der formelle Umgang mit konvergenten Medien führen zum Tonfilm, der mit seinen ästhetischen Mitteln und dem Anspruch eines Gesamtkunstwerkes ein weites Feld zur Betrachtung und Analyse des Phänomens bietet.

Den Ansatz, die Entwicklung der neuen Medien aus dem Film heraus zu betrachten, verfolgt auch der Medientheoretiker und Kulturwissenschaftler Lev Manovich in seinem 2001 erschienenen Buch The Language of New Media. Manovich stellt mit diesem Werk die erste systematische Theorie der Neuen Medien auf und formuliert die fünf so genannten principles of new media. Das Buch wird in seinem mediengeschichtlichen Zusammenhang als die ausführlichste Betrachtung seit Marshall McLuhan gehandelt.

Seine Theorie entwickelt Manovich examplarisch am Beispiel des russischen Avantgardfilms Der Mann mit der Filmkamera von Dziga Vertov von 1929. In dem Film kommen Prinzipien zur Anwendung, wie etwa die des Compositings oder der Narrative Database, wie sie sich in den digitalen Medien wiederfinden.

Der wichtigste Schritt für die Gestaltung mit digitalen Medien war der Wandel vom Objekt zum Signal. Damit sind die Medien programmierbar und potenziell interaktiv geworden. Das Soft Media Object beschreibt sich durch seine numerische Repräsentation, die Variabilität und Modularität. Darüber hinaus können Gestaltungsvorgänge automatisiert werden. Die digitalen Medien sind zwischen

[9] (High Dynamic Range Design / Converging Media / Tc: 0:04:16)

den digitalen Plattformen austauschbar, transcodierbar. Der technische Begriff des Transcoding lässt nicht nur auf den digitalen Unicode anwenden, sondern auch auf den kulturellen Code übertragen. Die von Lev Manovich geprägten fünf Prinzipien der Neuen Medien haben einen entscheidenden Einfluss auf die Konzeption und Gestaltung digitaler Objekte. Die Trennung von Inhalt und Form führt dazu, dass Gestalter mit Daten, Datenstrukturen und Datenorganisation konfrontiert sind. Der fixe Endzustand eines Gestaltungsprozesses ist aufgehoben. Jeder User kann in verschiedenen Abstufungen mit den Objekten agieren und sie weiterverarbeiten oder umstrukturieren. Gestalter müssen daher Rahmenbedingungen für den Umgang mit den Objekten definieren.

02 AESTHETIC ASPECTS OF THE SIGNAL-NOISE-RATIO

Brian Eno:// *Think of grainy black-and-white film, or jittery Super 8, or scratches on vinyl. These limitations tell you something about the context of the work, where it sits in time, and by invoking that world they deepen the resonances of the work itself.*[10]

Jedem technischen Medium wohnt eine spezifische Ästhetik inne. Diese Ästhetik beschreibt sich aus den technischen Eigenschaften des Speichermaterials, seinen physikalischen und chemischen Veränderungen in der Zeit, dessen Beeinflussung durch die Aufzeichnungs- und Wiedergabetechnik sowie menschlicher Faktoren während der Benutzung von Material und Technik. Die Ästhetiken für auditive und visuelle Medien haben viele Ähnlichkeiten in der Art des Phänomens. Der aseptische Zustand im digitalen Raum sensibilisiert uns im besonderen Maße auf Fehler und Störungen. Die Möglichkeiten der digitalen Produktion erlösen die analoge Technik vom Wunsch und Zwang der technisch perfekten Reproduktion. Fehler, Störungen, Imperfektionen werden ästhetisiert und als künstlerisches Mittel genutzt. Ähnlich der Malerei, die sich durch Erfindung der Fotografie von der Last der rein naturalistischen Darstellung befreien konnte, emanzipieren sich nun die analogen Medien, deren charakteristische Ästhetiken als Qualitätsmerkmale in den Vordergrund rücken.

---

[10] (Aesthetic Aspects Of The S-N-R / Noise As Metainformation – Tc: 0.00.12)

03 THE FINE ART OF DESIGNING SILENCE

Heiner Göbbels:// *Die digitale Stille ist sehr radikal, manche können die dann auch nicht aushalten, aber ich empfinde die als eine ganz starke künstlerische Herausforderung.*[11]

Eines der wichtigsten Prinzipien der neuen Medien ist die numerische Repräsentation der digitalen Objekte. Die Beschreibung durch Zahlen oder Algorithmen definiert nicht nur deren Erscheinung, sondern auch ganz klar und radikal deren äußere Grenzen: es gibt keine Grauzonen, keine Unschärfen. Dort, wo die digitalen Medienobjekte enden, beginnt die digitale Stille. Diese digitale Stille ist derart radikal, dass ein Vergleich mit einer weißen Leinwand oder einem nicht bespielten Tape eigentlich nicht mehr funktioniert. Es fehlt jede Art von gestalterischem Grund - es gibt keine visuelle oder akustische Landschaft, in die die Medienobjekte eingepflanzt werden könnten.

Im Analogen war dies bisher selbstverständlich und unbemerkt: Filmgrain oder Bandrauschen als leisestes Signal, als Nullzustand, als akzeptierte Stille. Es knisterte, brutzelte, brummte und flimmerte. Trotz aller technischen Bemühungen blieb dies immer ein Handicap der analogen Medien. Dieses Grundrauschen hat also im weitesten Sinn den Zeitraum einer Vorstellung markiert. Beginn und Ende der rauschenden Kulisse sind also wie das Öffnen und Schließen eines gedachten Vorhangs. Vorhang auf, das Stück beginnt - Vorhang zu, das Stück endet. Die neue Qualität der digitalen Stille oder besser des digitalen Vakuums macht es lohnenswert, über das künstlerische Mittel Stille im Visuellen und Akustischen nachzudenken. Begriffe und gestalterische Codes der Filmsprache wie Acoustic Continuity, Visual Continuity, Dead Silence, Ambient Silence, Roomtone bekommen in ihrer Bedeutung eine neue Dimension.

04 THE FINE ART OF DESIGNING NOISE

Marshall Mcluhan:// *There are very many reasons why most people prefer to live in the age just behind them. It's safer. To live right on the shootingline, right on the frontier of change and so on - it's terrifying.*[12]

Jede qualitative Weiterentwicklung der Medien-Technologien ermöglicht eine objektivere Sichtweise auf die Abbildungsqualität abgelöster Techniken. Das perfektionierte Signal-Rausch-Verhältnis im Digitalen, die Qualität digitaler Bilder und Sounds sensibilisiert uns im besonderen Maße auf Störungen und

[11] (The Fine Art Of Designing Silence / Filme Language / Functions / Symbolic Functions / Tc: 0.01.08)

[12] (The Fine Art Of Designing Noise / Ahead And Behind / Tc 0.00.30)

Imperfektionen. Das rauschfreie digitale Signal wird zum Maßstab für alle analogen Medienformate. Die Radikalität der digitalen Perfektion erlöst die analogen Medien vom Zwang der perfekten Abbildung. Unsere Wahrnehmung hat es uns durch Filterung ermöglicht, das analoge Signal weitestgehend von seinem Medium und den damit verbundenen Störungen zu trennen. Störungen können als gestalterisches Zitat in eine Arbeit integriert werden. Unsere medientrainierte Wahrnehmung identifiziert die Störungen nicht länger als einen ungünstigen Signal-Rausch-Abstand, sondern als kulturellen Code.

Der neue gewonnene Abstand durch die digitalen Medien erlaubt es uns nun, das analoge Signal und dessen Trägermedium in seiner Gesamtheit wahrzunehmen. Uns kann die Reichhaltigkeit, der hohe Abstraktionsgrad, die kulturelle Kodierung von Störungen im Signal erst jetzt im direkten Vergleich bewusst werden. Wird hier vielleicht ein letzter Schritt eines Prozesses vollzogen, den bereits Walter Benjamin mit dem Verlust der Aura eines Kunstwerkes beschrieben hat? Wenn die Imperfektion analoger Medien bereits selbst einen kulturellen Code beschreibt, lässt sich dann McLuhans Proklamation The medium is the message auf dieses Phänomen übertragen?

05 FROM HYBRID SPACE TO HYBRID CODE

Friedrich Kittler:// *Es könnte sein, dass das Modell unseres Sehens, wie wir es in die Apparate hinein bauen, ein falsches Bild vom sehen ist.*[13]

Linsenbasierte Aufzeichnungsverfahren und deren algorithmische Adaption führten dazu, dass sich Software entwickelte, deren Darstellungsmethoden die zweidimensionale Beschreibung einer dreidimensionalen Welt zugrunde liegt. Auf virtuelle Kameras trifft man nicht nur in 3D-Software und Computerspielen, sondern in allen gängigen Programmen zum Compositing von Bewegtbild und Grafik.

Die Entstehung von Medienobjekten durch das Zusammenführen von Samples analogen und digitalen Ursprungs in einem synthetischen Raummodell führt zu einem Typus Raum, den Lev Manovich als Hybrid Space bezeichnet. In seinem Text Image after THE MATRIX von 2004, in dem der Begriff Hybrid Space geprägt wird, bezieht sich Manovich vor allem auf die amerikanische Filmindustrie und deren Entwicklung zur halb analogen, halb digitalen Produktion von Blockbuster Movies. Doch eignet sich diese Technologie nicht nur, um Schauspieler und ihre virtuellen Doubles in reale oder simulierte Umgebungen zu platzieren.

---

[13] (From Hybrid Space To Hybrid Code/ 3d Objects On A 2d Surface / Tc: 0:01:44)

Aufgrund des modularen Aufbaus und der numerischen Repräsentation aller Medienobjekte sind auch andere Kombinationen und Gestaltungsansätze möglich, wie die Montage und Einbettung anderer Medien, etwa die Integration von Typographie. Typographie ist in ihrer zweidimensionalen Erscheinung seit dem Beginn der Filmära auf Zelluloid anzutreffen, zunächst nur als Annotation, schnell dann auch als gestalterisches Element und Objekt.

Um Rückschlüsse auf den Einfluss der Technik auf die Gestaltung ziehen zu können, lohnt sich die Betrachtung der formellen Ausprägung von Gestaltungsansätzen, die sowohl analog als auch digital formuliert sind. Damit verbunden ist die Frage, ob es durch das einheitliche Darstellungsmodell in der Software zur Montage von Film und Typographie zu einer Vermischung der gestalterischen Codes kommt. Lassen sich in der Entwicklung Parallelen zum Aufeinandertreffen von Film und Musik finden? Und wenn ja, gibt es übertragbare Wahrnehmungsphänomene, die es ermöglichen, Gestaltungs-ansätze zu adaptieren?

Peter Sloterdijk:// *Die Arbeit des Kosmos am Chaos geht weiter. Ich denke, das ist eine Definition von Kultur*[14].

WHAT ARE MY CHANCES?

DOES NOT COMPUTE.

Literaturverzeichnis

[BuMa04] Burda, H., Maar, C.: Iconic Turn. Die neue Macht der Bilder, Köln 2004
[Chio94] Chion, M.: Audio-Vision. Sound on Screen, New York 1994
[Flus85] Flusser; V.: Ins Universum der technischen Bilder. Göttingen 1985
[Man01] Manovich, L.: The Language of New Media, Cambridge, Mass. 2001
[McFi01] McLuhan, M., Fiore, Q.: The Medium is the Massage, Corte Madera 2001
[Kitt02] Kittler, F.: Optische Medien. Berliner Vorlesung 1999, Berlin 2002
[Mitc92] Mitchell, W. J. : The Reconfigured Eye, Cambridge, Mass.1992

[14] (high dynamic range design / pop is a moving target / tc: 0:00:00)

Neue Medien in Museen

Prof. Joachim Sauter

Universität der Künste Berlin
ART+COM
Kleiststr. 23-26
D-10787 Berlin
js@artcom.de | www.artcom.de/~js

Abstract: Medien in Museen nehmen einen immer wichtigeren Platz in der Vermittlung von Inhalten ein. Hierbei steht die Interaktion, der wechselseitige Dialog mit einem Angebot innerhalb der räumlichen Narration einer Ausstellung im Vordergrund. Welche Formate haben sich hierbei in den letzten Jahren entwickelt, wann, warum und wie kommen diese zum Einsatz.

1 Einleitung

Trotz globaler ökonomischer Krisen werden mehr denn je Museen eröffnet oder neu gestaltet. Museen und Ausstellungen verzeichnen weltweit Besucherzuwächse. Für diesen Zuwachs sind gesellschaftliche Gründe Ausschlag gebend, wie der Wunsch die Auseinandersetzung mit Information und Narration nicht mehr nur im privaten, sondern gemeinsam im öffentlichen Raum zu erleben. Ein weiterer wesentlicher Faktor ist, dass heutzutage Kuratoren eher bereit sind, sich auf neue Ausstellungs- und Inszenierungsformen ihrer Inhalte einzulassen.

Stand bis in die 1980er Jahre die klassische Tafelausstellung im Vordergrund, besuchen wir heute neben Ausstellungen, die das Orginal auratisch inszenieren, zunehmend solche Ausstellungen, die räumlich-narrativ inszeniert angelegt sind. Zudem werden wir in Zukunft Prozessaustellungen sehen, in denen die Besucher selbst in die formale und dramaturgische Darstellung eingreifen und diese sich durch das Besucherverhalten verändern.

Aufgrund der Durchdringung unseres Alltags mit dem Computer sind die Besucher von Museen meist "computer-literated" und ihre Erwartungshaltung in Bezug auf die mediale Präsentation von Inhalten ist gestiegen. Viele mediale Exponate der 1990er Jahre haben wegen mangelnder Kompetenz der Museumsgestalter und Kuratoren dem Bereich eher geschadet, als ihn zu etablieren. Hier ist heutzutage eine deutlich positivere Entwicklung zu beobachten, denn sowohl Entscheider als auch Mediengestalter sind an ihren Aufgaben gewachsen.

2 Interaktive mediale Anwendungen

Interaktive mediale Anwendungen erlauben es den Besuchern, in einen wechselseitigen Dialog mit den zu kommunizierenden Inhalten zu treten. Hierbei können mit einem Exponat sowohl verschiedene Besuchertypen angesprochen (explorativ, kognitiv, narrativ, ludisch orientierte Besucher) als auch verschiedene Informationstiefen gleichzeitig angeboten werden (von der geführten oberflächlichen Nutzung bis zur freien, vertiefenden Nutzung).

In der letzten Dekade haben sich vier interaktive Formate für Museen und Ausstellungen entwickelt. Das sind:

1. Interaktive Bildschirmanwendungen,
2. Interaktive Objekte und Installationen,
3. Interaktive Räume/ Environments und
4. Interaktive Architektur.

2.1 Interaktive Bildschirmanwendungen

Bildschirmanwendungen sind Anwendungen, bei denen die Besucher sich in einem interaktiven Dialog mit einem Bildschirm oder einem mobilen Endgerät mit der zu vermittelnden Information auseinandersetzen. Hierbei steht der „Eins-zu-Eins-Dialog" im Vordergrund (ein einzelner Besucher ist im Dialog mit einer Anwendung).

Abbildung 1 *Kidai Shoran* –

Interaktive CD-Rom und Terminalanwendung für das Ostasiatische Museum Berlin

Diese Bildschirmanwendungen sind hauptsächlich im Vorfeld oder in der Nachbereitung einer Ausstellung positioniert, beispielsweise im „Learning Center" vor Ort oder als Internet-, CD-ROM- oder DVD-Anwendung zu Hause (Abbildung 1).

Hinzu kommen mobile bildschirmbasierte Geräte (mobile screenbased devices), wie beispielsweise Handhelds, die als Navigations- und Informationshilfen während des Ausstellungsbesuches dienen.

In Ausnahmefällen können Bildschirmanwendungen auch in der Ausstellung selbst eingesetzt werden, jedoch nur dann, wenn eine klare inhaltliche und formale Beziehung zwischen dem Bildschirm und einem durch ihn zu erklärenden Exponat hergestellt wird.

2.2 Interaktive Installationen

Interaktive Installationen sind für spezielle Inhalte gestaltete Objekte und Installationen in der Ausstellung, mit denen sowohl ein "Eins-zu-Eins-Dialog" stattfindet, als auch ein Dialog mit mehreren Besuchern und der zu kommunizierenden Information inszeniert werden kann. Diese interaktiven Installationen sind in die Storyline der Ausstellung sowie in die Raumarchitektur integriert. Bei diesen Installationen ist im Allgemeinen zu beobachten, dass neben dem Dialog zwischen Information und Besucher auch ein Dialog unter den Besuchern motiviert wird. Hinzu kommt, dass bei einer gut konzipierten Installation diejenigen Nutzer, die keine Affinität zu interaktiven Systemen haben, andere Besucher bei ihrer Interaktion beobachten und somit in den Vermittlungs- bzw. Erlebnisprozess involviert werden (Stellvertreter-interaktion).

Abbildung 2 *Compositing the Lines* - Interaktive Installation für die Libeskind Ausstellung „Kontrapunkte“ im Jüdischen Museum Berlin

2.3 Interaktive Environments

Interaktive Environments sind interaktive mediale Räume, in denen die interaktiven Medien raum- und verhaltensbestimmend sind. Beispielsweise erlauben interaktive mediale Böden und Wände die immersive Bespielung und die reaktive Veränderung des Raumes aufgrund des Besucherverhaltens. Interaktive Räume sind meist „multi-user-environments", in denen Gruppen von Besuchern ein gemeinschaftliches Erlebnis geboten wird. Die Zielsetzung hier besteht meist darin, sowohl eine gleichberechtigte Interaktion zwischen Besuchern und dem interaktiven Erleben der Inhalte als auch eine Interaktion zwischen den Besuchern untereinander zu erreichen.

Abbildung 3 *Bodymover* - Interaktiver Raum zum Thema
Der Körper als Schnittstelle, Expo 2000, Hannover

2.4 Interaktive Architektur

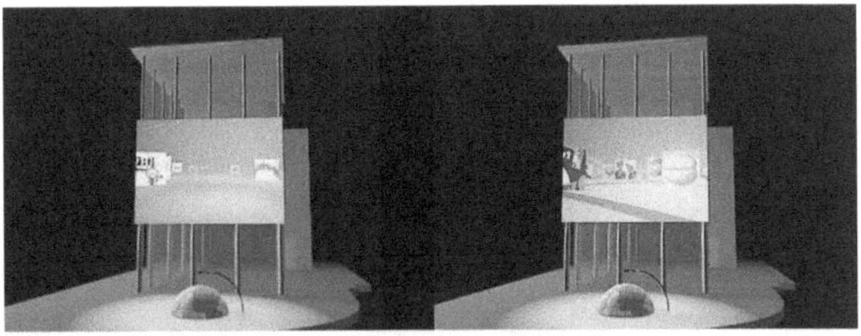

Abbildung 4 *Das Projekt Netzhaut* - Interaktive Fassade für das Ars Electronics Center, Linz

Die interaktive Architektur beschränkt sich heutzutage aus Kostengründen hauptsächlich auf die Fassadenbespielung (interaktive Fassaden). Museumsgebäude sind [meist] architektonische Ikonen, die tagsüber genutzt werden und tagsüber wirken. Nachts sind sie häufig unsichtbar und ungenutzt. Hier kann durch eine dynamische Bespielung (bspw. partizipative und dynamische interaktive Lichtinszenierungen bzw. Projektionen) eine zusätzliche Identifikation der (potenziellen) Besucher mit dem Museum erreicht und das Gebäude im urbanen Kontext hervorgehoben werden (architektonische Marke). Neben den Lichtinszenierungen bzw. Projektionen der Fassade sind auch einige wenige Beispiele von materiellen, dynamischen Fassaden entstanden und erste dynamische Architekturen angedacht worden.

3 Handlungsanweisung

Um einen sinnvollen Einsatz von Medien in Museen zu erreichen, bedarf es einer frühzeitig einsetzenden Diskussion zwischen den Kuratoren und Wissenschaftlern, den Ausstellungsgestaltern und Architekten sowie den Mediengestaltern. In dieser Dreieckskonstellation sind bekanntermaßen die Wissenschaftler und Kuratoren für die Identifizierung der Inhalte und die Ausstellungsgestalter für die räumliche und raumdramaturgische Umsetzung dieser Inhalte verantwortlich. Die Inhalte sowie deren räumliche Inszenierung entwickeln sich im engen Dialog zwischen diesen beiden Partnern.

Im Dialog der Wissenschaftler und Kuratoren mit den Mediengestaltern werden die Inhalte identifiziert, die sinnvoll medial präsentiert werden sollen. Die Mediengestalter wiederum diskutieren mit den Ausstellungsgestaltern, an welchem Punkt der räumlichen Narration die medialen Objekte in die Raumdramaturgie integriert werden, bzw. an welchem Punkt der Raumdramaturgie es sinnvoll erscheint, mit medialen Inszenierungen zu arbeiten.

Nur durch einen solchen synergetischen Prozess entsteht ein *integrativer* medialer Ansatz und wird ein rein *additiver* Einsatz von Medien, der zwangsweise zu einem Bruch zwischen Aussage und Erlebnis führt, vermieden.

Lernerzentrierte Gestaltung interaktiver Tafeln und armlanger Interfaces am Interaction Design Lab[1]

Dr. Henning Breuer[+], Prof. Dr. Nelson Baloian[++], Maike Breuer[+++], Steffi Hußlein[+]

[+] Fachhochschule Potsdam, breuer@fh-potsdam.de, husslein@fh-potsdam.de
[++] Universidad de Chile, Santiago de Chile, nbaloian@dcc.uchile.cl
[+++] Justus-Liebig-Universität Gießen, maike.breuer@psychol.uni-giessen.de

Abstract: Interaktive Tafeln werden im Klassenraum in der Regel als Präsentationsmedium mit Annotationsfunktionen verwendet und verbinden so die Funktionen der klassischen Kreidetafel mit der Präsentation von Dias oder Online-Inhalten. Pädagogische und situative Grenzen dieses Ansatzes werden kaum diskutiert oder evaluiert. Einem lernerzentrierten Entwicklungsansatz folgend haben wir Literaturstudien, systematische Beobachtungen in Unterrichtsräumen und Interviews mit Schülern und Lehrern durchgeführt, um Begrenzungen von Standardsoftware zu identifizieren und Anforderungen für Interfaces interaktiver Tafeln im Unterricht zu formulieren. Wir stellen Richtlinien für die Gestaltung von Softwareumgebungen dar, die das Unterrichtsgeschehen angemessen unterstützen, indem sie unterschiedliche Anwendungsmöglichkeiten in ein einheitliches technisches und visuelles Rahmenwerk integrieren. Zwei funktionsfähige Prototypen werden vorgestellt, von denen der eine in einer Befragung von Studierenden der Informatik evaluiert wurde. In der Arbeit am zweiten Prototypen, DeepBoard genannt, wurde der Ansatz weiter entwickelt. Er realisiert ein gestenbasiertes Interaktionsparadigma und ermöglicht eine flexible Erstellung, Präsentation und Dokumentation von Lernmaterialien. Abschließend werden Gestaltungsperspektiven entsprechender armlanger Interfaces für formale und informelle Lernumgebungen diskutiert.

[1] Eine frühere Version dieser Arbeit wurde auf der World Conference on Educational Multimedia, Hypermedia & Telecommunications 2005 in Montreal (27. Juni – 2. Juli) vorgestellt.

1 Interfacedesign und lernerzentrierte Gestaltung

Die Entwicklung von Interfaces und Nutzungsformen neuer Medien und ihrer Formate wird häufig vom technisch machbaren, seltener vom gesellschaftlich wünschbaren oder situativ Angemessenen getrieben. Häufig hat sich aber gezeigt, dass Probleme im Umgang mit Technologie nicht unbedingt weitere technische Entwicklung erfordern, sondern der bewussten Gestaltung durch Interaktionsdesigner bedürfen. Auch die Gestaltung kann ins Leere laufen, wenn sie nicht von vornherein ihr Anderes, die Nutzer der entsprechend gestalteten Umwelten und Produkte, im Blick behält. Mit wachsendem Mediengebrauch rücken die Schnittstellen zwischen den Benutzern und den medialen Geräten immer stärker in das Interesse der Forschung. Interaktionsdesign beschränkt sich jedoch nicht allein auf die Gestaltung konkreter Schnittstellen für computerbasierte Geräte, sondern reicht über deren Anwendungs- und Verwertungsprozesse hinaus in unterschiedliche Alltagskontexte etwa der Arbeit, der Mobilität, und des Lernen.

Neben dem Paradigma der Nutzerzentrierung in der Gestaltung wird seit einigen Jahren eine davon zu unterscheidende Lernerzentrierung postuliert [QuKa01]. Während benutzerzentrierte Gestaltung die Bearbeitung meist wohl definierter Aufgaben unterstützt, soll lernerzentrierte Gestaltung auch konstruktive Lernprozesse unterstützen, bei denen ein Gegenstand der Bearbeitung nicht immer vorausgesetzt werden kann. Erst seit jüngster Zeit sind interaktive Medien zur Unterstützung formaler und informeller Lernumgebungen ein Gegenstand gestalterischer Arbeit.

2 Interaktive Tafeln zur Unterstützung der Lehre

Im Rahmen eines Kooperationsprojektes von Mitarbeitern des Interaction Design Lab und Informatikern der Universidad de Chile wurde versucht, den nutzer- und lernerzentrierten Gestaltungsansatz auf das Interfacedesign interaktiver Tafeln anzuwenden. Die Ausgangsüberlegung war, dass interaktive Medien zur Unterstützung von Lernen und Lehren in aller Regel für Szenarien des „Einzelnen und seines Bildschirms“ entwickelt werden, während zugleich die meisten Lernaktivitäten weiterhin in Präsenzveranstaltungen und damit in Situationen stattfinden, in denen Face-to-Face-Kommunikation eine wichtige Rolle spielt.

Wohl so alt wie der Klassenraum selber ist der Gebrauch der Tafel als gemeinsame Referenzfläche der Anwesenden. Ihre Funktion besteht darin, das Unterrichtsgeschehen anzuleiten, zu dokumentieren und zu strukturieren sowie Blicke und Aufmerksamkeit der Teilnehmenden auf eine gemeinsame Bühne zu konzentrieren. Logische Bilder können helfen, räumliche Beziehungen zu visualisieren. Neben den traditionellen Kreide- oder Whiteboard-Tafeln werden seit dem

Ende der 80er Jahre auch interaktive Tafeln entwickelt, die inzwischen kommerziell erhältlich sind und vermehrt Einzug in Meetingräume und Lehrveranstaltungen halten (Abbildung 1).

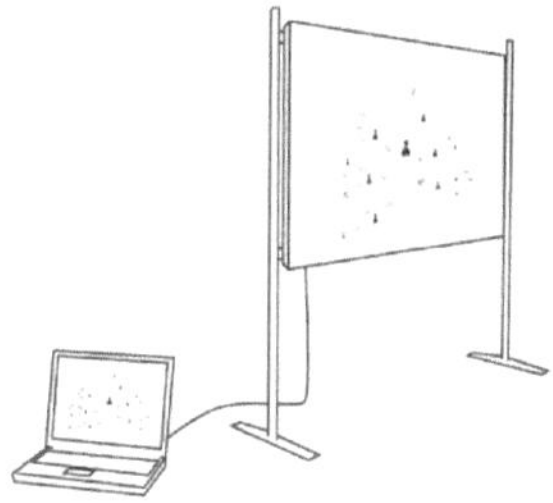

Abbildung 1 Schematische Darstellung einer interaktiven Tafel

Während entsprechende Hardware zunehmend verfügbar ist, mangelt es bislang an geeigneter Software, die unterschiedlichen Lehr- und Lernaktivitäten angemessen zu unterstützen. Meistens wird Standardsoftware wie Microsoft Powerpoint oder Smart Notebook genutzt, um vorgefertigte Diashows auf interaktiven Tafeln zu präsentieren und im Laufe des Vortrags einzelne Inhalte mit Hilfe von Markierungen und Kommentaren auf der Tafel zu annotieren. Die dazu verwendete Präsentationssoftware wurde allerdings nicht für den Einsatz in Lehrveranstaltungen entwickelt [Lla04]. Um Stärken und Schwächen der Verwendung interaktiver Tafeln im Unterricht zu analysieren und davon ausgehend Richtlinien und Anforderungen für geeignete Software zu formulieren, haben wir zunächst die Verwendung unterschiedlicher Tafeln im Unterricht systematisch beobachtet. Kontinuierlich wurden Notizen aufgezeichnet, interpretiert und kategorisiert, und ausgehend von neuen Beobachtungen revidiert. Die Dynamik sowie Brüche im Interaktionsfluss zwischen Studierenden und Professoren sowie zwischen der Tafel und anderen Lernmedien standen dabei im Zentrum des Interesses. Ergänzend wurden halb-standardisierte Interviews mit Lehrern geführt, die interaktive Tafeln im Unterricht verwenden. Eigenheit der Vorbereitung, Durchführung und Nachbereitung des Unterrichts wurden dabei erörtert. Schließlich haben wir die einschlägige Literatur zu großflächigen Interfaces und interaktiven Tafeln aufgearbeitet [vgl. insbesondere BrBa05; BrAb04; DaHa00; ElBr92; GuSt97; HoBa93; MyIg00; StFo87; ViLe02].

Als ein grundlegender Mangel der standardmäßig verfügbaren Software für interaktive Tafeln zeigte sich in der Beobachtung und den Interviews die Trennung zweier Ebenen, die (zumindest in der Vorstellung der Nutzer) kaum miteinander kommunizierten: der Projektions- und der Annotationsebene. Während auf der Tafel als Projektionsfläche eine vorgefertigte Präsentation durchläuft, die im Nachhinein annotiert werden kann, wurden die interaktiven Möglichkeiten der Tafel entweder nicht oder nur höchst punktuell genutzt: mit einem Klick zum nächsten oder vorangehenden Dia, oder, im besten Fall zur Erzeugung eines neuen Dias.

3 Eigenheiten interaktiver Tafeln im Unterricht

Die eigenen Untersuchungen und den Stand der Literatur zusammenfassend wurden folgende Eigenheiten interaktiver Tafeln in Lehrveranstaltungen identifiziert:

- Anforderungen großflächiger Bildschirme: Große Projektionsflächen laden zum einen dazu ein, eine Vielzahl unterschiedlicher Inhalte gleichzeitig zu präsentieren. Um sie flexibel ins Zentrum oder die Peripherie der Aufmerksamkeit rücken zu können, wird dennoch ein kohärenter visueller Rahmen benötigt. Dozenten kritisierten die Schwierigkeit, freien Platz auf der Tafel zu finden, ohne den Kontext der jeweiligen Präsentation zu verlassen. Manche verwendeten eine verwirrende Vielfalt unterschiedlicher Fenster, zwischen denen sie dann wiederholt wechselten. Ist zuviel Information sichtbar, die zwar für den Vortragenden, aber nicht für die Zuhörer von Interesse ist, kann dies für letztere zu Schwierigkeiten bei der Orientierung führen. Sowohl hinsichtlich der Größe des Bildschirms als auch hinsichtlich der Interaktion haben wir es im Gegensatz zu Desktop-Interfaces mit zwei verschiedenen Nutzergruppen zu tun – einem Vortragenden und den Zuhörern – deren unterschiedliche Perspektiven auf die und Abstände von der Tafel Gebrauchsqualitäten beeinflussen.
- Armlängengroße Interaktion: Um Auflösung und physische Größe der Tafel nutzen zu können ist ein Interaktionsdesign auf Armlängengröße erforderlich, das zudem unterschiedlichen Körpergrößen Rechnung trägt. Auch mangels der einfachen Verfügbarkeit von Tastatur und Maus sind Desktop-Interfaces dazu nicht geeignet. Etwa um URLs einzugeben, Fenster zu wechseln oder Berechnungen zu starten, liefen manche Lehrende zwischen Tafel und Desktop hin und her, während die Studierenden sich zunehmend mit sich selbst beschäftigten. Die Beschäftigung mit der Technologie ging auf Kosten des lebendigen Austauschs und unterbrach den Fluss der Interaktion. Schließlich müssen die Vor- und Nachbereitung des Unterrichts am heimischen Rechner der Lehrer mit der flexiblen Durchführung vor Ort integriert werden.

- Konstruktive Interaktion: Der Gebrauch der Tafel im Unterricht wurde dahin gehend kritisiert, einen lehrerzentrierten Unterricht zu manifestieren. Konstruktivistische Ansätze postulieren dagegen problemorientierte Aktivitäten, bei denen die Lehrenden grundsätzlich selbstgesteuerte und kooperative Aktivitäten der Lernenden moderieren [MaRei98]. Statt vorgefertigte Materialien zu präsentieren und ihr Wissen den Schülern einzutrichtern, beteiligen sich Lehrer und Schüler an der Ko-Konstruktion ihres Wissens und nehmen verschiedene Medien zur Hilfe [vgl. auch das Konzept "teaching and learning as multimedia authoring", BrAb04]. Um entsprechende Aktivitäten zu unterstützen, ist neben der Annotation vorbereiteter Materialien gerade auch die Generierung und Vernetzung neuer, im Unterrichtsgeschehen generierter Inhalte zu unterstützen. Problemorientierte Lernumgebungen sollen Selbststeuerung und Kooperation fördern, indem sie explizite Instruktion – die Anleitung, Orientierung und Hilfe bietet – und interessengeleitete konstruktive Aktivitäten der Lernenden verbinden.

- Fernlehre und Notebookzugriff: Um auch Studierenden in Kursen mit Fernlehre und Laptopklassen die Möglichkeit zu bieten, direkt an der Tafel oder über ihr Laptop Inhalte beizusteuern, sind Anwendungen interessant, die auch solche Szenarien flexibel unterstützen.

4 Richtlinien

Diese Eigenheiten in Betracht ziehend, haben wir in einem nächsten Schritt zunächst Richtlinien oder grobe Anforderungen für die Gestaltung der Interaktion mit interaktiven Tafeln im Unterricht formuliert:

- Um Kontextwechsel und den damit einhergehenden Verlust von Aufmerksamkeit zu vermeiden, sollte das System auch visuell ein integriertes Rahmenwerk bieten, das alle möglichen Aktionen direkt auf der Tafel erlaubt.

- Neben Funktionen der Präsentation, Annotation und Dokumentation werden erweiterte Möglichkeiten zur Erzeugung neuer Inhalte über Zeichnungen und Text oder Import von Inhalten benötigt. Um Inhalte flexibel handhaben und generieren zu können, soll aber auch die flexible Über-, Zu- und Unterordnung sowie Ein- und Ausblendung von Inhalten angemessen unterstützt werden.

- Der Zugriff auf die Tafel sollte von verteilten Standorten direkt über die Tafel oder über Notebooks von Studierenden möglich sein.

5 Entwicklung und Evaluation des JavaFreestyler Interface

Ausgehend von diesen Richtlinien wurde zunächst ein Whiteboard-Interface für Java-Programmierkurse entwickelt, das es neben den üblichen Möglichkeiten zur Annotation erlaubt, wichtige Teile des Unterrichts wie den Import, die Erstellung und Veränderung von Code, sowie seine Kompilierung und Ausführung in verschiedenen Knoten, aber innerhalb desselben visuellen Rahmenwerks handhabbar zu machen. Standardsoftware für interaktive Tafeln würde dagegen die Interaktion mit vier Fenstern erfordern: dem File Manager, dem Command Prompt, einem Texteditor und einer Powerpoint oder SmartBoard Software zur Präsentation. Zur Implementierung wurde JavaFreeStyler genutzt, eine Software, die Möglichkeiten des „Concept Mapping“ mit Speicher- und Aufrufroutinen verbindet und so der Handhabung von Dokumenten im „computerintegrierten Klassenzimmer“ dient [HoGa02].

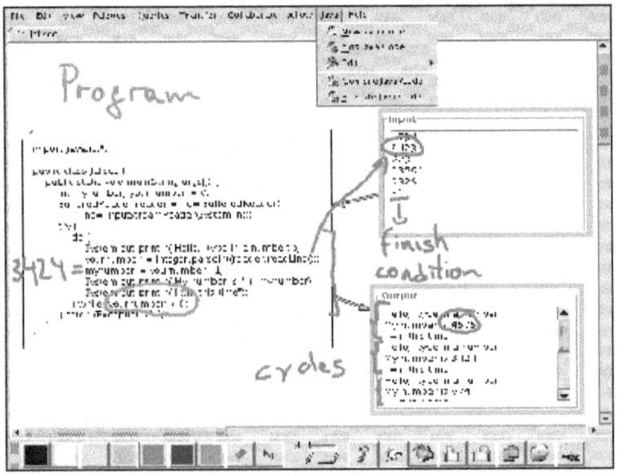

Abbildung 2 Das JavaFreestyler Interface

Zur Evaluation dieser Lösung wurden drei Szenarien definiert und jeweils zwei Tage im Rahmen eines Intensivkurses für Java Programmierung an der Graduate School of Global Information and Telecommunication Studies, Waseda Universität Tokio eingesetzt.

- Im ersten Szenario wurden MS PowerPoint als Präsentationswerkzeug, Explorer als File Manager, Command Prompt MS-DOS zur Kommandoeingabe und MS Notepad als Texteditor verwendet.
- Im zweiten Szenario wurden dieselben Technologien sowie eine interaktive Tafel verwendet.

- Im dritten Szenario wurde das Java FreeStyler Interface mit der interaktiven Tafel verwendet.

Nach Abschluss des Kurses wurden die 21 Studienanfänger mit Hilfe eines Fragebogens nach ihrer Bewertung des Unterrichtsgeschehens in den unterschiedlichen Szenarien befragt (Details zur Untersuchungsmethode in [BrBa05]). Bis auf einen Studenten empfanden alle die interaktive Tafel als eine hilfreiche Unterstützung des Unterrichtsgeschehens. Die einzelnen Fragen wurden 6 ausreichend reliablen Kategorien zugeordnet. Die Auswertung mit Hilfe des nichtparametrischen Friedmann-Tests für abhängige Stichproben erbrachte signifikante Unterschiede zwischen den drei Szenarien für die Kategorien Flexibilität und Hervorhebung. Anschließende paarweise Mittelwertsvergleiche mit Bonferroni-Korrektur zeigten, dass die Szenarien 2 und 3 mit interaktiver Tafel bezüglich der Hervorhebung von Inhalten zur Fokussierung der Aufmerksamkeit positiver bewertet wurden als Szenario 1. Bezüglich der Flexibilität bei der Erstellung und Manipulation von Inhalten sowie der Anpassung an situativ bedingte Änderungen im Unterrichtsverlauf, wurde Szenario 3 signifikant besser beurteilt als die beiden anderen Szenarien (Tabelle 1).

Kategorie	**S 1**	**S 2**	**S 3**	Chi-Quadrat	**p**
Vorbereitung	2.21	1.98	1.81	2.66	.265
Präsentation	1.67a	2.00a	2.33a	6.64	.036
Flexibilität	1.67a	1.74a	**2.60b**	14.95	.001
Hervorheben	1.48a	**2.10b**	**2.43b**	13.08	.001
Unterrichtsfluss	1.90	1.86	2.24	2.87	.238
Nachbereitung	1.71a	2.02a	2.26a	9.17	.010

Tabelle 1 Mittelwerte der Beurteilung der 3 Szenarien, 5-stufige Beurteilungsskalen, N = 21. Verschiedene Indizes verweisen auf signifikante Unterschiede zwischen den Mittelwerten der entsprechenden Untersuchungsbedingungen.

Gerade die positive Beurteilung der Flexibilität des Interface durch die Studierenden hat uns ermutig, die formulierten Richtlinien noch konsequenter zu verfolgen.

6 Entwicklung eines „DeepBoard“

Um die eingangs identifizierte, konzeptuelle Kluft zwischen Präsentations- und Annotationsebene weiter zu schließen, wurde gemeinsam mit Studierenden ein

Konzept für ein gestenbasiertes, so genanntes „DeepBoard“ Interface entwickelt. Dieses erlaubt es, alle auf die Tafel bezogenen Operationen direkt an der Tafel vorzunehmen und für vielfältige Anwendungsfelder semantische Relationen zwischen Inhalten zu speichern. Während des Unterrichtsgeschehens generierte oder importierte Inhalte können anderen zugeordnet und flexibel ein- oder ausgeblendet werden.

Gestenbasierte Interaktion ist mit dem Problem der Arbitrarität von Zeichen behaftet. Konventionelle Gesten der Maus wie ein „Klick“ (hier auf die Tafel) zur Markierung eines Objekts Markierung und Verschiebung eines Objekts haben wir übernommen. Andere Gesten mussten neu definiert werden:

- Die Zeichnung eines rechten Winkels in einer Linie um Inhalte wurde als Definition eines Knoten oder Objekts definiert.
- Markierung eines Objekts (ein Anpieksen oder „Klick“) und anschließendes Durchstreichen mit einem Kreuz löscht das Objekt.
- Durch Zeichnung einer geraden Linie vom über- zum untergeordneten Objekt werden zwei Objekte verbunden. Eine Vater-Sohn-Beziehung wird zwischen den Objekten geknüpft. Die so entstehende hierarchische Struktur wird als XML-Baum gespeichert. Auf dem Display wird die Linie vom System begradigt und als Pfeil dargestellt.
- Wiederholung einer Geste löscht diese Geste. Doppelklick eines geöffneten Objekts schließt das Objekt.

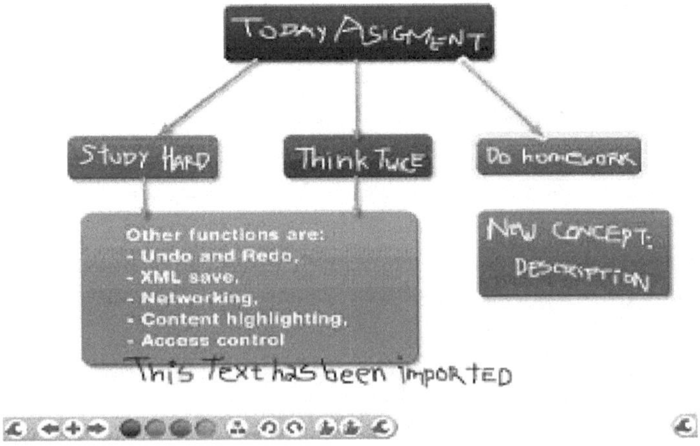

Abbildung 3 Ein mögliches Tafelbild mit Palette

Abbildung 3 zeigt ein mögliches Tafelbild sowie die Palette zur Wahl von Funktionen wie Vor- und Zurückblättern, Erzeugung eines neuen Tafelbildes und Moduswechsel. Auch Interaktionsmöglichkeiten wie Zoomen, Verschieben der Arbeitsfläche und Handhabung von Listen und Graphen wurden inzwischen implementiert. Soweit funktioniert der Prototyp heute. Eine umfangreiche vergleichende Evaluation mit Studierenden und Lehrenden befindet sich in Vorbereitung.

7 Zusammenfassung und Ausblick

Derzeit verfügbare Standardsoftware für interaktive Tafeln legt auch im Unterricht nahe, von einem Dia zum nächsten eine vorgefertigte Präsentation zu zeigen und allenfalls zu annotieren. Hingegen ermöglichen es die von uns vorgestellten Prototypen Inhalte im Kontext der Lehre flexibel zu erstellen und zu handhaben. Das Ziel der Entwicklungen ist es, unter Verzicht auf Kontextwechsel und unterschiedliche Eingabemedien die Schreiboberfläche der Tafel zu einem integrierten Interaktionsraum für den Unterricht zu entwickeln. Neben dem Einsatz in der Präsenzlehre bieten interaktive Tafeln interessante Einsatzmöglichkeiten für Fernlehre in verteilten Klassenräumen, so etwa für die Kooperation mit ausländischen Hochschulen.

Anders als bei eher kleinformatigen, mobilen Anwendungen scheint es im Fall der interaktiven Tafel so, als ob die mit der Desktopmetapher eingeübten Interaktionsformen einfach auf das neue, größere Format übertragen wurden. Damit werden bestimmte Nutzungsformen nahe gelegt, die sich durch die Interaktivität eröffnenden Möglichkeiten werden nicht wirklich zu einer integrierten Erweiterung der Unterrichtssituation genutzt. Unserer Beobachtung nach ist dies die Regel, sobald man die Welt des Desktop bzw. das intime Paradigma des „Personal Computing" [Kay90], des einzelnen und seines Interface, verlässt. Standardisierte Interaktionsformen und verlässliche Gestaltungsrichtlinien für raumbasierte Interfaces und interaktive Installationen fehlen bis heute weitestgehend. Um diese weiter zu entwickeln, scheint es uns erforderlich, Mensch-Computer Interaktion im Kontext sozialer Interaktion, situativer Bedingungen und kultureller Möglichkeiten, wie etwa die Regeln der Dramaturgie oder des Spiels sie formulieren, zu analysieren und zu gestalten.

Neuere Entwicklungen in der Mensch-Computer Interaktion (HCI) und Interfacegestaltung führen uns von der Unterstützung individueller Nutzer am Bildschirm zur Unterstützung von Gruppen in Präsenzveranstaltungen, von nutzerzentrierten zu lernerzentrierten Gestaltungsansätzen, und von der computerunterstützten Gestaltung formaler zur Gestaltung informeller Lernumgebungen. Armlängengroße Interfaces zur Interaktion auf Körpergröße eröffnen hier ein erhebliches, aber bislang wenig beachtetes Potential für Forschung und Entwicklung. Als geeignetes Format zur Unterstützung von Selbststeuerung und Kooperation in informellen Lernumgebungen interessieren uns hier besonders interaktive Tische oder Kugeln, beispielsweise in Museen. Diese ermöglichen es im Gegensatz zu Displays mit konventionellen Eingabegeräten (Maus, Touchscreen) mehreren Benutzern gleichzeitig, Inhalte zu explorieren und mit der Anwendung zu interagieren. Weitere Besucher können die Interaktionen der Nutzer mitverfolgen und diese Information zum Anlass sozialer Interaktion nehmen. Während aber die Tafel ein Werkzeug zur Unterstützung der Kommunikation, Konstruktion und Instruktion bleibt, sind etwa interaktive Tische selbst das mediale Lernangebot und müssen die instruktiven Anteile inkorporieren. Unsere Perspektive ist, mit Hilfe informationstechnisch erweiterter Installationen öffentliche Räume zu attraktiven Lernumwelten zu entwickeln.

Literaturverzeichnis

[BrBa05] Breuer, H.,Baloian, N.: Augmenting Whiteboard Interaction in the Classroom. In: Kommers, P., Richards. G. (Eds.): Proceedings of ED-Media 2005. World Conference on Educational Multimedia, Hypermedia and Telecommunications. Association for the Advancement of Computing in Education (AACE), pp.1214-1221. Montreal, Canada, 2005.

[BrAb04] Brotherton, J., Abowd, G.: Lessons Learned From eClass: Assessing Automated Capture and Access in the Classroom. In: ACM Transactions on Computer-Human Interaction (TOCHI) 11 (2), 2004, pp. 121-155.

[DaHa00] Damm, C.H., Hansen, K.M., Thomsen, M.: Tool Support for Cooperative Object-Oriented Design: Gesture Based modeling on an Electronic Whiteboard. In: Proceedings of CHI 2000, ACM Press, 2000; pp. 518-525.

[ElBr92] Elrod, S., Bruce, R., Gold, R., Goldberg, D., Halasz, F., Janssen, W., Lee, D., McCall, K., Pedersen, E., Pier, K., Tang, J., Welch, B.: Liveboard: A large interactive display supporting group meetings, presentations and remote collaboration. Proceedings of CHI1992, In: ACM, 1992, pp. 599-607,.

[GuSt01] Guimbretiere, F., Stone, M., Winograd, T.: Stick it on the Wall: A Metaphor for Interaction with Large Displays. CHI 01 Workshop on Tools, Conceptual Frameworks, and Empirical Studies for Early Stages of Design. Seattle, Washington, 2001.

[HoGa02] Hoppe, H. U., Gassner, K.: Integrating collaborative concept mapping tools with group memory and retrieval functions. In: Proceedings of CSCL-2002 (International Conference on Computer-Supported Collaborative Learning). Boulder, Colorado (USA), 2002.

[HoBa93] Hoppe, H.U., Baloian, N., Zhao, J.: Computer support for teacher-centered classroom interaction. In: Proceedings of the International Conference on Computers in Education. Taipei, Taiwan, 1993, pp. 211-217,.

[Kay90] Kay, Alan C.: User interface: A personal view. In: Laurel, B. (Ed.): The art of human-computer interface design, Reading, MA: Addison-Wesley Publishing, 1990, pp. 191-207.

[Lla04] Llanza, L.: Human-Computer Interfaces for Electronic Board Supporting face-to-face Knowledge Exchange, GITS, Tokyo, Japan, 2004.

[MaRei98] Mandl, H., Reinmann-Rothmeier, G.: Auf dem Weg zu einer neuen Kultur des Lehrens und Lernens. In: Dörr G., Jüngst, K. L. (Eds.): Lernen mit Medien. Juventa: Weinheim, 1998, pp.193-205.

[MyIg00] Mynatt, E., Igarashi, T., Edwards, W.K., LaMarca, A.: Designing an augmented writing surface. In: IEEE Computer Graphics and Applications 20 (4), 2000, pp. 55-61.

[QuKa01] Quintana, C., Carra, A., Krajcik, J., Soloway, E.: Learner-centered design: Reflections and new directions. In: Carroll, J. M. (Ed.): Human-computer interaction in the new millennium. Massachusetts: Addison-Wesley, 2001, pp. 605-624.

[SteFo87] Stefik, M. J., Foster, G., Bobrow, D.G., Kahn, K., Lanning, S., Suchman, L.: Beyond the Chalkboard: Computer Support for Collaboration and Problem Solving in Meetings. In: Communications of the ACM 30 (1),1987, pp. 32-47.

[ViLe02] Virtual Learning: Interactive Whiteboards: New tools, new pedagogics, new learning? Some views from practitioners. Virtual Learning, UK. (http://www.virtuallearning.org.uk/whiteboards/), 2002.

Angaben zu Autorinnen und Autoren

Anja Anke
Studentin des Software Engineering am Hasso-Plattner-Institut Potsdam
Anja.Anke@hpi.uni-potsdam.de

Prof. Dr. Nelson Baloian
Universidad de Chile,
Departamento de Ciencias de la Computación, Santiago
nbaloian@dcc.uchile.cl, http://www.dcc.uchile.cl

Erika Benoit, M.A.
Arbeitsschwerpunkt: Lernen mit Neuen Medien, Arbeits- und Organisationspsychologie, Erwachsenenbildung, Sonderpädagogik und Rehabilitation, Themenzentrierte Interaktion (TZI)
e.benoit@t-online.de

Dr. Henning Breuer
Wissenschaftlicher Mitarbeiter im Fachbereich Design an der Fachhochschule Potsdam
Forschungsschwerpunkte: Interaktionsarchitektur und Gestaltung interaktiver Lernumgebungen, Forschungsleiter am Interaction Design Lab
breuer@fh-potsdam.de, http://www.design.fh-potsdam.de/

Dipl-Psych. Maike Breuer
Wissenschaftliche Mitarbeiterin der Professur für Sozial- und Rechtspsychologie an der Justus-Liebig-Universität in Gießen
maike.breuer@psychol.uni-giessen.de, http://www.uni-giessen.de/uni

Nina Dahlmann
Cand. Dipl.-Physikerin an der Technischen Universität Berlin – Institut für Mathematik
Forschungsschwerpunkt: Multimediale Mathematikausbildung
dahlmann@math.tu-berlin.de, http://www.math.tu-berlin.de/mathphys/

Tina Deiml-Seibt
Wissenschaftliche Mitarbeiterin im Studiengang Interface Design an der Fachhochschule Potsdam
Forschungsschwerpunkt: Online/Knowledge Communities
Ansprechpartnerin für die Kommunikationsplattform [incom]
deiml@fh-potsdam.de; http://interface.fh-potsdam.de/lehrende.html

Prof. Dr. Jürgen Döllner
Professur für computergrafische Systeme am Hasso-Plattner-Institut an der Universität Potsdam
Forschungsschwerpunkte: Analyse, Planung und Konstruktion computergrafischer und multimedialer Systeme; Kommunikation zwischen Mensch und Maschine
doellner@hpi.uni-potsdam.de, http://www.hpi.uni-potsdam.de/personen/professoren/doellner.html

Prof. Dr. Klaus Rüdiger Fellbaum
Lehrstuhl für Kommunikationstechnik an der Brandenburgischen Technischen Universität Cottbus
Forschungsschwerpunkte: Mensch-Maschine-Kommunikation und Nachrichtentechnik mit den Schwerpunkten Grundlagen der Kommunikationstechnik, elektronische Sprachsignalverarbeitung, Hochfrequenztechnik, Kommunikationsnetze, Tontechnik
fellbaum@tu-cottbus.de; http://www.kt.tu-cottbus.de/mitarbeiter/fm/fellbaum.html

André Fiedler
Student der „Angewandten Informatik – Schwerpunkt Multimedia" an der Fachhochschule für Technik und Wirtschaft (FHTW) Berlin
Mitglied der Forschungsgruppe Informations- und Kommunikationssysteme (INKA), Projekt IKAROS
andre.fiedler@fhtw-berlin.de; http://inka.f4.fhtw-berlin.de/

Dr. Silva Fischer
Vis-à-pix GmbH
Schwerpunkt: Anbieter für intelligente Videoanalysesoftware
fischer@visapix.com; http://www.visapix.com

Dipl.-Kfm. Marc Göcks
Projektmanagement und Koordination des „Hochschul-Verbundes für Multimedia und eLearining in Brandenburg (HVMB)" am IKMZ/Multimediazentrum der Technischen Universität Cottbus
Forschungsschwerpunkte: eLearning, Wissensmanagement
goecks@tu-cottbus.de; http://www.hvmb.de

Dr. Reginald Grünenberg
Geschäftführerin Sales and Business Development der Audiantis GmbH
Schwerpunkt: Interactive Audio Streaming Software
rgruenenberg@audiantis.com, http://www.audiantis.com

Daniel Gilgen
Vertretungsprofessor für Audio-Visual Design an der Fachhochschule Darmstadt – Fachbereich Gestaltung
gilgen@media.fh-darmstadt.de, http://www.fh-darmstadt.de/

Christian Halbach
Softwareentwickler und Softwarearchitekt im Rahmen des BMBF-Forschungsprojektes IKAROS an der Fachhochschule für Technik und Wirtschaft in Berlin
c.halbach@fhtw-berlin.de; http://www.fhtw-berlin.de

Prof. Thomas W. Hazlett
Professor für Law & Economics an der George Mason University (USA), Forschungsschwerpunkte: Law & Economics mit besonderem Schwerpunkt auf telecommunications policy
thazlett@gmu.edu, http://mason.gmu.edu/~thazlett/

Jörg Hafer
Geschäftsführender Gesellschafter der Eedo new Education GmbH/Berlin
Schwerpunkt: e-Learning mit Schwerpunkten in der didaktischen Konzeption, Systemdesign und Beratung
joerg.hafer@educational-design.com; http://www.educational-design.com

Christian Hentschel
Student des Software Engineering am Hasso-Plattner-Institut an der Universität Potsdam
Christian.Hentschel@hpi.uni-potsdam.de

Dipl. Inf. Michael A. Herzog
Projektmanager des BMBF-Forschungsprojektes IKAROS und Dozent für Wirtschafts-/Medieninformatik an der FHTW Berlin
Forschungsschwerpunkte: Prozessmanagement in Medienunternehmen, Mobile und multimediale Applikationen, E-Learning, DVD- und Videoproduktion
herzog@fhtw-berlin.de; http://www.f4.fhtw-berlin.de/~herzog/

Dipl. Des. Steffi Hußlein
Wissenschaftliche Mitarbeiterin an der Fachhochschule Potsdam (Fachbereich Design)
Mitarbeiterin im Forschungsprojekt „Interaction Design Labs“
husslein@fh-potsdam.de, http://www.design.fh-potsdam.de

Dr. Sabina Jeschke
Leitung des Multimediazentrums MuLF, Fakultät II - Mathematik & Naturwissenschaften, Technische Universität Berlin
Forschungsschwerpunkte: eLearning, eTeaching, eResearch, eScience
Mitglied bei MUMIE (Multimediale Mathematikausbildung)
sabina@math.tu-berlin.de, http://www.math.tu-berlin.de/mathphys/

Nina Kahnwald M.A.
Wissenschaftliche Mitarbeiterin an der Professur für Lehr-Lern-Forschung & Multimedia am Institut für Pädagogik der Universität Potsdam / Projektleiterin bei der digital spirit GmbH
Forschungsschwerpunkte: Lernen mit neuen Medien, Online-Communities, Informelles Lernen, Integration von E-Learning in Unternehmensprozesse
kahnwald@rz.uni-potsdam.de; www.uni-potsdam.de/u/paed

Dr. Ivo Keller
Mitgebründer der Vis-à-pix GmbH,
Schwerpunkt: Anbieter für intelligente Videoanalysesoftware
ivo.keller@visapix.com; http://www.visapix.com

Dipl-Ing. Bettina Ketzmerick
Technische Mitarbeiterin des Lehrstuhls Kommunikationstechnik an der Brandenburgisch Technischen Universität Cottbus (BTU)
Forschungeschwerpunkte: Sprachsynthese, Segmentierung von Lautelementen, Sprechereignung für die Erstellung von Lauteelemente-Bibliotheken, Stimmcharakterisierungen
beke@tu-cottbus.de, http://www.tu-cottbus.de

Dipl.-Math. Florian Kirsch
Mitarbeiter des Fachgebietes Computergrafische Systeme am Hasso-Plattner- Institut
Interessenschwerpunkte: Interessenschwerpunkte: Echtzeit-Rendering, Multipass-Rendering-Verfahren und ihre Einbettung in objektorientierte Grafiksysteme
Florian.Kirsch@hpi.uni-potsdam.de, http://www.hpi.uni-potsdam.de

Anna Kohler
Studentin der Kunstgeschichte (an der Technischen Universität Berlin), Kulturwissenschaften und Islamwissenschaften (an der Humboldt Universiät Berlin)
anna@netart-datenbank.org

Prof. Dr. Thomas Köhler

Professor für Bildungstechnologie & Wissenschaftlicher Direktor des Media Design Center an der Technischen Universität Dresden
Forschungsschwerpunkte: Lehren & Lernen mit neuen Medien, Computervermittelte Kommunikation, Telekooperation & Medienorganisation
Thomas.Koehler@tu-dresden.de; http://zbtms1.ew.tu-dresden.de/
http://mdc.tu-dresden.de

Prof. Dr. Christoph Lattemann

Professur für E-Business an der Universität Kiel/Multimedia Campus Kiel
Forschungsschwerpunkte: Electronic Business, Electronic Finance, Corporate Governance, Innovative Geschäftsmodelle (u.a. Virtuelle Unternehmen, Virtuelle Communities, PPP), E-Learning
c.lattemann@mmc-kiel.com, http://www.multimedia-campus.de

Tilmann Linden

Student der Informatik an der Technischen Universität Berlin
linden@cs.tu-berlin.de

Christian Mahler

Geschäftsführer und Projektmanager - lem - new media research
mahler@l-e-m.de, www.l-e-m.de

Ralf Merettig

Student des Software Engineering am Hasso-Plattner-Institut
Ralf.Merettig@hpi.uni-potsdam.de

Prof. Dr. Konrad Morgan

Professur für Human Computer Interaction im Fachbereich Information Science and Media Studies an der Universität Bergen (NO),
Forschungsschwerpunkte: psychische und soziale Auswirkungen der neuen Technologie
Leiter des InterMedia research centre on Digital Learning and New Media
konrad@ifi.uib.no www.konradmorgan.com

Prof. Dr. Boris Müller

Professor für Interaction Design an der Fachhochschule Potsdam (FHP)
Forschungsschwerpunkte: Gestaltung von sozialen Onlinesystemen und -communities, insbesondere Social Navigation und die Visualisierung von sozialer Interaktion.
boris.mueller@fh-potsdam.de, http://www.design.fh-potsdam.de

Prof. Dr. Jürgen Müller
Berlin School of Economics (Fachhochschule für Wirtschaft) und College of Europe
Forschungsschwerpunkte: Unternehmensstrategie, Neue Medien und Infrastrukturpolitik
jmueller@fhw-berlin.de, http://userpage.fu-berlin.de/~jmueller

Prof. Dr. Roberto Eduardo Muñoz Lagos
Professor an der FHTW CIDE (Centro de Investigación y Docencia Económicas A.C.) in Mexico
roberto.munoz@cide.edu, http://www.robertomunoz.com.mx/

Dipl. Math. Marc Nienhaus
Wissenschaftlicher Mitarbeiter im Fachgebiet computergrafische Systeme am Hasso-Plattner-Institut der Universität Potsdam
Marc.Nienhaus@hpi.uni-potsdam.de, www.hpi.uni-potsdam.de

Thomas Nösler
Freier Webdesigner, noesler@urbex.de

Mario Oschwald
Student des Software Engineering am Hasso-Plattner-Institut
Mario.Oschwald@hpi.uni-potsdam.de

Robert Porscha
Student des Software Engineering am Hasso-Plattner-Institut
Robert.Porscha@hpi.uni-potsdam.de

Sebastian Purfürst
Geschäftsführer und Projektmanager - lem - new media research
purfürst@l-e-m.de, http://www.l-e-m.de

Kathleen Platzk
ehemalige studentische Mitarbeiterin an der Brandenburgischen Technischen Universität Cottbus
kathy.pl@gmx.de

Dr. Tilman Rassy
Akademische Mitarbeiterin des Instituts für Mathematik an der Technischen Universität Berlin
Mitglied bei MUMIE (Multimediale Mathematikausbildung)
rassy@math.tu-berlin.de, http://www.math.tu-berlin.de/mathphys/

Dr. Thomas Richter

Akademischer Mitarbeiter am DFG-Forschungszentrum "Matheon", Mitarbeiter des Instituts für Mathematik der Technischen Universität Berlin
Forschungsschwerpunkte: eLearning, speziell virtuelle Labore für Mathematik und Physik. Bilddatenkompression, speziell JPEG2000.
Mitglied bei MUMIE (Multimediale Mathematikausbildung), MuLF (Multimedia-Zentrumder TU-Berlin, in Gründung), Mitglied bei der ISO (ISO/IEC SC29WG01, "JPEG")
thor@math.tu-berlin.de, http://www.math.tu-berlin.de/~thor/videoeasel

Robert Sakrowski

Student der Philosophie/Kunstgeschichte an der Technischen Universität Berlin
sakrowski@trilithium.de

Prof. Joachim Sauter

Professor für Gestaltung mit digitalen Medien an der Universität der Künste, Berlin und Professor für Mediengestaltung und Medienkunst an der UCLA, Los Angeles
Schwerpunkt: Computer als Werkzeug und Medium
Gründungsmitglied, Artistic Director von ART+COM AG, Berlin
js@artcom.de, http:// www.artcom.de/~js

Alexander Schulz-Heyn

Geschäftsführer der TeleClix GmbH, Potsdam
Schwerpunkt: Entwicklung von interaktiven Produktions- und Broadcastsystemen auf der Basis von MHP
schulz-heyn@teleclix.com, http://www.teleclix.com

Prof. Dr. Ruedi Seiler

Professor für Mathematik an der Technischen Universität Berlin
Leiter des Projektes MUMIE (Multimediale Mathematikausbildung)
Forschungsschwerpunkte: Mathematische Physik, Informationstheorie, e-Learning
seiler@math.tu-berlin.de, http://www.math.tu-berlin.de/mathphys/

Dipl.-Inform. Uwe Sinha

Akademischer Mitarbeiter des Instituts für Mathematik an der Technischen Universität Berlin
Mitglied bei MUMIE (Multimediale Mathematikausbildung)
sinha@math.tu-berlin.de, http://www.math.tu-berlin.de

Prof. Dr. Jürgen Sieck
Dozent für Wirtschafts-/Medieninformatik an der FHTW Berlin
Forschungsschwerpunkte: Multimediale Systeme, Algorithmen und Datenstrukturen
j.sieck@fhtw-berlin.de, http://www.fhtw-berlin.de

Dipl.-Kfm Stefan Stieglitz
Wissenschaftlicher Mitarbeiter an der Wirtschafts- und Sozialwissenschaftlichen Fakultät der Universität Potsdam
Forschungsschwerpunkte: Governance-Strukturen in Online-Communities und Virtuellen Unternehmen, Steuerungsmechanismen in non-monetär orientierten Gemeinschaften, Netzwerkeffekte in internetbasierten Communities
stieglit@uni-potsdam.de, http://www.uni-potsdam.de

Dipl.-Päd. Benno Volk
Universität Potsdam, Arbeitsgruppe eLearning
Forschungsschwerpunkte: Integration von E-Learning in unterschiedliche Bildungsprozesse, Medienkompetenz, Mediendidaktik, Tele-Tutoring und Online-Moderation, Beratung und Coaching in der Weiterbildung.
volk@uni-potsdam.de, http://www.uni-potsdam.de/agelearning/

Frank Wiegand
Student des Software Engineering am Hasso-Plattner-Institut
Frank.Wiegand@hpi.uni-potsdam.de

Martin Zahn
Student des Software Engineering am Hasso-Plattner-Institut
Martin.Zahn@hpi.uni-potsdam.de

Stichwort- und Namensverzeichnis

M

N

O

P

FSC
www.fsc.org
MIX
Papier | Fördert gute Waldnutzung
FSC® C083411

Kolibri 360 GmbH
Ferdinand-Jühlke-Straße 7
99095 Erfurt, Deutschland
produktsicherheit@kolibri360.de

Druck:
CPI Druckdienstleistungen GmbH
im Auftrag der
Kolibri 360 GmbH
Ferdinand-Jühlke-Str. 7
99095 Erfurt